大/学/公/共/课/系/列/教/材

新时代大学生劳动教育教程

U0659811

XINSHIDAI
DAXUESHENG
LAODONG JIAOYU
JIAOCHENG

王贤俊◎主 编

陈锡德
程 实
亢 莹◎副主编

北京师范大学出版集团
BEIJING NORMAL UNIVERSITY PUBLISHING GROUP
北京师范大学出版社

图书在版编目（CIP）数据

新时代大学生劳动教育教程/王贤俊主编. --北京：北京师范大学出版
社，2025. --（大学公共课系列教材）. ISBN 978-7-303-30225-3

Ⅰ. G40-015

中国国家版本馆 CIP 数据核字第 2024Z76A48 号

XINSHIDAI DAXUESHENG LAODONG JIAOYU JIAOCHENG

出版发行：北京师范大学出版社 https://www.bnupg.com
　　　　　北京市西城区新街口外大街 12-3 号
　　　　　邮政编码：100088
印　　刷：北京虎彩文化传播有限公司
经　　销：全国新华书店
开　　本：787 mm×1 092 mm　1/16
印　　张：14.75
字　　数：268 千字
版　　次：2025 年 2 月第 1 版
印　　次：2025 年 5 月第 2 次印刷
定　　价：49.80 元

策划编辑：李　明　　　　　　责任编辑：冯祥君
美术编辑：李向昕　　　　　　装帧设计：李向昕
责任校对：张亚丽　　　　　　责任印制：马　洁

前　言

　　2021年新修订的《中华人民共和国教育法》第五条，把我们党的教育方针表述为："教育必须为社会主义现代化建设服务、为人民服务，必须与生产劳动和社会实践相结合，培养德智体美劳全面发展的社会主义建设者和接班人。"教育对提高人民综合素质、促进人的全面发展、增强中华民族创新创造活力、实现中华民族伟大复兴具有重要意义。德智体美劳五育并举，是教育方针重大而明确的指向规定。这一指向规定既是针对一些学校事实上实行的不完全教育的弊端，也是针对当前社会和当代青少年的特点，更是面向未来发展对教育提出的要求。在学校的教育教学活动中，系统的课堂教学使学生获得书本知识，社会实践活动使学生掌握应用书本知识的能力，两者互为补充、相辅相成，共同达成教育的目的。教育与生产劳动和社会实践相结合，体现着理论与实践相统一、脑力劳动与体力劳动相结合，使受教育者得到全面发展。贯彻党的教育方针，就要改革教育教学途径和方法，保障贯彻教育原则和体制机制，不断提高教育质量。编辑出版这本《新时代大学生劳动教育教程》的目的就是要更加深刻地把握教育的根本任务，培养德智体美劳全面发展的社会主义建设者和接班人。

　　作为新时代大学生劳动教育教材，本书从马克思主义劳动观的基本内容入手，系统阐释马克思主义劳动观的核心内容，科学认识劳动发展新趋向与未来劳动、中国古代劳动教育观与马克思主义劳动教育观，进而向学生准确介绍劳动精神、弘扬劳动精神、弘扬劳模精神、弘扬工匠精神，最后，通过学生们身边的日常生活，引导学生参加劳动实践，体验劳动带来的喜悦。

　　作为新时代大学生劳动教育教材，本书是在大连艺术学院多年来劳动教育课理论教学和实践教学基础上总结提炼而成的。大连艺术学院作为一所艺术类综合学校，针对艺术类大学生的特点，多年来在劳动教育教学方面做了许多有益的探索和实践。学校始终践行以"思政铸魂、立德育人、大爱情怀、守正创新"为核心的育人理念，构建了"大思政＋美育＋劳动教育＋实践教学"的融合育人模式，重视将劳动育人贯穿人才培养全过程，健全了五育并举教育体系。在国家推进乡村振兴战略背景下，从艺术院校和学生实际出发，将新时代劳动教育目标对接高素质应用型艺术人才培育目标，以农耕文化和劳动教育交叉融通为总体思路，开展了"设立一个目标、编写一本教材、开设一批课程、建设一个基地、打造一系列活动、培训一支队伍"的"六个一"工程，构建了"艺术＋农耕文化＋劳动"的教育框架，形成全校联动、部门协同的劳动教育体系，让劳动教育面貌一新，走出了一条新时代艺术院校开展劳动教育的新路，形成了独有的特色做法和经验。2022年大连艺术学院获批辽宁省首批劳动教育示范学校。

作为新时代大学生劳动教育教材，本书在编撰体例、排版方式上也做了有益的尝试与创新。本着以学生学习为中心的理念，本书充分考虑学生的学习体验和学习效果，采取图文并茂的方式；配有典型案例、作业留白，在引发学生思考的同时，随时记录自己的学习体会和成长经历，对于学生来说既是一本书也是一个学习笔记；在内容编排上，我们对知识目标、素质目标、实践目标、学习重点和难点作了明确的表述。

衷心希望本书能够为推动新时代大学生劳动教育作出应有的贡献。

目　录

第一编　学懂马克思主义劳动观

第二编　新时代的劳动教育

第一编

学懂马克思主义劳动观

第一章　马克思主义劳动观的基本内容

无论时代如何变化，我们始终都要崇尚劳动、尊重劳动者，始终重视发挥工人阶级和广大劳动群众的主力军作用。

第一节　马克思主义劳动观的核心

劳动是人类生活的普遍现象，中西方思想家们对此的关注和理解可谓源远流长，在劳动问题上进行了诸多理论探索。劳动是马克思主义理论的核心范畴，马克思主义劳动观的诞生是人类劳动学说史上的一座丰碑。马克思主义劳动观彻底破除了有史以来尤其是进入阶级社会以后人类在劳动问题上所形成的种种历史遮蔽，全面阐述了劳动在人类社会发展史上的决定性作用，形成了科学的劳动观。劳动观决定劳动态度，劳动态度影响劳动精神。马克思主义劳动观不仅在人类劳动学说史上具有重要的理论价值和历史地位，而且对新时代坚持和发展中国特色社会主义，实现中华民族伟大复兴的中国梦具有十分重要的意义。

学习目标

知识目标： 学习掌握马克思主义劳动观的核心内容，深化对劳动的本质与意义、劳动与价值、劳动正义与劳动解放的理解，深入认识劳动是实现自我价值和社会价值的基础，树立马克思主义劳动观。

素质目标： 坚定劳动信念，热爱劳动，尊重劳动人民和劳动成果，树立正确的劳动态度，培养良好的劳动品质。

实践目标： 在实际工作中能够运用马克思主义劳动观的立场、观点和方法正确分析现实社会中各种劳动现象，解决各种问题，争做中国特色社会主义事业的建设者。

学习重点、难点

重点：劳动创造人本身；劳动创造社会历史；劳动是创造价值的唯一源泉；社会主义
制度是实现劳动正义的根本保障。

难点：资本统治劳动是资本主义的社会本性；劳动解放是人自由而全面发展的重要
条件。

一、历史唯物主义视域下的劳动本质和意义

▶▶ **案例分享**

劳动在从猿到人转变过程中的作用①

在好几十万年以前，在地质学家叫作第三纪的地球发展阶段的某个还不能确切肯
定的时期，据推测是在这个阶段的末期，在热带的某个地方——大概是现在已经沉入
印度洋底的一片大陆，生活着一种特别高度发展的类人猿。达尔文曾经向我们大致地
描述了我们的这些祖先：它们满身是毛，有须和尖耸的耳朵，成群地生活在树上。

这些猿类，大概首先由于它们的生活方式的影响，使手在攀援时从事和脚不同的
活动，因而在平地上行走时就开始摆脱用手帮助的习惯，渐渐直立行走。这就完成了
从猿转变到人的具有决定意义的一步。

现在还活着的一切类人猿，都能直立起来并且单凭两脚向前移动。但是它们只是
在迫切需要的时候才这样做，并且非常不灵便。它们自然的走法是半直立的姿势，而
且需要用手来帮助。大多数的类人猿是以捏成拳头的手的指节骨支撑在地上，两腿蜷
起，使身体穿过长臂之间前进，就像跛子撑着两根拐杖行走一样。一般讲来，我们现
在还可以在猿类中间观察到从四肢行走到两脚行走的一切过渡阶段。但是一切猿类都
只是在不得已的时候才用两脚行走。

如果说我们遍体长毛的祖先的直立行走，一定是首先成为惯例，而后来才渐渐成
为必然，那末必须有这样的前提：手在这个时期已经愈来愈多地从事于其他活动了。
在猿类中，手和脚的运用已经有了某种分工。正如我们已经说过的，在攀援时手和脚
是有不同用途的。手主要是用来摘取和拿住食物，就象比较低级的哺乳动物用前掌所
作的那样。有些猿类用手在树林中筑巢，或者象黑猩猩一样在树枝间搭棚以避风雨。

---

① 《马克思恩格斯全集》（第20卷），509—511页，北京，人民出版社，1965年。

它们用手拿着木棒抵御敌人，或者以果实和石块向敌人投掷。它们在被捉住以后用手做出许多简单的模仿人的动作。但是，正是在这里我们看到：在甚至和人最相似的猿类的不发达的手和经过几十万年的劳动而高度完善化的人手之间，有多么巨大的差别。骨节和筋肉的数目和一般排列，在两种手中是相同的，然而即使最低级的野蛮人的手，也能做几百种任何猿手都模仿不了的动作。没有一只猿手曾经制造过一把哪怕是最粗笨的石刀。

因此，我们的祖先在从猿转变到人的好几十万年的过程中逐渐学会了使自己的手适应于一些动作，这些动作在开始时只能是非常简单的。最低级的野蛮人，甚至那种可以认为已向更加近似兽类的状态倒退而同时身体也退化了的野蛮人，也总还是远远高出于这种过渡期间的生物。在人用手把第一块石头做成刀子以前，可能已经经过很长很长的一段时间，和这段时间相比，我们所知道的历史时间就显得微不足道了。但是具有决定意义的一步完成了：手变得自由了，能够不断地获得新的技巧，而这样获得的较大的灵活性便遗传下来，一代一代地增加着。

所以，手不仅是劳动的器官，它还是劳动的产物。只是由于劳动，由于和日新月异的动作相适应，由于这样所引起的肌肉、韧带以及在更长时间内引起的骨骼的特别发展遗传下来，而且由于这些遗传下来的灵巧性以愈来愈新的方式运用于新的愈来愈复杂的动作，人的手才达到这样高度的完善，在这个基础上它才能仿佛凭着魔力似地产生了拉斐尔的绘画、托尔瓦德森的雕刻以及帕格尼尼的音乐。

大多数西方哲学家把劳动看作仅仅维持肉体生存的、具有外在目的性的劳累、艰辛乃至痛苦的活动。马克思说，劳动是自由的生命表现，因此是生活的乐趣。马克思主义在历史唯物主义创立中实现了"劳动"范畴的革命性变革，深刻揭示了劳动的本质和重要意义。

（一）劳动创造人本身

"劳动是整个人类生活的第一个基本条件，而且达到这样的程度，以致我们在某种意义上不得不说：劳动创造了人本身。"[1]马克思主义全面论证了劳动塑造人，发挥人的作用。劳动对于人来说并不是罪恶与惩罚，劳动恰恰体现和彰显着人的本质、自由和尊严，是永远不可或缺的。

首先，劳动是自由的有意识的活动，是人自我确证的本质。"自由的有意识的活动恰恰就是人的类特性"。[2] 劳动是人类为了生存而有意识有目的地从事的活动。"有意识有目的"是劳动的本质特性，是人的活动与动物活动的"直接区别"，而理性使人区别于其他动物。劳动是人的内在本质，是人类本质的鲜活表现。正是劳动使人的意识伴随

---

① 《马克思恩格斯全集》（第 20 卷），509 页，北京，人民出版社，1965。
② 《马克思恩格斯文集》（第 1 卷），162 页，北京，人民出版社，2009。

肉体活动起来，并使人的社会联系形成并日益复杂化，从而实现和证明人的本性和力量。劳动为科学说明人的本质提供了一把钥匙。

其次，劳动是对象化的物质性活动，人是自己的劳动的结果。劳动对人的历史生成具有前提意义。劳动是人和自然之间相互作用的对象化的物质性活动。劳动作用于自然并从中改造出了人类的生活环境，使人类拥有了与野生动物所不同的物质生活资料。人的身体、人的意识、人的需要和目的、人的社会关系和活动方式等这些人的全部因素，都是在劳动中形成和发展的，劳动是人类自身生产和再生产的创造过程。恩格斯在《自然辩证法》中，依据当时的科学研究成果，系统论述了劳动在人的起源和进化的进程中的重要作用。不仅在人类起源方面，而且表现在人的现实生成方面，劳动构成了人类赖以存在的必要条件。

最后，扬弃异化劳动的过程，是人自我发展的过程。与人类本性相违背的劳动是"异化劳动"。所谓异化劳动，就是劳动不再属于自身，已成为不断与自身对抗的异己的劳动。马克思在谈异化劳动时指出："劳动对工人来说是外在的东西，也就是说，不属于他的本质；因此他在自己的劳动中不是肯定自己，而是否定自己，不是感到幸福，而是感到不幸，不是自由地发挥自己的体力和智力，而是使自己的肉体受折磨、精神遭摧残。因此，工人只有在劳动之外才感到自在，而在劳动中则感到不自在，他在不劳动时觉得舒畅，而在劳动时就觉得不舒畅。因此，他的劳动不是自愿的劳动，而是被迫的强制劳动。"[①]异化劳动是劳动发展的结果。随着私有制、分工制约、分配不均等因素的发展，人的自由自觉的活动降低为生存手段，劳动变成一种外在的、异己的强制活动。人正是在不断扬弃异化劳动的过程中不断丰富自我、成就自我。扬弃异化劳动过程便是人实现自我发展的过程。

(二)劳动创造社会历史

"历史之谜"是理论家们长期以来孜孜不倦探索的问题。马克思说过，任何一个民族，如果停止劳动，不用说一年，就是几个星期，也要灭亡。马克思主义认为，劳动是人类历史得以展开的前提和基础，是解开人类历史发展秘密的钥匙。劳动是人类历史的起点，猿群转变为原始人群并进一步发展为人类社会的过程，说明正是劳动发挥了重要作用。劳动使人类走出动物界，创建人类社会，劳动对促进历史发展和推动社会进步具有重要意义。

1. 物质生产劳动是人类社会存在和发展的基础

马克思主义通过劳动揭示了物质生产的作用，物质生产劳动是人类社会存在和发展的基础。马克思和恩格斯在《德意志意识形态》中指出："人们为了能够'创造历史'，必须能够生活。但是为了生活，首先就需要吃喝住穿以及其他一些东西。因此第一个历史活动就是生产满足这些需要的资料，即生产物质生活本身，而且，这是人们从几

---

① 《马克思恩格斯文集》(第1卷)，159页，北京，人民出版社，2009。

千年前直到今天单是为了维持生活就必须每日每时从事的历史活动，是一切历史的基本条件。"①这里的"生产物质生活本身"就是物质生产劳动，是人类的第一个历史性活动、"一切历史的基本条件"。满足人的物质生活需要的生产劳动是一切社会历史得以展开的基本前提，劳动在整个社会生活中占据根本性地位。马克思在《政治经济学批判》序言中总结自己的理论和实践活动时指出，物质生活的生产方式制约着整个社会生活、政治生活和精神生活的过程。不是人们的意识决定人们的存在，相反，是人们的社会存在决定人们的意识。物质生产劳动是社会生活的基础，更是社会历史发展的决定性因素。因此，劳动的广度、深度和力度直接影响和规定着人类社会生活面貌，深刻影响世界历史发展进程。

2. 劳动人民是创造历史的主体

全部历史的第一个前提是有生命的个人的存在。人民群众是社会历史的主体，是历史的创造者。这是马克思主义最基本的观点。虽然人民群众是一个历史范畴，但在不同的时期，从事物质资料生产的劳动人民始终是人民群众中最稳定的主体部分。劳动人民对于人类文明和历史进步具有决定性的作用，在历史的创造中始终居于主体地位。当人开始生产自己的生活资料，即迈出由他们的肉体组织所决定的这一步的时候，人本身就开始把自己和动物区别开来了。人们生产自己的物质生活资料，同时间接地生产着自己的物质生活本身。正是通过劳动，人创造了社会的全部物质财富和精神财富。广大劳动人民是物质资料生产活动的主体，创造了人们吃穿住行等必需的生活资料以及从事政治、科学、文化、艺术等活动所必需的物质前提。这样，"历史破天荒第一次被置于它的真正基础上；一个很明显的而以前完全被人忽略的事实，即人们首先必须吃、喝、住、穿，就是说首先必须劳动，然后才能争取统治，从事政治，宗教和哲学等等，——这一很明显的事实在历史上的应有之义此时终于获得了承认"②。

二、政治经济学语境中的价值与劳动

价值的源泉问题是政治经济学的基本问题。"劳动是财富之父，土地是财富之母"，17世纪英国经济学家威廉·配第的这一句名言深刻地揭示了劳动和财富的关系。这里所说的财富指的是人类赖以存在和发展的物质财富，所说的劳动也就是物质资料的生产劳动。但是，随着人类社会经济发展到商品阶段，财富不仅表现为有形的物质资料——使用价值，还表现为无形的"价值"形式，代表价值的货币财富。劳动价值论是马克思在批判继承古典经济学基础上建立起来的科学理论体系，是马克思全部理论大厦的基础。

随着时代变迁，劳动、资本、土地、技术等生产要素有机结合，共同创造社会财

---

① 《马克思恩格斯选集》（第1卷），158页，北京，人民出版社，2012。
② 《马克思恩格斯文集》（第3卷），459页，北京，人民出版社，2009。

富，人们越来越重视非劳动生产要素在财富创造过程中的作用。社会劳动也呈现很多新特点，生产自动化体系迅速发展，机器人在生产中的应用不断增多，计算机、机器人代替了人的部分脑力劳动。大量新情况、新问题的出现，使马克思主义劳动价值论遇到了一系列的挑战，出现了劳动价值论是否过时了的争论。一些西方学者从不同角度或显或隐地表达了劳动价值论可能已经过时的言论，否定了劳动创造价值的一元论，认为机器和知识、技术也能够创造价值。与之相反，一些学者认为，劳动价值论并没有过时，且具有巨大生命力。美国经济学家劳克林·柯里认为，劳动创造价值，这一点不会因为知识经济时代的到来而发生根本的改变，所变化的仅仅是知识和信息在生产经营中的比例而已。

虽然劳动价值论适应的实践土壤发生了变化，但是不管是机器人还是知识、信息，其创造价值的根源是人类脑力和体力劳动的付出。劳动价值论的理论基石并没有动摇，只要商品经济、市场经济存在，劳动价值论就不会过时。

（一）劳动是创造价值的唯一源泉

马克思主义第一次确定了什么样的劳动形成价值、为什么形成价值以及怎样形成价值，揭示了在复杂的生产过程中，活劳动是商品价值的唯一源泉。

马克思认为，人类劳动的产物——商品，具有使用价值和商品价值双重属性，生产商品的劳动可分为具体劳动和抽象劳动。千差万别的具体劳动创造商品的使用价值，凝结在商品中的一般的、无差别的抽象劳动则是形成商品价值的唯一源泉。抽象劳动是商品价值的一般尺度，而劳动的自然尺度则是劳动时间，商品的价值量由抽象劳动的时间量来衡量。"商品具有价值，因为它是社会劳动的结晶。商品的价值大小或它的相对价值，取决于它所含的社会实体量的大小，也就是说，取决于生产它所必需的相对劳动量。所以，各个商品的相对价值，是由耗费于、体现于、凝固于该商品中的相应的劳动数量或劳动量决定的。"[①]可见，要生产一个商品，就必须耗费一定量的劳动，承认商品具有价值，也就是承认商品体现或凝结了社会劳动。

劳动分为两种，一种是活劳动，一种是物化劳动。活劳动，是劳动者在生产过程中脑力和体力的耗费。物化劳动，是凝结在劳动对象之中，体现为劳动产品的人类劳动，是与"活劳动"对立的"死劳动"。在生产过程中，发挥能动作用的劳动是人的活劳动，是生产中的决定性因素，只有活劳动才能创造出新价值。物化劳动只是物或确切地说是劳动的产物，本身并不是劳动，不能使劳动过程发生，只能借助于劳动者的劳动转移自身的价值而不能创造新价值。例如，科学技术高度自动化的机器体系作为物化劳动本身并不创造价值，不是价值的源泉。关注活劳动是创造价值的唯一源泉这一事实本身，就是对人的劳动价值的承认，商品的价值是由劳动者创造的。

无论时代如何发展，劳动是创造价值的唯一源泉永远是颠扑不破的真理，劳动者

---

① 《马克思恩格斯选集》(第 2 卷)，68 页，北京，人民出版社，1995。

永远处于价值创造中的主体地位。习近平总书记指出："那种无视我国工人阶级成长进步的观点，那种无视我国工人阶级主力军作用的观点，那种以为科技进步条件下工人阶级越来越无足轻重的观点，都是错误的、有害的。"①当前我国正处在全面建设社会主义现代化国家的新阶段，而全面建成富强民主文明和谐美丽的社会主义现代化强国，根本上靠劳动、靠劳动者创造。崇尚劳动、尊重劳动者、发挥劳动者作用，在任何时代都具有永恒的价值。

（二）"资本统治劳动"是资本主义的社会本性

既然劳动是创造一切财富的唯一源泉，为什么人类社会在很长的一段时期内，社会财富并没有获得极大的发展，而资本主义做到了呢？资本收益真的比劳动更重要吗？资本主义为何让富者愈富，穷者愈穷？恩格斯在《资本论》的评论中指出：资本和劳动的关系，是我们现代全部社会体系所赖以旋转的轴心，这种关系在这里第一次作了科学的说明，而这种说明之透彻和精辟，只有一个德国人才能做到。

马克思科学揭示了"资本奴役劳动"的本性。资本好像一种非常神秘的东西，似乎本身就具有一种能使价值增值的魔力，而实际上，资本增值自身的秘密在于支配和控制雇佣劳动，使其成为增值的工具。在马克思看来，资本作为死劳动，只有像吸血鬼一样吮吸活劳动才有生命，才能不断实现价值增值。马克思用"吸血鬼"的比喻形象地揭示了资本贪婪的本性及其非人性，整个社会被资本逻辑所主导或宰制。资本主义制度和资本主义生产方式从表象上看格外注重自由平等，但其实质是不平等和不自由的，因为背后具有强大的控制力。

劳动向来不完全是雇佣劳动，只有在资本主义生产关系中，受资本的雇佣和奴役的情况下，劳动才成为雇佣劳动。雇佣工人为了生存不得不将自己唯一拥有的劳动力出卖给资本家以获取生活资料，资本则利用雇佣工人不拥有生产资料这个特点，支配雇佣工人为其进行价值的增值活动。劳动创造了价值，剩余劳动创造了剩余价值，而资本主义社会的资本家剥削了雇佣工人的剩余劳动，占有了其生产的剩余价值。资本主义社会生产过程的价值增值和资本财富快速积累的全部基础，就在于资本家对于雇佣工人剩余劳动的剥削。《摩登时代》是美国戏剧大师卓别林20世纪30年代导演并主演的无声电影。该电影通过对资本主义工业时代小人物的辛酸生活的描述，用无声的肢体语言反映了垄断资本主义条件下，资本对劳动力所创造的剩余价值的榨取和资本家对工人阶级劳动的残酷剥削。

虽然资本成为迄今为止人类所发明的最强大的推动社会经济发展的自发动力，但是资本统治下的剥削却不仅仅是表面对金钱或是价值的剥夺，它本质是对劳动的剥夺，是对人的尊严的剥夺。在资本主义雇佣劳动条件下，劳动的人格化及其主体地位和作

---

① 习近平：《在庆祝"五一"国际劳动节暨表彰全国劳动模范和先进工作者大会上的讲话》，载《人民日报》，2015-04-29。

用却面临挑战，劳动者的尊严得不到有效维护。法国经济学家托马斯·皮凯蒂的《21世纪资本论》揭示了资本对劳动剥削和奴役的事实，表明自由市场经济并不能完全解决财富分配不平等的问题，不加制约的资本主义必然导致财富不平等加剧，激化社会矛盾。随着社会矛盾和阶级矛盾的尖锐化，必然出现革命思想和革命行动。在21世纪，劳动与资本的关系依然是最基本和最核心的社会关系，需要理性看待资本的力量和劳动者的力量，改变"强资本弱劳动"的力量对比关系，有效规范资本逻辑及其运行方式，建构互利共赢的和谐劳资关系。

三、科学社会主义论述中的劳动正义与劳动解放

▸▸ 案例分享

让小哥心安，让快递安心①

穿行大街小巷的快递小哥，联系着千城百业，关乎着万家冷暖。交通运输部、国家邮政局、国家发展改革委等七部门联合印发了《关于做好快递员群体合法权益保障工作的意见》（以下简称《意见》），从保障合理的劳动报酬、完善社会保障和增强社会认同、压实快递企业主体责任、强化政府监管与服务等方面，对切实保障快递员群体合法权益、促进快递业持续健康发展作出了部署。

起早贪黑、风雨无阻，越是节假日越忙碌，这是快递员的工作常态。每一次稀松平常的抵达，背后都有可能是山遥路远、风霜雨雪的艰辛。从一辆辆穿梭的三轮车，到一个个便民的收发点，再到一张张妥妥的快递单……快递员紧张忙碌的身影，也是保障人民美好生活的缩影。

快递员不辞辛苦，快递行业也重任在肩。国家邮政局中国快递大数据平台实时监测数据显示，截至7月4日，2021年全国快递业务量突破500亿件，接近2018年全年水平。中国快递在世界上一直被视作"不可思议的神话"，不仅因为世所罕见的规模，也是由于无可比拟的速度。风驰电掣的物流，不仅促进了农产品、工业品的双向交流，更搞活了市场经济，让流动的中国更有活力。

事实上，快递员的保障和快递行业的发展，一直是公众关注的焦点。2018年1月，快递员李朋璇被邀请进入中南海参加座谈，用8分钟的时间给总理提建议，其中"让水果等生鲜快递可以有保险"被写进国家《快递暂行条例》；2020年3月，在疫情防控最吃

---

① 资料来源：http://opinion.people.com.cn/n1/2021/0711/c223228-32154557.html，选入本书时有改动。

劲的时候，快递员李杰出现在国务院举办的新闻发布会上，表达了"自己多跑路、让客户少出门"的朴素想法。只有切实保证"小哥心安、快递安心"，才能让他们在日常工作中全身心投入，在急难险重前经受住考验。

正因如此，此次《意见》着眼于快递员合法权益保障问题，涵盖了从事快递收寄、分拣、运输、投递和查询等服务工作的广大劳动者，明确了做好快递员权益保障工作的路径。比如，重申了快递员依法享有参加社会保险和获得社会保险待遇的权利，明确制定派费核算指引、制定劳动定额、纠治差异化派费、遏制"以罚代管"等具体举措，提出推荐先进快递员参选各级"两代表一委员"等。保障合理薪资待遇，维护社保权益，提高专业技能，规范企业用工，优化从业队伍，增强职业自我认同和社会认同，才能切实提升快递员群体的获得感、幸福感、安全感。

有人说，平凡的对面是伟大，可是伟大很多时候却是因为能够坚持平凡。快递员是平凡的岗位，却创造了不平凡的业绩。以《意见》的出台为契机，切实解决快递员保障不全、认同不高等问题，快递行业才能走得更快、走得更远。

在社会主义大家庭里，人没有高低贵贱之分，职业没有高低贵贱之别，每个人都享有人格尊严，对每个职业选择都应该报以平等相待的目光。马克思主义坚持劳动优先于资本，切实维护最广大人民的根本利益和长远利益，提出科学社会主义的"正义"问题与"解放"问题。促进劳动正义，实现劳动解放，是马克思主义劳动观的终极价值目标。

（一）社会主义制度是实现劳动正义的根本保障

基于资本统治劳动的社会现实，马克思主义揭示了隐藏其中的不公平和非正义现象，在对资本主义生产劳动的批判中建构和发展了劳动正义思想。正义的劳动反对一切不劳而获、投机取巧的错误思想和行为，反对任何凭借强权、剥削和压迫获取财富的手段和方式，实现劳动参与的机会平等和劳动成果的分配正义；正义的劳动坚守人民立场，赞美劳动群众、讴歌劳动人才，充分守护劳动者的地位和尊严。

建立社会主义公有制是践行劳动正义的根本路径。马克思、恩格斯认为，造成资本权力膨胀、劳动严重异化的力量根源是资本主义私有制。随着私有制的消亡，生产力不再作为盲目的力量来统治生产者。与资本主义生产不同，社会主义生产的目的不是为了资本增殖，而是为了满足人民的需要。在资本主义社会的劳资关系中，资本明显具有优先性，因此，资本主义社会是"资产阶级社会"，本质上乃是为了从整体上实现和维护资本家的根本利益和长远利益。在社会主义的劳资关系中，劳动必然具有优先性，因此，"社会主义社会"本质上是为了从整体上实现和维护劳动者的根本和长远利益。

"按劳分配"是马克思主义关于"未来社会"分配制度的一个重要构想。在以生产资料公有制为基础的集体社会中，应该按照劳动者个人所提供的劳动量的比例，在劳动者之间进行分配。劳动是决定个人消费资料分配的同一的、唯一的尺度,多劳多得、少劳少得、不劳不得。这种分配方式关注的是对分配行为的道德衡量和价值评价,从根本上否定不劳而获的剥削分配制度,是实现劳动正义的重要原则。按劳分配体现了对具备不同劳动能力的劳动者的劳动的承认,也体现了对不同劳动者之间合理性差异的承认,使劳动创造价值得到有力保障。

总之,社会主义制度是以全方位实现好、维护好广大普通劳动者根本利益作为根本原则,以保障劳动公平、守护劳动尊严、维护劳动权益等作为基本价值目标。在依然存在资本与劳动关系的今天,巩固和发展好社会主义经济制度和分配制度是抑制资本对劳动的侵蚀而追求和趋向劳动正义的重要保障。

(二)劳动解放是实现人自由而全面发展的重要途径

马克思主义的最高追求目标就是实现所有人自由而全面发展。劳动解放既是马克思主义理论的一个"关键词",也是无产阶级的"重要使命"。只有从异化劳动中解放出来,进行自由自觉的劳动,才能推进人的解放事业,实现个人自由和全面的发展。

劳动解放下的人,是一个自由而全面发展的人。所谓自由而全面发展的人,是指人自己本身的全部机能或官能在自己的劳动中获得自由而全面发展,即包括五官感觉、思维、愿望、活动、爱以及在劳动中所形成的人的全部本质机能,在人的自由自觉劳动中获得了充分发展。自由自觉的劳动是人的本质的体现,也是人自由而全面发展的需要。马克思认为,在奴隶劳动、徭役劳动、雇佣劳动这样一些劳动的历史形式下,劳动始终是令人厌恶的事情。这些都是异化劳动,其中雇佣劳动表现为全面的异化,是极端的异化形式。"古代的观点和现代世界相比,就显得崇高得多,根据古代的观点,人,不管是处在怎样狭隘的民族的、宗教的、政治的规定上,毕竟始终表现为生产的目的,在现代世界,生产表现为人的目的,而财富则表现为生产的目的。"①马克思批判雇佣劳动作为单纯的谋生手段,具有明显的非人性和历史暂时性,它必然走向劳动解放,回归为更符合人性、更能彰显人的全面才能和多方面主体能动性的自由劳动。

劳动解放的动力来自劳动本身。目前,对于多数人来讲,劳动都是外在的、非自觉的,为了维持当下的生活或者更加美好生活的追求,不得不从事生产劳动。当前的劳动虽然还达不到理想中的自由自觉,但只有劳动才能推动生产力的发展和社会的进步,从而推动劳动达到理想化的境界,使人类可以自由。劳动解放是一个历史过程,它的物质前提是生产力的高度发达和建立在其上的生产资料公有制。当社会成为全部生产资料的主人时,社会就消灭了迄今为止的人自己的生产资料对人的奴役。不言而喻,没有每个人都得到解放,社会也不能得到解放。因此,旧的生产方式必须彻底变革,特别是旧的分工必须消灭。代之而起的应该是这样的生产组织,在这个组织中,一方面,任何个人都不能把自己在生产劳动这个人类生存的自然条件中所应参加的部

---

① 《马克思恩格斯全集》(第 46 卷上册),486 页,北京,人民出版社,1979。

分推到别人身上；另一方面，生产劳动给每一个人提供全面发展和表现自己全部的即体力的和脑力的能力的机会。这样，生产劳动就不再是奴役人的手段，而成了解放人的手段。因此，生产劳动就从一种负担变成了快乐。① 可见，只有通过世世代代的劳动，才能把生产力不断推向一个又一个新的高度，为消灭异化劳动创造物质前提和制度前提。劳动解放是全人类的使命，与每个时代的每一个人都息息相关。

---

① 《马克思恩格斯选集》(第3卷)，644页，北京，人民出版社，1995。

学习收获

学习内容	
学习收获	1. 2. 3.

第二节　科学认识劳动发展新趋向与未来劳动

　　劳动作为社会生活当中最基本的要素，它一直存在于人类历史中，但在不同的时代，劳动总会有不同的表现形态和外在特征，并承载着不同的意义。随着科学技术的发展，人类的劳动不断受到挑战：各种工具、机器的出现，人类的体力劳动逐渐被取代，人类向智力劳动后退；如今的智能机器不但要取代人类的体力劳动，而且要取代人类的智力劳动。随着劳动的不断发展，劳动在形态、特征和意义等方面发生的重大变化，不仅远远超出了马克思主义劳动观的具体内容，更使一些较为陈旧的劳动观念滞后于我们的时代。但是，不管未来如何发展，都只是改变了劳动的外在模样，马克思主义劳动观所揭示的劳动本质、劳动创造价值的真理是亘古不变的。未来人工智能的发展，更加助推了人类获得真正的劳动解放，实现更加全面自由的发展。未来劳动者更要提升自身劳动能力，找到劳动对于自身存在的意义，享受更加幸福美好的生活，创造更加辉煌灿烂的文明。

学习目标

知识目标：全面了解新时代劳动发展所呈现出的新趋向，深刻认识人工智能发展对人类劳动的积极和消极的影响，进一步把握未来劳动者的劳动能力要求。

素质目标：树立新时代劳动精神面貌、劳动价值取向，善于学习新知识，掌握新技术，提高创新能力，具备新时代劳动者的责任和担当。

实践目标：主动规划并提升自身劳动素养和劳动能力，积极应对未来。

学习重点、难点

重点：劳动发展新趋向；人工智能发展与未来劳动；未来劳动者的劳动能力要求。

难点：人工智能对人类劳动的解放。

一、劳动发展新趋向

平凡亦有光——主题性美术创作中的新型劳动者形象①

近年来，以新型劳动者为主题的美术创作在诸多国家美术创作工程的带领下，成为社会各界普遍关注的热点话题，也涌现出一大批反映历史、结合现实生活、表达当下思考的经典力作。不同于过去美术作品中以传统农民、工人等劳动者作为表现对象，新时代劳动者的图像表述更多是以"散点透视"的现实视野，辐射各个行业领域。作品构建了知识型、技能型、创新型劳动者大军的精神群像，表现出新时代背景下的多元化劳动者形态，从传统劳动者到新形态、新业态劳动者，从高精尖科技创新工作者到穿行于平凡生活中的劳动大军，这些作品无疑都准确表现了"劳动者"及被更新了的"劳动者"精神内涵，也将以此为主题的创作引向了一条层次更为丰富，更具有包容性。也更能连接现实情境的创作道路。

劳动新业态激发创作新主题

随着互联网全面渗透到社会各个领域，智能化升级引发产业变革，同时也影响了劳动新业态的更迭。当代美术工作者潜心体察社会变迁，将目光投向默默奉献的城市建设者和脚踏实地践行崇高理想的工作者们，集中表现了以从事网络消费、网络货运、智慧出行、数字乡村建设等为代表的劳动者现状，展现了城市生活的新节奏，而由此引发的社会景观及人文思考在部分美术作品中得到了充分体现。众所周知，快递业可谓近年崛起的行业之一，柳青的雕塑《快递！快递！》和王巍的中国画《时代节奏》以多元写实性视角切入，通过刻画日常生活中随处可见的快递行业繁忙的工作场景，反映出"城市运转维护者"的辛勤、专业与奉献，也赞颂了他们将包裹送入千家万户、用劳动助力美好生活的奋斗精神。

依托互联网时代的迅猛发展，数字经济激发了一大批创业者实现"数字红利"，其中农村电商的提档升级更成为数字乡村建设的重要内容，也成为当下美术创作最前沿的主流表述。例如郭健濂、褚朱炯合作的油画《互联网的春天——农村电商》通过刻画回家创业的女青年帮助村民打开农产品新销售渠道，表现了农村电商这一新兴行业。通过作者构建的场景，我们可以看到互联网为农户与客户搭建了平台，带领农户走向致富道路，更有效助力了"三农"发展。

---

① 资料来源：https://news.gmw.cn/2023-05/07/content_36545120.htm，选入本书时有改动。

"智识型"劳动者反映时代新貌

有别于对广泛普通劳动群体的图像表述，美术家还将目光聚焦在领跑高精尖行业、为社会发展提供新动能的知识技能型劳动者身上。以科技引领劳动创新、推动社会变迁，已成为美术工作者创作取之不尽的源头活水。这种主题主要呈现为两大方面的内容划分和趋向。一是聚焦投入时代建设的千千万万高精尖知识分子，他们虽不被大众熟知，却成为推动行业发展最中坚的力量。例如，商亚东的油画《最美太湖水》中画面表现了青年科技人员日常监测太湖水、治理太湖蓝藻的工作场景。刘伟佳的油画《穿越江河湖海——中国奇迹工程南水北调》、马佳伟的油画《唱响明天——打造千年雄安》、范春晓的《中国制造走向世界——C919大飞机》等作品都将创作视点转向伟大时代工程中像螺丝钉一样的知识型建设者，让观众感受到科技带动和激发的内核力量，当代中国的发展不仅需要平凡的劳动群体，更需要以"智识"带动技术进步的领跑人才。

二是具有楷模性和"名人"效应的个体描绘更具有视觉识别性和情绪通感，观众在接受层面也更易于代入，在图像审美的背后有所感悟。董卓的《国家的脊梁》集中表现了王淦昌、黄大年等十位身处不同时代、不同领域的科学家，通过壁画的构图形式将他们有机放置于一个画面空间之中，背景既有表达的内容，又有结实的结构。《"时代领跑者"人物群像》系列以组画的形式为新中国成立以来不同时期各个行业的劳动楷模立像，将人物的经典性形象抽象提炼，"楷模"的引领作用投射到更深刻的社会情感价值认同中去。马蕾、张彩翼的油画《呦呦鹿鸣》、韩晓冬的雕塑《袁隆平》等则着重为功勋劳动者画像塑像：前者选取了屠呦呦与她的中医药科研团队在实验室工作的日常场面，人物与玻璃器皿组成闪亮的"交响曲"；后者选取了袁隆平在田间地头工作的场景，淋漓尽致地展现了岁月静好背后科研人员及劳动者们的辛勤付出。

总结来说，在当代文化视野下，中国美术的面貌呈现出多元化、多角度的发展格局。近年来对各行各业劳动者的塑造逐渐开始偏向以小切口反映大时代，从规范叙述到人文观照，从塑造普遍形象到挖掘内涵的过程。但是，无论时代如何变迁，劳动者形态如何演变，不变的是劳模精神之本质，即甘于奉献、爱岗敬业、勤奋工作、锐意进取、勇于创造。

"没有比人更高的山，没有比脚更长的路"，正是这些"平凡亦有光"的群体，正是因为其普遍性和丰富性，才构成了整个新时代社会的内在核心和正向精神。在这个基础上，美术工作者实现了图像与时代、与人民的关联互动和同频共振，也使得新时代劳动精神内涵及"劳动者"形象在表述和审美上不断延伸、更新。

毫无疑问，农民在田里耕种是劳动，工人在厂里做工是劳动，学生在田里除草是劳动……但是随着科学技术的进步和生产力的发展，劳动呈现出各种各样的形式，"什么是劳动"成了一个难以回答的问题。例如，教师的教学是劳动吗？科学家的科学实验算不算是劳动？作家的写作、歌唱家的唱歌算不算是劳动？企业经理的经营管理工作算不算是劳动？无人工厂里的机器运转算不算是劳动？在新的历史条件下，我们要认识到劳动自身在不断发展，劳动的内涵与外延不断地变化，使更大范围的劳动者成为价值创造者。在现代社会，随着社会化大生产和社会分工的日益复杂化，劳动形态也不断丰富，劳动者队伍也在不断扩大。除传统的体力支出型劳动之外，管理型劳动、科技型劳动、经营型劳动、创新型劳动、服务型劳动等也成为新的劳动分类并在社会生产中发挥越来越突出的作用。千姿百态的劳动者展现着各自独特的价值，我们要认识不同岗位劳动者的独特荣光，为成为光荣的劳动者做好充分的准备。

（一）从体力劳动为主向智力劳动为主转变

从劳动主体支出的物质内容来考察劳动，劳动就是人的体力和脑力（马克思又称之为智力）的耗费，据此劳动可分为体力劳动和脑力劳动或叫智力劳动。体力劳动主要是指劳动过程中以人的生理学意义上的体能的耗费为主的劳动。智力劳动主要是指劳动过程中以人的脑力和智力包括知识、智慧的耗费为主的劳动。在传统的农业经济和工业经济中主要是体力劳动创造财富，而在知识经济中劳动表现为以智力劳动为主的多层次性劳动推动社会经济发展。科学技术的迅猛发展不断引起产业革命，随着传统产业部门的削弱和新兴产业部门的兴起，体力劳动的比例在下降，智力劳动的比例在上升。

在知识经济条件下，生产过程中大量繁重的体力劳动逐步被智能机器所代替，直接从事生产的体力劳动者不断减少，智力劳动不断增加。随着科学实验在生产部门的广泛推广，智力劳动越来越成为主要的生产劳动。在知识经济中，知识成为产品的主体，一张光盘、一块芯片，其物质成本只两三元，但可以卖几千元，主要是知识积累的结果，是凝结了大量的智力劳动的结果。创造知识，运用知识，使知识直接成为劳动对象，为使用者提供知识产品，成为知识社会智力劳动的主要内容。

（二）从有形劳动为主向无形劳动为主转变

劳动者运用劳动资料作用于劳动对象的劳动过程，其结果是劳动产品。不同的劳动产品，存在形式也是不同的。有的劳动产品有物质形态，产品在其生产结束后能独立地存在，此为有形产品；有些产品没有物质形态，产品在其生产过程中存在，当其生产过程结束则产品的使用价值也已消失，此为无形产品。在漫长的历史进程中，无论是农牧经济社会，还是工业化社会初期，生产劳动一直以有形劳动为主体，无形劳动在社会生产总量中的比重很小。随着社会生产力的发展和科学技术水平的提高，社会分工向深度和广度拓展，工农业生产中越来越多的生产环节自动分离出来，独立成为服务部门。根据《国民经济行业分类》（GB/T 4754—2017），第三产业即服务业，是指除第一产业、第二产业以外的其他行业。所以，第一产业、第二产业的劳动是生产性劳动，生产的是具体的实物，而第三产业的劳动是服务性劳动，生产的是服务，又叫服务性劳动。当今社会已走向以消费为主导的社会，消费社会的标志是第三产业的崛起。第三产业不断发展，逐步取代第一产业、第二产业的主体地位，成为现代社会的主导产业。从事第三产业的人数已经超过从事第一产业、第二产业的人数。

服务性劳动的典型特点是劳动者虽然耗费了物质资料和活劳动，但是，大多不凝结在某种实物上，没有物化的结果。例如，旅店的劳动者为接待旅客住宿，付出一定的物质消耗和活劳动的消耗，使旅客的需要得到了满足，但没有留下任何实物。因此，在许多人的观念中，服务性劳动不是物化在实物上的劳动，不能构成物质财富或价值，只有物质资料生产领域的劳动才能创造财富或价值。马克思并没有把创造财富或价值的劳动局限于物质生产领域的劳动。随着现代社会经济的发展，服务性劳动在社会劳动总量中所占的比重逐渐增大，服务性劳动者人数已远远超过生产性劳动者的人数。这要求人们必须重视服务性劳动，并正确对待服务性劳动的成果。树立服务性劳动也创造财富或价值的观念，是时代发展的客观需要。

（三）从操作劳动为主向管理劳动为主转变

根据劳动主体在劳动过程中所执行的功能不同，在机器大工业出现以后，劳动分为管理劳动和操作劳动。操作劳动主要是指劳动者在劳动过程中操纵机器的劳动或与机器相配合的劳动，是"站在机器旁边"的劳动，而管理劳动最初只是企业内部的组织协调活动和指挥监督活动。马克思指出，有的人做管理工作者、工程师、工艺师等的工作，有的人做监督者的工作，有的人做直接手工劳动者的工作或做十分简单的粗工，于是越来越多的劳动能力职能被列在生产劳动的直接概念之下，这种能力的担当者也被列在生产劳动者的概念之下。

随着市场经济的发展，劳动者不再直接参与产品的制造过程，操作劳动在产品生产中的比重日益下降，管理劳动的比重和作用越来越大。这种最初的协调、监督活动发展成为全面的企业管理活动，包括物资管理、财务管理、人事管理、资本管理、制度管理、营销管理和信息管理，统称为经营管理。而在以高新技术为特征的现代生产力状态下，特别是机器人的使用，使社会生产的组织形式进一步发生了变化，开始出现所谓的"无人工厂""无人车间"，企业管理日益电子化、数字化、网络化，并成为发展生产力的重要支撑平台。管理劳动是一种特殊的劳动形态，在劳动创造价值和使用价值的过程中起着特殊的作用。现代管理劳动已成为支撑现代生产力发展的支柱，具有管理知识和能力的管理劳动已跃居操作劳动之上，成为价值创造的主要劳动形式。

（四）从重复性劳动为主向创造性劳动为主转变

根据劳动成果的唯一性和重复性，劳动可以分为重复性劳动和创造性劳动两大类。重复性劳动维持人类经济与社会发展中的简单再生产与扩大再生产。创造性劳动是探索、发现、使用人类不曾使用过的知识、技能、手段、材料、工具，创造新的产品或新的生产方式，从而以更高的效率从事商品生产的劳动。同重复性劳动相比，创造性劳动具有挑战性、风险性、变革性的鲜明特点。

工业化早期，创造性劳动还没能发展为独立的职业或独立的经济部门。工业化后期，在知识经济主导下，人类劳动向高级形态发展，最主要的标志是创造性劳动的数量和水平的增长。创造性劳动正在渗透人类经济生活的各个方面,成为人类实现可持续增长的主要劳动。文学、艺术、科学技术的发展主要依靠创造性劳动。企业管理中的分析、判断和决策都是创造性劳动。现代服务业中最活跃的部门,如管理咨询业、广告业、软件业、电子游戏业、虚拟服务业也主要依靠创造性劳动取得竞争优势与迅速发展。而以专利技术为代表的知识产权是创造性劳动产品中最重要的可以直接应用到生产劳动中的主要形式。

总之,新的时代,人类劳动的形态已经发生了许多巨大的变化。一方面,我们不能简单重复20世纪温饱问题尚未解决时期对于劳动及劳动教育概念的理解,将劳动教育等同于"学工学农",而对脑力劳动、消费性劳动、创造性劳动等的重要性熟视无睹;另一方面,我们又不能简单否定体力劳动、体力劳动者的重要性。劳动形态的更替融合会导致一些劳动者就业岗位的要求提升,也会导致传统的就业岗位消失,同时也创造了新的、更高层次的劳动力需求,催生出需要更高技能水平和素质的行业与岗位。新时代的劳动者只有着力提升学习力、创造力,才能乘风破浪,成为主宰自己命运的弄潮儿。

二、人工智能发展与未来劳动

▶▶ **案例分享**

人工智能是智慧农业新风口①

当最前沿的技术与最古老的产业相遇,会激荡出怎样的变革?日前,国内首款农业 AI 对话机器人发布,诸如"土豆出现烂根怎么办""某地西瓜行情怎么样""帮我找个杨梅采购商"这些问题都将得到回答。可以预期,以 AI 为代表的新一代信息技术将深刻影响农业发展,抓住人工智能这个智慧农业新风口成为一大命题。

农业 AI 应用正加速铺开。21 世纪初,其在国内已初露端倪,既有耕、种、收等智能机器人,也有病虫害探测、土壤墒情测报等智能系统。近年来,具有自主知识产权的传感器、无人机、农业机器人等日臻成熟,出现在越来越多的农业场景中。2020 年,农业农村部、中央网信办印发了《数字农业农村发展规划(2019—2025 年)》,提出加快农业人工智能的研发和应用。自 ChatGPT 发布以来,认知大模型技术持续进化,国内类似产品不断推出。在此背景下,农业领域大模型产品的推出自然不足为奇。

人工智能对农业应用非常广泛,涉及感知、决策、控制、作业等,农业 AI 对话机

---

① 资料来源:https://www.thepaper.cn/newsDetail_forward_23721507,选入本书时有改动。

器人只是其一。传统农业的特点是靠天吃饭，而我国的智慧农业发端于物联网设备和与其对应的农业信息化系统，通过监测和改善生长环境，使农业生产更稳定可控。如今，叠加新一代信息技术，农业数据要素将持续发挥作用。比如，借助猪脸识别，结合声学特征和红外线测温，从猪的体温、叫声等可及时判断猪是否患病，从而预警疫情，科学养殖。

智慧农业是用科技武装农业，并牵引资本、人力、土地等多种生产要素。很多国家都把智慧农业作为优先发展方向，全球智慧农业呈现出两大特征。一是高度集成。各种设备与技术高度集成，物联网、大数据、人工智能、云计算等叠加交融，形成了智能生产系统。国土面积只有4万多平方公里的荷兰，就是在设施农业中集成智慧农业，每公顷能产出54.4吨蔬菜，是我国的2.4倍。二是数据融通。不只应用在生产领域，而是打通生产、加工、流通、销售环节，建立大农业数据库，实现产销高效对接。有的国家在此基础上建立农业展望制度，直接影响期货市场走势，拥有了主导世界农产品市场的战略武器。

可以预期，以AI为代表的新一代信息技术将深刻影响智慧农业发展，用人工智能赋能农业成为一大命题。农业机械化已经让大田的粮食生产从体力劳动中解放出来。未来，农业信息化会让农民成为更体面的职业。

随着人工智能与人的智能的相似度越来越高，劳动工具越来越呈现类人化特征，未来的劳动形式将是智能劳动，机器人取代人类成为社会基本的劳动工具。

（一）人工智能对人类劳动权的挑战

人工智能（Artificial Intelligence），简称AI，通俗来说就是通过人工的方法将人类智能植入机器之中，让机器做过去只有人才能做的智能的工作。自古以来，人类除希望减轻体力劳动负担外，也一直想方设法通过技术手段来减轻脑力劳动的负担，人工智能最终得以出现，将脑力劳动交给机器才有了实现的可能。2016年3月，谷歌旗下人工智能公司开发的智能系统AlphaGo（阿尔法围棋）在与韩国职业围棋选手李世石对局中，以4∶1取得了压倒性的胜利，成为第一个战胜围棋世界冠军的机器人，此时，再也没有人可以否认人工智能时代已经到来。智能机器在诸多领域发挥重要作用并愈加智能化和类人化，甚至获得如人一样的"身体"及社会地位。

随着人工智能的快速发展，很多人将面临失业，从而失去其最基本的劳动权。马克思主义认为，劳动是人类第一需要。本来，人类与其他一切动物的最大区别就是人类是通过劳动来获取生活所需要的各种资源，而且按照社会必要劳动来分配劳动成果。劳动权一旦被剥夺，人类是否还能被称为人类？人类将按什么来获得或分配其财富？

从表面上看，人工智能让人类失去的仅仅是工作，但从本质上来看，这是人工智能对人类作为唯一劳动者的挑战。

首先，人工智能挑战了人类的存在形式。人工智能在生产领域的应用导致许多人失去了工作机会，而且随着人工智能与社会的快速融合，将来会有更多的劳动被人工智能所取代。人类可能会从劳动的环节中被排挤出去，逐渐成为单一的消费者。马克思主义认为，劳动创造了人本身，人类在劳动中锻炼了自己的体魄，创造了自己的语言，创造了生活所需的财富。如果人们失去劳动的机会，人类可能就会失去人体机能自我进化和人类社会自我发展的机会。

其次，人工智能挑战了人类的劳动价值观。人活在世界上必须找到自己的定位，体现出自己在自然和社会中的价值。马克思主义认为，一切财富的源泉其实最终都归根于人类的劳动。这就是说人类主要是通过劳动并创造财富来体现自己的价值的。但是，随着智能机器取代人类劳动，人类的价值就难以通过劳动来体现。此外，劳动作为人类的基本活动并通过劳动与社会的各类成员进行交流、交往，人类一旦失去劳动就可能变得无所事事，以致在社会中被边缘化，因此失去人的存在感，失去自我实现的通道，更由此失去个人的社会价值。

再次，人工智能挑战了人类的财富分配方式。劳动创造了价值，在资源没有极大丰富到按需分配之前，人类分配财富的最公平、最合理的办法就是按照劳动付出量来分配，也就是马克思所说的"按劳分配"原则，多劳多得，少劳少得，不劳不得。人类的劳动被智能机器取代后，人类就失去了按劳分配这一财富分配方式，必须寻找出新的分配方式。

最后，人工智能挑战了人类的进步方式。人类身体的进化以及智力的提高，都与人类的劳动息息相关，可以说劳动是推动人类自身进步的基本动力。一方面，劳动创造了社会财富，由此推动了社会进步；另一方面，劳动让人类不断改进劳动工具、劳动方式，由此推动着技术的进步。智能机器代替人类劳动之后，失去劳动的人类会不会由此就失去进化发展的推动力呢？一旦推动力消失，人类的进化、社会的进步会不会因此停止，甚至退步呢？

（二）人工智能对人类劳动的解放

在古希腊社会人们被严格分成自由民和奴隶，奴隶们像机器一样长年累月不停劳动，而自由民则基本上不从事劳动。虽然自由民的全面解放和自由是建立在奴役奴隶的基础上的，但他们的生活则类似于马克思主义所指的人类获得全面解放和自由后的劳动生活。古希腊的自由民虽不从事体力劳动，但处于闲暇中的他们自由自在地参与各项政治活动和社会交往，在好奇心的驱使下从事文学、艺术、宗教、社交，进行哲学探索和科学研究，由此创造了辉煌灿烂的古希腊奇迹。古希腊的自由民们没有因为不需要劳动而无聊，也没有因为不需要劳动而丧失人性，反而由此享受着美好的生活，并创造出灿烂的文明。

劳动是需要消耗人类大量体力和脑力的活动，对人类来说并非多么愉悦，大部分时候反而是沉重的负担，对大部分人来说都不是一件轻松愉快的事情。劳动者曾有这样的心态：工作时间应该尽量缩短，工作报酬应该尽量增加。根据马克思主义观点，劳动分为四种：奴役劳动、谋生劳动、体面劳动和自由劳动。人类大部分时候的劳动属于奴役劳动和谋生劳动，连体面劳动都谈不上。现在的白领、金领阶层虽已部分进入体面劳动，但不属于自由劳动。自由劳动是人类在解决了谋生的需求之后，为满足精神需求而从事的劳动，这种自由自愿的劳动才是成为人类生活第一需要的劳动。当智能机器全面代替人类的全部体力和脑力劳动并自动创造大量财富之后，人们将不再担心生活资料以及其他一切物质所需，并且将逐步实现按需分配，不再担心不劳动者不得食等财富分配问题，人类进入自由劳动阶段。从人类解放的长期事业来看，人工智能对人类体力劳动和智力劳动的全面取代，正好让人类从繁重的体力劳动和脑力劳动中彻底解放出来，从而获得真正的解放，并有条件实现自由而全面的发展。

在未来劳动时代，劳动不再仅仅是一种谋生手段和人们生活的第一需要，而是已经成为高度自由、自觉和自主的活动。人通过智能工具和科技劳动等控制生活，通过文学和艺术等劳动享受生活，通过历史、科学、宗教和哲学等方面的思辨性劳动理解生活，人的自我存在的本质力量在自由自觉的活动中实现自我创造，在劳动中达到自我实现和心灵的满足，从而更加确证自我存在的价值。总之，人并不像商品那样是一个人工制造物，而是一个具有真正生命力的个体，只有从事越来越人性化和智能化的劳动，才能发挥"劳动创造人、劳动服务人、劳动发展人"的功能，让"劳动创造人"的价值观在更高层次得到回归。劳动者从事自己喜爱的劳动，更有利于其获得精神层面的休息、缓解压力，有利于劳动者工作满足感和幸福感的提升，有利于真正激发劳动者热爱劳动、崇尚劳动、尊重劳动的情感，有利于培养劳动者辛勤劳动、诚实劳动、创造性劳动的态度。

人类不再需要进行繁重的体力劳动和脑力劳动，劳动对人类是不是就彻底失去了存在的意义了呢？虽然人工智能时代才刚刚来临，人类的全面解放也才刚刚开始，摆脱劳动重新获得全面自由的人们究竟会过上怎样的生活，没有劳动束缚的人们会不会因无所事事而无聊，甚至长期缺乏劳动而退化以致丧失人的本性？我们相信，在人工智能技术的帮助下，人类一定会创造出更加辉煌灿烂的文明，享受更加自由美好的生活。

总体来说，随着生产力的提高和社会的进步，劳动将逐渐从生存必需的负担中解脱出来，未来劳动是一种更加关注自我实现和成长需求的自由劳动。我们应该共同推动劳动观念的转变和社会的进步，让未来的劳动更加有意义和价值。

（三）未来劳动者的劳动能力要求

面对咄咄逼人的人工智能，人类怎么办？是捣毁智能机器还是提高自己？必须找到未来人的劳动价值所在，无法被智能技术取代的人才和技能的重要性愈发凸显。哲学家康德把人类的能力分为知、情、意三大类。康德认为，科学可能在认知方面所向无敌，但面对情感、意志则无能为力，因此留下了两个没有被科学侵占的地盘。人工智能正好以此相应，在智能方面人类已经无可匹敌，但在情感、意志方面，机器还是一窍不通。所以，人类未来应该利用自身智慧，从过去的体力、智力领地转到利用情感、意志的智慧领地。这一领地还是人类的地盘，很难被机器彻底取代。因此，在人工智能时代，人的主要劳动内容趋向智慧劳动、创造劳动、情绪劳动，未来劳动者必须提高相应的劳动能力。

1. 创造能力

智能劳动是由一系列重大技术创新构成的通用技术集群推动的，创新构成这些相关产业的核心驱动力量。人工智能时代，重复性的、规则性的、程序性的等能被编程和智能化机器取代的体力劳动和脑力劳动将失去发展空间；创造性的、非规则的、有复杂思考、需要灵活处理能力的智力劳动将具有较大的发展潜力。具备智能机器人尚无法大规模替代的人机交互、创造性、人文化、灵活性等素质将成为重要的竞争力和软实力。

2. 情绪管理能力

情绪管理是指通过对自身情绪和他人情绪的认识、协调、引导、互动和控制，充分挖掘和培植情绪智商、培养驾驭情绪的能力，从而确保保持良好的情绪状态。服务性劳动和劳动中的人际交往都是一种情绪劳动，是一种要求员工在工作时展现某种特定情绪以达到其所在职位工作目标的劳动形式。人工智能时代，服务性劳动将成为劳动的主要内容，自然要求劳动者具备情绪管理能力。劳动者的情感参与是商品交换中的决定性因素，要在劳动中满足受众的心灵归属、情感投射、知觉感知等非物质性需求。

3. 审美能力

美是作为主体的人的自由自觉的特性在生产实践、精神创作和文化表达上的生动体现。劳动者只有融合劳动和审美的实践于一体，才能挖掘出知识技能背后的文化特性和美的意蕴，体会到人类文明的珍贵。智能劳动使人们获得了更多的休闲机会，有余力从事精神劳动、休闲劳动，劳动的内容转向追求美观和艺术化，这要求劳动者具备审美能力。

4. 跨界整合能力

人工智能时代，劳动者作为技术的创造者、管理者、协助者或监督者，往往需要掌握多种"硬"技能和"软"技能。智能化的发展，凸显了对高级复合型人才、跨界人才的旺盛需求。劳动者不仅需要掌握专门的劳动技能，而且需要全面提升劳动项目管理与经营能力、合作能力、产品推广能力等。

总之，人工智能对人类劳动的取代是一把双刃剑，一方面，在短期内必然会给一部分人带来失业的痛苦以及幸福感的下降，甚至带来人类存在感的危机。但是，另一方面，人工智能对人类体力劳动和智力劳动的全面取代，使人类从繁重的体力劳动和脑力劳动中彻底解放出来，从而实现真正的自由劳动，享受生活、全面发展。

学习收获

学习内容	
	1. 2. 3.
学习收获	

第二章　中国古代劳动教育观与马克思主义劳动教育观

> 中华民族是勤于劳动、善于创造的民族。正是因为劳动创造，我们拥有了历史的辉煌；也正是因为劳动创造，我们拥有了今天的成就。

第一节　中国古代丰富的劳动教育思想和教育模式

习近平总书记高度重视历史思维。所谓历史思维，就是高度重视历史、正确认识历史、把握历史规律、汲取历史智慧、增强历史主动、指导现实工作、明确发展方向的思维方式。我们要从几千年的宏大历史的跨度和视野，了解、熟悉、认识、体悟中华民族的劳动精神、中华民族的劳动教育思想，这样才能深刻理解我们党与时俱进的劳动教育思想，自觉建设中国式现代化、实现民族复兴的伟大事业。

学习目标

知识目标：学习和理解中国传统的劳动教育思想的丰富内容，理解中国古代的劳动教育模式。

素质目标：深刻认识中华民族是勤于劳动、善于创造的民族，汲取精神力量，涵养劳动品质。

实践目标：积极参加劳动，自觉投身中国特色社会主义建设，为实现中华民族伟大复兴贡献力量。

学习重点、难点

重点：传统劳动教育思想；"日用而不知"的劳动教育模式。

难点： 从中国古代丰富的劳动教育思想和教育模式中理解中华民族的劳动精神和劳动教育思想。

一、中国古代劳动教育思想蕴含中华民族的智慧

习近平总书记强调坚持扎根中国大地办教育。具体到劳动教育，不仅要立足新时代社会发展的具体实际，还要扎根于中华优秀传统文化。在中华文化的思想宝库中，有重视劳动教育的思想传统。整理发掘这部分思想成果，有助于开展新时代的劳动教育。

（一）中国古代劳动教育思想高度重视劳动的价值

中国古代思想家对劳动意义有丰富的论述。

其一，劳动是生存之本。古代哲学家、教育家、科学家墨子教育弟子说："故圣人作，诲男耕稼树艺，以为民食。""食者，国之宝也。""民无食，则不可事。故食不可不务也。"在墨子看来，民不可无食，食必须通过劳动获得。明代学者吕坤说："一年不务农桑，一年忍饥受冻。"不勤劳务农，就缺衣少食。明末清初学者张履祥提出："治生以稼穑为先，舍稼穑无可为治生者。"这些观点指出了农业劳动的基本价值。

清代政治家曾国藩将这种劳动谋生观点加以发展，提出"卫身莫大于谋食。农工商，劳力以求食者也；士，劳心以求食者也"。随着社会分工的发展，劳动已不限于农业，但是人人必须劳动才能生活，社会必须通过人们的劳动才能发展，这是普遍的规律和要求。

其二，劳动促进个人发展。劳动可以培养人优良的品德和健康的身体素质。春秋时期的敬姜在教育儿子时说，"夫民劳则思，思则善心生；逸则淫，淫则忘善，忘善则恶心生"，指出了劳可培善和逸则生恶两种不同的品德培养功能。明末清初的学者颜元认为，"养身莫善于习动，夙兴夜寐，振起精神，寻事去作，行之有常，并不困疲，日益精壮"，意思是劳作使人强健。清代学者汪辉祖在批判"幼小不宜劳力"观点时指出，欲望子弟大成，当先令其习劳，他认为，古来成功的将相，没有一个是软弱不耐劳苦的。

其三，劳动是理想的生活方式。曾国藩在给儿子曾纪鸿的信中说："勤俭自持习劳、习苦，可以处乐，可以处约，此君子也。"他教育儿子把劳动作为生活的一部分，在劳动中得到人生快乐，成就君子人格。

（二）中国古代劳动教育思想倡导辛勤劳动

传统文化不仅包含对劳动价值的充分肯定，也有对辛勤劳动的积极倡导。对于劳动要耐得住艰辛、要坚持不懈的道理，中国古代多有论述。其中，曾国藩对辛勤劳动的论述最详，对现代人影响也较大。他这方面的主要观点如下。

其一是"勤"。曾国藩在家书中反复阐释勤的道理，勉励长子纪泽说："家之兴衰，

人之穷通，皆于勤惰卜之。泽儿习勤有恒，则诸弟七八人皆学样矣。"他认为，勤则家"兴"人"通"，惰则家"衰"人"穷"。要做到勤，需持之以恒锻炼。

其二是"早"。这个概念是曾国藩在总结祖父星冈公家训思想时凝练出的，意思是"早起"。这是曾国藩关于"勤"思想的重要维度之一。他还对此概念加以发挥，"治家以不晏起为本"，"家中大小，总以起早为第一义"。在曾国藩看来，"少睡多做"，体现"一人之生气"。因此，他把早起作为耐劳苦教育的主要手段。曾国藩的这一观点，在之前的教育学著作中较为多见，南宋文学家叶梦得说"每日起早，凡生理所当为者，须及时为之"，朱柏庐治家格言的第一句话就是"黎明即起，洒扫庭除"。

（三）中国古代劳动教育思想主张诚实劳动

新时代劳动教育要求学生在长大后"诚实劳动"。所谓诚实劳动，就是要实实在在地劳动，运用脑力或体力有效地改造世界，不弄虚作假，不投机取巧，不搞形式、走过场、摆样子。

其一，诚实劳动重在做实事。孟子讲的揠苗助长寓言，就生动讽刺了那些不诚实劳动却想取得成功的行为。要让禾苗长得好，就得踏踏实实浇水施肥，而不是一根根地往上拔。揠苗助长者虽然付出了体力，看到苗长高了一大截，但是苗最终全死了。这个故事可以说是对不诚实劳动现象的深刻批评，也从另一方面表达了孟子提倡诚实劳动的意思。事实上，中国传统劳动思想中的"习"字，本身就包含了实践、实行之意。主张劳动思想的汪辉祖指出，"士不好学，农不力田，便不成为士、农。欲尽人之本分，全在各人做法……故'人'是虚名，求践其名，非实做不可"。他提出各行业的人要"实做"，进行脚踏实地的工作。

其二，诚实劳动尚力行、忌空谈。重视习行、关心实务，是中国古代思想的主流。然而，在历史上也不乏懒于劳动、脱离实际的空谈作风。比如六朝时期的名士，虽然在品藻古今方面颇多才华，一旦任用他们处理实务，却"多无所堪"。这些人惯于高谈虚论，迂诞浮华，不涉世务，不知有丧乱之祸，不知有耕稼之苦，不知有劳勤之役，因此难以"应世经务"。颜之推概括说，"治官则不了，营家则不办，皆优闲之过也"，这是对那些不劳而获、没有真才实学的南朝名士的有力批判。

（四）中国古代劳动教育思想强调创造性劳动

创造性劳动与重复性劳动不同，特别强调劳动过程中的变革性和创新性，体现为发明创造。一方面，将科学原理和技术运用到具体劳动中，改变了劳动方式；另一方面，在劳动过程中有所发现，并创造性地解决问题。中国古代劳动思想中就有这方面的范例。

其一，在劳动中把握事物原理并作创造性运用。墨子作为中国古代伟大的科学家，不仅重视生产劳动，而且善于在生产劳动中发现科学原理，并据此做出大量创造发明，还教育学生将其运用于生产实践。他说，"负而不挠，说在胜"，这里的"负"就是"担"

或者说"衡木"的意思。"挠"原意是"曲木",这里引申为"物体倾斜"的意思。"胜"有"胜任""承受"等意思。整句话是说,用衡木担物,支点在中间,衡木就不会发生倾斜。这是因为两端物量相等,彼此平衡的缘故。这句话包含着杠杆平衡原理,墨子运用此原理发明了提水工具——桔槔,大大节省了劳动力。

其二,在劳动中进行创造性探索。在中国历史上,康熙皇帝在自然科学方面也有很高的造诣,曾刊印《耕织图》颁行全国。他在劳动中还留心观察研究并有新发现:"丰泽园所种之稻,偶得穗,较他穗先熟,因种之,遂比别稻早收。若南方和暖之地,可望一年两获。"这段话生动记述了他在农作物良种培育方面的创造性探索。

(五)吸收借鉴中国古代劳动教育思想的精华

中华民族素以刻苦耐劳著称于世。五千年辉煌灿烂的文明,是中国先人热爱劳动的有力见证。传统劳动思想就是中华民族重视劳动的集中体现。不忘本来才能开辟未来,善于继承才能更好地创新。

开展新时代劳动教育,需要吸收借鉴传统劳动思想的精华。但要指出的是,传统劳动思想是与中国古代社会实践相适应的。因此,在今天的劳动教育中绝不能将其完全照搬。我们必须立足新时代劳动教育的具体实践,以马克思主义劳动观为指导,本着古为今用的态度,对传统劳动思想去粗取精、去伪存真,进行科学的扬弃,并在此基础上实现创造性转化和创新性发展。

二、"日用而不知"的劳动教育模式

中国传统的劳动教育并非如现在的课堂教育有着统一固定规范、明确的内容、确定的评价标准,而是渗透于人民日常生活之中,通过礼仪制度、学校教育、家训家风等途径实现,使人民在"日用而不知"的状态中潜移默化地接受了劳动教育。

(一)耕读结合的劳动教育模式

中国传统社会保留着耕读结合的优良传统,普通人家在从事农业生产劳动之余也进行读书学习。在历代私学教育中,一直有不间断的耕读结合的教育传统。清代张履祥认为,把农耕与读书结合起来,专心勤于农桑劳作,不仅能够供给国家的赋税徭役,满足自己家庭日常衣食之需,还能杜绝肆意妄为的不法行为。在农闲时间读书,可以明白事理,修身立世。耕读结合不仅推动了中国农业经济的发展,而且加强了对人民的劳动教育,稳定了社会秩序。

(二)普及大众的劳动教育规范

中国古代虽然没有专门的机构推行劳动教育,但中华民族却能够形成勤劳的优良传统,一个重要的原因是中国古代有一套劳动教育的规范和制度。《礼记》等记载了一些劳动教育的规范。例如,《内则》有言:"凡内外,鸡初鸣,咸盥漱,衣服,敛枕簟,洒扫室堂及庭,布席,各从其事。"在清晨鸡叫头遍时,每个人都要起床做自己分内的事。这样就形成了一种制度,养成了一种生活习惯。

（三）身体力行的劳动教育典范

在劳动教育推广方面，身体力行的劳动示范远比理论说教更有效。我国古代有许多劳动教育的典范人物，如南北朝时期的颜之推非常重视父母对子女的榜样示范作用。《颜氏家训·治家》有云："夫风化者，自上而行于下者也，自先而施于后者也。是以父不慈则子不孝，兄不友则弟不恭，夫不义则妇不顺矣。"要想推行教化，就需要典范人物自上而下率先垂范。想让子女养成热爱劳动的好习惯，家长必须以身作则、积极参加劳动，为家里人作出表率。

（四）脍炙人口的劳动教育读物

中国古代劳动教育能够深入人心，与各种不同类型的教材分不开。中国古代的家训、诗歌中有很多关于劳动教育的内容，《三字经》《弟子规》《千字文》这些蒙学读物，也有与劳动教育有关的内容。例如，《三字经》有"稻粱菽，麦黍稷。此六谷，人所食"，《弟子规》有"房室清，墙壁净。几案洁，笔砚正"，《千字文》有"治本于农，务兹稼穑。俶载南亩，我艺黍稷。税熟贡新，劝赏黜陟"。这些内容简洁明了，便于记忆，普及性强，易被学生接受并长期诵读。

（五）诗化劳动提升劳动意义

劳动，特别是农业劳动，无疑是艰苦、艰辛的。但农业劳动让人能够体悟劳动创造生活的意义，体会人与自然的合一关系，体悟天人合一的哲学境界，忘却现实社会的丑陋和险恶，从中也体现别样的价值。中国古代田园诗人表达了这样的感情，成为中国古代诗歌中的一朵奇葩。陶渊明在《归园田居·其一》中写道："少无适俗韵，性本爱丘山。久在樊笼里，复得返自然。"在《归园田居·其三》中写道："种豆南山下，草盛豆苗稀。晨兴理荒秽，带月荷锄归。道狭草木长，夕露沾我衣。衣沾不足惜，但使愿无违。"这首诗展现出我国古代人民早起劳作，傍晚收工，期待有好收成的场景，展现出劳动人民辛勤劳动的形象。"锄禾日当午，汗滴禾下土。谁知盘中餐，粒粒皆辛苦。"《悯农》极为自然地将珍惜食物与辛勤劳动结合起来，一直影响塑造着中国人的勤俭节约的美德。"屋上春鸠鸣，村边杏花白。持斧伐远扬，荷锄觇泉脉。……"这首《春中田园作》的前四句展现出了古代人们愉快劳动的情境和勇于探索的精神。可见，劳动不仅可以磨炼人的意志，劳动的协作性还可以培养人的互助和团结精神，提升人的精神境界，让人体悟艰辛人生的意义和价值。

学习收获

学习内容	
	1.
	2.
	3.
学习收获	

第二节　中国共产党与时俱进的劳动教育思想

　　解放思想、实事求是、与时俱进、求真务实、守正创新，是中国共产党人在领导中国革命、建设、改革过程中逐渐形成和坚守的思想路线。在艰辛光荣的百年历史中，我们党也与时俱进地不断创新党的劳动教育思想，使劳动教育成为中国特色社会主义教育思想体系的重要组成部分。习近平总书记在 2018 年 9 月的全国教育大会上强调，坚持中国特色社会主义教育发展道路，培养德智体美劳全面发展的社会主义建设者和接班人，提出要努力构建德智体美劳全面培养的教育体系，形成更高水平的人才培养体系。中国共产党与时俱进的劳动教育思想体现了对人才培养的高度重视和全面考虑，旨在通过科学有效的教育方式培养出具有创新精神和实践能力的全面发展的高素质人才，为国家的发展和民族的复兴贡献力量。深刻、全面、系统理解党与时俱进的劳动教育思想，是新时代开展劳动教育的重要思想前提。

学习目标

知识目标：掌握中国共产党的劳动教育思想的主要内容、形成背景、重大意义、实施方法等。

素质目标：自觉践行党的劳动教育思想，崇尚劳动、尊重劳动，辛勤劳动、诚实劳动、创造性劳动。

实践目标：掌握不同时期中国共产党的与时俱进的劳动教育思想，自觉接受劳动教育，积极参加劳动实践，努力培养劳动技能，大力提升劳动能力。

学习重点、难点

重点：中国共产党劳动教育思想的基本内容、时代背景、重大意义、实施方法等。

难点：不同时期劳动教育思想的差异点。

一、新中国和社会主义建设初期的劳动教育思想

新中国和社会主义建设初期的劳动教育思想是深刻而丰富的。它不仅体现了对马克思主义教育理论的继承和发展，也反映了中国革命和建设实践的独特要求。这种教育理念对于培养具有坚定革命信念和高度社会主义觉悟的劳动者具有重要的指导意义。我们应该继续发扬这一传统，推动劳动教育在新时代的深入发展。新中国劳动教育思想是中国共产党的劳动教育的第一大理论成果，阐明了社会主义劳动教育的根本目的和基本方式方法，对于新时代开展劳动教育具有重要的指导意义。

（一）劳动教育的目标

1. 培养尊重和热爱劳动的社会新人

随着新中国的成立，"爱劳动"写入《共同纲领》，被规定为中华人民共和国全体国民的公德。新中国和社会主义建设初期的劳动教育将培养尊劳爱劳的社会新人作为劳动教育的基本目标。培养尊重和热爱劳动的社会新人，改造国民腐朽的劳动观念和劳动态度，纠正社会中鄙视体力劳动和劳动者的社会风气，是这一时期劳动教育的重要任务。社会主义革命和建设的目的是在推翻帝国主义、封建主义和官僚资本主义剥削统治的基础上建立一个社会主义的国家，使工人和广大农民能够摆脱剥削阶级的统治，每一个国民都能成为拥有文明和幸福的人。建设一个新的社会主义的国家，需要大量尊重和热爱劳动的社会新人的广泛加入。只有对一代又一代社会新人进行社会主义劳动教育，培养他们热爱劳动、尊重劳动的思想情感和敢于斗争、敢于反抗的革命热情，中国的革命和建设事业才会有源源不断的动力源泉；也只有热爱劳动、积极参加劳动的广大劳动者，才能够创造出推动国家和社会发展的物质力量，提高国家经济水平，从而实现国家制度的变革。因此，培养广大尊重和热爱劳动的社会新人，是国家发展和社会进步的重要保障。

2. 培养脑体全面发展的社会主义建设者

马克思主义劳动教育思想主张人的协调发展，以实现人类的自由而全面地发展为根本目标。中国共产党继承了马克思关于全面发展的思想，将培养脑体全面发展的社会主义建设者作为其劳动教育的目标。培养脑体全面发展的社会主义建设者，其实质是培养脑体全面发展的知识分子和工农劳动者。脑体发展不均衡的人是片面发展的人，通过开展劳动教育可以解决这两大阶级脑体发展不均衡的问题。

3. 培养有社会主义觉悟的有文化的劳动者

教育的方针是"成为有社会主义觉悟的有文化的劳动者"。我国是社会主义国家，"有社会主义觉悟"是我国人才培养的根本方向，"有文化"是我国人才培养的核心和重点。社会主义教育培养的人才被认定是"劳动者"，体现了对劳动人民的尊重和重视。而"有社会主义觉悟的有文化的"这两个限定语，不仅规定了"劳动者"应有的思想意识和文化素质，也体现了我们党对人才培养的基本要求。劳动者是推动社会发展的

主要力量，拥有社会主义觉悟的劳动者自然也就具备社会主义劳动观念和劳动态度，具有为社会主义国家奋斗终身的革命热情；有文化的劳动者不仅能够从事基础的生产劳动，而且能够不断进行创新、具有创新精神和创新能力的社会主义的劳动者，是社会主义国家兴旺发达的重要支撑。

(二)劳动教育的内容

1.劳动无高低贵贱之分的劳动平等观

劳动本无优劣，工作只有分工不同，没有高低贵贱之分，不管是体力劳动还是脑力劳动都是平等的。对广大劳动者的劳动无差别观念的教育，启发广大劳动者的阶级觉悟，激励和领导广大劳动者为了获得劳动解放同剥削阶级进行斗争，推翻剥削阶级的统治，实现劳动的自由与平等。同时，劳动平等教育能够使社会成员摆脱重视脑力劳动而轻视体力劳动的偏见思想，能够在劳动过程中将脑力劳动和体力劳动相结合。重视对广大工农阶级子女和知识分子进行劳动平等观教育，能够帮助他们摆脱重智轻劳的剥削阶级教育思想，从而实现自身脑体的均衡发展。尤其重视对党员干部的劳动平等观教育，始终要求党的领导干部要摆脱官僚主义作风，以普通劳动者的姿态为劳动人民服务。

2.劳动最光荣的劳动价值观

劳动光荣是中华民族传统美德。革命时期，中国共产党通过创办工农夜校、编写工农读本、组织工农运动，帮助工农树立劳动光荣的思想，唤起工农阶级的劳动解放意识。除了进行直接的劳动政治教育外，还通过劳动模范表彰向社会证明劳动是最光荣的；通过开展大生产运动和各种劳动竞赛活动，营造全社会重劳尊劳、劳动光荣的社会氛围。新中国劳动教育所提倡的劳动最光荣的劳动价值观是社会主义性质的价值观念，营造了劳动最光荣、热爱劳动、尊重劳动和劳动人民的社会风气，是引导劳动者实现自我劳动价值认同的旗帜，为中国建设事业的不断发展提供了思想上和人才上的双重保障。

3.劳动创造财富的劳动经济观

革命战争时期，中国共产党进行人民群众是财富创造者的劳动观教育，通过对劳动人民的耐心教育，引导绝大多数农村劳动人民加入了农业和手工业生产互助团。抗日战争时期，根据地人民和军队进行了轰轰烈烈的大生产运动，将生产劳动创造财富这一观念从理论变成了现实。新中国成立后，根据中国社会发展的实际情况，人们对劳动经济观教育有了更深的理解。一方面，将对劳动的重视拓展到了全社会生产的各个方面，不仅重视对农民的劳动经济观教育，也将工人、手工业者纳入其劳动经济观教育对象之中。另一方面，发展了马克思主义劳动要素论，将科学技术作为劳动要素中的重要方面，加强了对科技人才的培养和重视。创造财富的劳动并不仅仅是体力劳动，脑力劳动也是提高劳动生产率的重要方面。生产劳动创造财富教育不仅要关注劳动者，也要关注科技人才，引导科技人才投入生产劳动的科学研究中去。

4. 劳动人民是国家的主人的劳动政治观

劳动人民是国家的主人的劳动政治观是这一时期劳动教育思想的重要内容和重心。早在建党之初，中国共产党就非常重视对工人阶级进行劳动政治观教育。毛泽东深入安源开展工人运动，在夜校上课时生动地讲"工"字上边一横代表天，下边一横代表地，中间一竖代表工人，工人可以顶天立地。他发文赞扬劳工神圣，指出"一切东西都是劳工做出来的"，希望"全世界都是劳动者的，全世界劳动者团结起来"。劳动政治观教育的对象并不仅仅是工农群众，更重要的是知识分子和党的领导干部。党的领导干部要认识到党的领导权是劳动群众赋予的，劳动人民是革命的主人。新中国成立后，社会主义制度在中国建立起来，劳动人民真正成为国家的主人。面对社会中出现的知识分子和党的领导干部仍然存在的轻视劳动人民的现象，毛泽东就指出"群众是真正的英雄，而我们却是幼稚可笑的，包括我……不是有人说大学生不等于劳动者吗，我说我自己不及一个劳动者"。毛泽东以自己为例，教育广大知识分子要为劳动人民服务，要向劳动人民学习。

（三）劳动教育的方法

1. 理论说服教育法

理论说服教育法不同于理论灌输的单向教育模式。对劳动人民进行劳动教育，要反对空洞的理论说教，主张说服教育要与满足群众的利益要求相结合。理论说服教育要采用容易被对象接受的语言，并根据学生的特点讲解知识。

2. 劳动实践锻炼法

劳动实践锻炼是通过改革学校教育方式、课程和制度等方法实现的，坚持教育与劳动相结合的原则，在学校课程里面加入了劳作实习、社会工作和游艺项目，活动形式丰富多样。改革学制，鼓励学校采取"半工半读"的教学制度，以此保证学生参加家庭生产生活劳动实践的时间。各个地区的劳动小学根据地区的生产习惯，可以分为一年两个学期或是三个学期，保障学生在农忙时节能够回到家中参加生产劳动。除此之外，个别地区学校采取灵活上课时间，分为上午班、下午班和晚上班，家中有劳动生产任务的同学可以灵活选择上课时间，结束生产任务再返回学校进行学习。在开展大生产运动时期，鼓励学校带领中小学生积极参加学校组织的生产劳动实践，并鼓励学生要积极参加家中的生产劳动。

劳动实践锻炼的劳动教育方法同样应用于对党的干部学员的劳动教育中。坚持将理论学习与劳动实践相结合，通过参加建设校舍、养猪种菜、参加农耕、帮助村民生产等各种劳动实践，使党的干部学员加强与劳动人民的密切联系，认同劳动人民的伟大与光荣，坚定为劳动人民服务的决心。更重要的是，干部学员通过参加生产劳动实践，能够掌握基本的劳动技能，养成参加生产劳动的劳动习惯，洗涤自身官僚主义和形式主义思想，在劳动实践中养成艰苦奋斗、实干苦干的工作作风。

3. 生产运动感召法

相对于劳动实践锻炼法，生产运动感召法教育范围更广，教育效果的影响范围更大。生产运动中的劳动教育对象不仅包含学生，也包含广大的工人、农民、妇女等；生产运动教育效果的影响范围也并不局限于参加生产运动的劳动者，更可以影响社会中不愿意参加劳动、不尊重生产劳动者的社会成员参加劳动，并树立热爱劳动的劳动观念。生产运动作为一种集体运动形式，在运动开展过程中会营造出参加劳动光荣、不参加劳动可耻的社会氛围。

生产运动的群体模仿更多地体现在对参加生产运动的成员的行为模仿上。在生产运动过程中，不愿意劳动的人模仿积极参加劳动的人，加入生产运动中；知识分子和不会生产的人模仿劳动能手，不断提高劳动能力、增强劳动知识；会劳动的人模仿知识分子的思想方式，并在此基础上不断进行劳动创新和创造；儿童模仿大人，将生产劳动作为一件光荣有趣的事情；大人模仿领导干部，自觉发扬"自己动手、丰衣足食"的艰苦奋斗精神；领导干部模仿劳动人民，以普通劳动者的姿态积极主动地参加生产劳动。生产运动吸引社会成员自觉或不自觉地加入劳动运动中，促使社会成员在彼此的模仿和学习状态下潜移默化地接受劳动思想的改造，体会劳动的光荣与伟大，树立社会主义的劳动态度。不论是群体模仿还是群体认同，都体现了生产运动在劳动教育方面发挥的重要的感召作用。

4. 社会舆论引导法

重视媒体的舆论引导作用，将报刊作为重要的工作方式和教育方式。不论是建党初期还是在革命战争时期，毛泽东利用报刊发表了各种具有劳动教育意味的文章和政策文件。在延安大生产运动中，毛泽东要求各边区积极通过报刊将边区生产运动的景象和成效进行广泛的宣传，激发各边区人民参加生产运动的积极性和自觉性，引导广大边区人民尊重劳动、热爱劳动。

标语、图画和演讲被极大地运用到对革命根据地的劳动教育之中。我们党在革命根据地宣传"自己动手、丰衣足食""自己动手、克服困难""免除苛捐杂税"之类的口号，不仅让革命根据地人民了解党的政策，也激发了边区人民生产劳动的热情。

文艺作品也是宣传教育的一种重要方式。在延安革命根据地劳动教育的实践中，毛泽东要求延安时期的文艺工作者热情讴歌和赞扬生产运动中辛勤的广大劳动者，为革命根据地开展劳动教育，营造热爱劳动、劳动光荣、劳动者伟大的社会舆论氛围。新中国成立后，依旧重视文艺作品在劳动教育方面的舆论引导作用。中央组织一些文艺工作者创作出描写劳动、赞美青年劳动者的文艺作品，批判轻视体力劳动和体力劳动者的剥削阶级思想，树立劳动光荣的社会舆论和尊重劳动的社会风气。

5. 劳动模范激励法

毛泽东在进行社会主义劳动教育实践中十分重视劳动英雄模范的榜样激励作用。毛泽东认为劳动英雄模范能够激发广大工农群众的劳动情感认同，激励他们积极参加劳动。毛泽东多次召开劳动英雄模范表彰大会，表扬在生产运动中表现出色的劳动英雄，发扬他们热爱劳动、积极劳动的精神，树立全社会劳动光荣的劳动情感认同。抗日战争时期，毛泽东在延安召开了第一届劳动英雄大会。在会上，毛泽东对185名劳动英雄进行了表扬和嘉奖，并将十几名劳动英雄的肖像与他自己和其他领导同志的肖像挂在一起。会议结束后，毛泽东不但宴请了全体劳动英雄，还与吴满有、申长林等17位劳动英雄进行了彻夜长谈。毛泽东用实际行动向广大劳动人民证明了劳动是光荣的、劳动者是光荣的。这一举动帮助广大工农群众真正树立了劳动者最伟大、劳动最光荣的情感态度。每个人都以积极参加生产为荣，以逃避劳动为耻，社会中形成了劳动最光荣、劳动最伟大的价值认同。

6. 干部带头引领法

重视发挥领导干部的带头作用，要求党的领导干部要积极参加生产劳动，在生产劳动中发挥好组织领导和带头引领作用。中国共产党的领导干部必须重视劳动、尊重劳动者、积极参加集体生产劳动。只有中国共产党的领导干部崇尚劳动、热爱劳动，积极参加劳动，广大劳动者才能够以积极的态度参加生产劳动，并在与领导干部共同劳动的过程中逐渐坚定对领导干部的信赖和认可，愿意在中国共产党领导干部的带领下更好地进行生产劳动。同时，中国共产党领导干部艰苦奋斗、顽强拼搏的劳动精神和工作作风将会深深地感染劳动人民，引领劳动人民在生产劳动中不断发扬艰苦奋斗、顽强拼搏的劳动精神。

大生产运动开展期间，中央领导人就纷纷加入劳动生产的队伍中，自己开荒种菜，积极参加当地举办的纺织劳动和劳动竞赛活动。这一方面保障了生产劳动和劳动竞赛组织的有效性，另一方面也极大改变了广大工农群众对领导干部不参加劳动的固有观念，拉近了工农群众与党的领导干部的关系，激发了工农群众参加劳动生产和劳动竞赛的积极性。新中国成立后，毛泽东依旧重视领导干部在生产劳动中的带头引领作用。他要求党的领导干部依然要积极参加生产劳动，并指出要将干部参加生产逐渐作为一种制度。

二、改革开放和社会主义现代化建设时期的劳动教育思想

改革开放以来，由于我国的经济实力和科技水平与同时期的国际先进水平存在明显差距，为应对现代化大生产不断提速、世界市场范围持续扩展、国际竞争压力不断增大的多重冲击，我国必须紧追时代发展潮流，提供与之相匹配的高素质劳动人才。面对不同时期的国内外形势，劳动教育思想随着党和国家的需要也发生了相应的变化，针对劳动教育、劳动人才等相关方面做出了一系列探索和实践，在贯彻落实教育与生产劳动相结合的方针基础上，对马克思、恩格斯劳动教育思想以及中国的劳动教育的思想进行了继承与丰富。

(一)"三个面向"背景下的党的劳动教育思想

这一时期的劳动教育思想,是在中国社会经济转型的大背景下形成的。中国正经历着从计划经济向市场经济的转变,社会生产力亟待提高,科技创新成为推动经济发展的重要动力。同时,国际形势也在发生深刻变化,经济全球化和一体化的趋势日益明显,国际竞争与合作更加紧密。新的历史时期,教育工作也迎来了新的历史拐点,以面向现代化、面向世界、面向未来"三个面向"作为新的历史时期教育工作的指导方针。在这样的时代背景和教育要求下,劳动教育思想开始发生转变。传统的劳动教育注重培养学生的实际技能,而改革开放时期的劳动教育则更加注重培养学生的综合素质和创新能力。政府提出了"全面发展能力培养""技术社会化培养"等重要指导方针,强调劳动教育要关注学生的思维能力、领导能力和创新能力。通过劳动教育,学生可以更好地适应未来社会的需求,为国家的现代化建设作出贡献。

1. 教育事业必须同国民经济发展的要求相适应

新的历史时期给教育工作提出了新挑战,政府认清经济发展的现实需要,提出"教育事业必须同国民经济发展的要求相适应",国家的教育规划要与劳动计划相结合,要将教育事业计划视为国民经济计划的不可或缺的部分;要遵循"教育与生产劳动相结合"的方针,有远见地考虑学生将来所从事的工作,让学生做到用之所学;将实践课程的实施作为实现教育事业的重要方式,将学生参加劳动教育视为改革开放时期实现教育目标的重要途径;要加强"生产劳动、科学试验和科学研究"方面的教育工作,关于"学生参加什么样的劳动,怎样下厂下乡,花多少时间,怎样同教学密切结合"都明确设置具体要求。

2. 培养具有高度科学文化水平的劳动者

面对新的世界形势,邓小平在全国教育工作会上着重提出必须培养具有高科学文化水平的劳动者。只有劳动者具备高等素质,知识分子获得高水平发展,国家才能取得更大的进步。除了正规和传统的学校,函授学校,夜校、自考、成人高考等学校的发展势如破竹,为我国源源不断输送了各类高层次人才。中国应格外重视科学技术工作,要促进"研究机构、高等院校、企业之间的协作和联合",利用科学技术力量达成培育科学人才的目标。这是继新中国成立之初实行"半工半读"制度之后,进一步提出了"产学研"相结合的教育模式,为劳动教育的顺利开展提供了平台与路径。教育工作者必须遵循"一个中心,两个基本点"的基本路线,认真研究和探索劳动教育工作的方式方法,为社会主义经济建设培养具备科学文化水平的优秀人才。由此,在国家政策的激励下,学校和社会企业开始合作。

3. 开设劳动技术课促进学生全面发展

1981年教育部首次提出要在中学设置劳动技术课,重视从中小学抓学生的劳动技术教育。全国中学普遍开设劳动技术课,是面向国家、面向未来、面向学生的重要举措。开展劳动技术教育,有利于学生做到知行合一、手脑并用,促进个体的全面发展。

在普通学校劳动技术课的教学大纲的指导下，全国各地中学陆续开设了劳动技术课。在这一实践课开展的六年过程中，全国中小学劳动技术教育进一步取得了规范化、标准化发展。随着国内中小学劳动技术教育的补充与完善，党的十三届七中全会重申了大力发展职业技术教育的重要意见。1991年国务院颁布《关于大力发展职业技术教育的决定》，职业技术教育得到了重视与发展。开设劳动技术课、发展职业技术教育是完成国家人才培育的重大实践任务，是实现学生全面发展、成长为新阶段"生力军"的重要教育工作。在现代化和改革开放的新时期，我国的劳动教育在与经济建设相适应的过程中取得了理论和实践层面的新发展。

（二）"科教兴国"背景下的党的劳动教育思想

处于世纪之交的中国发展取得了巨大成就，经济迅速发展、科技不断创新，但中国仍然是人口众多、发展不平衡的发展中国家，仍然处于社会主义初级阶段。改革开放以来，随着经济全球化不断深入，中国只有坚持创新，才能在全球科技革命和知识革命中拥有话语权。人才竞争力与人才储备逐渐成为衡量国家实力的重要标准之一。只有持续提升青少年综合素质，建设"高精尖"创新队伍，才能把握世界发展总体态势，开辟兴国强国的广阔前景。由此，1995年党中央作出实施科教兴国战略的重大决策。

1. 注重学生的整体素质

为充分发挥人的能力、实现人的全面发展，"素质"成为党和国家的教育重点，坚持教育与社会实践相结合成为现代教育的重要特征。《中华人民共和国义务教育法》在1992年规定：实施义务教育必须贯彻国家的教育方针，坚持社会主义方向，实行教育与生产劳动相结合，对学生进行德育、智育、体育、美育和劳动教育。这一时期，劳动教育是实现学生素质全面发展的重要途径之一。在小学教育问题上，必须关注少年儿童的健康成长，教师教学要充分发挥学科课和活动课的整体功能，对学生进行德育、智育、体育、美育和劳动教育，要坚持五育并举的国家教育方针，以"教育与生产劳动相结合"为实践原则，通过积极开展多种形式的劳动教育和社会实践实现其内部的紧密结合。很长一段时间内，国家教育政策一直将劳动教育作为学生全面发展的"素质"之一。

2. 教育与社会实践相结合

把"教育与社会实践相结合"作为坚持社会主义教育方向的一项基本措施，积极贯彻"产学研"相结合的教育模式，让学生在劳动教育的过程中更好地认识自我、发展自我和完善自我，努力培养劳动技能，增强分析和解决实际问题的能力，从而有效地提高了教育价值。鼓励有条件的科研机构和大专院校要以不同形式同企业合作，走产学研结合的道路。劳动教育逐渐向多样化和多元化的方向发展，并开始注重同家庭、社会的合作功能，劳动教育的综合育人价值得以显现。教育要同当下的人类活动相符合，学生参与生产活动等社会实践利于其成长为满足社会需要、经济发展需要、国家建设需要的复合素质人才，成为高素质队伍的重要一员。在社会主义现代化建设的实践过程中，注重以社会实践为路径提升学生素质，是在党的教育思想的基础上，对劳动教育思想的进一步丰富，是对劳动教育思想实施的有力确证。

（三）"以人为本"理念指引下党的劳动教育思想

21世纪初期，中国已经进入全面、快速的发展阶段。随着中国经济的发展，社会结构和经济结构发生了深刻变化，资源环境压力日益增大，人民群众对美好生活的向往与现实之间的矛盾也日益凸显。同时，经济全球化趋势的深入发展和国际竞争的日益激烈，对中国的发展提出了新的挑战和更高的要求。这些问题迫切需要我们转变发展观念，创新发展模式，破解发展难题，实现经济社会全面协调可持续发展。科学发展观的提出，是基于中国改革开放和现代化建设进入新的历史阶段的现实需要。科学发展观是坚持以人为本，全面、协调、可持续的发展观。其第一要义是发展，核心是以人为本，基本要求是全面协调可持续，根本方法是统筹兼顾。

1. "以人为本"促进学生全面发展

"以人为本"是科学发展观的思想核心，教育工作要以学生为本，以实现学生的全面发展为目标。实现建设人力资源强国的重要目标，尤其要把促进学生全面发展作为教育工作的出发点和落脚点。2010年教育部要求全面贯彻党的教育方针，实施素质教育，提高学生综合素质，实现学生全方面的发展。我国教育课程改革"以促进学生德智体美劳全面发展为宗旨"，构建"注重学生成长过程和全面发展的评价体系"，严格落实多种实践课程，挖掘学生的个人兴趣爱好，以满足其未来发展需要。党十分重视"发挥校外活动场所的育人功能"，要求教育相关部门为青少年学生提供实践场所与实践基地，积极探索"社会实践活动的新形式、新途径"，组织多种形式的社会实践活动，深入社会生产生活实际。各地注重教育资源平衡问题，支援贫困地区青少年学生实践活动基础设施的建设，共同促进"以人为本"教育事业的科学发展。

2. 落实"四个尊重"方针

党的十六大报告提出了"尊重劳动、尊重知识、尊重人才、尊重创造"的重大方针，并将"尊重劳动"作为"四个尊重"的基础与核心，着重提出劳动创造物质财富、创造精神财富，劳动者缔造人类一切幸福生活的重要作用。党的十六大后，国家在教育工作的实际部署中全面推行"四个尊重"的方针，大力推进校企合作、工学结合、半工半读的劳动实践，促进全社会能够形成尊重劳动、劳动光荣的文明风尚。在教育领域贯彻以"尊重劳动"为首的"四个尊重"重大方针是对"尊重知识、尊重人才"思想的丰富发展，也是对"四个尊重"方针在教育实践领域的延续，又一次实现了劳动教育对社会政治经济的支持作用。

3. 发挥劳动模范和先进工作者的引领作用

在21世纪新历史条件下，我们既要尊重复杂的智力劳动，又要尊重默默奉献的平凡劳动，劳动虽然有分工不同，却没有高低贵贱之分，对社会有益的劳动都是光荣的，各种劳动应统一于社会主义现代化的建设之中。劳动模范是劳动教育意义与劳动精神的最高承载者，要充分发挥劳动模范和先进工作者在学生劳动实践中的引领作用。党中央积极号召全社会高度重视劳动模范的榜样力量，希望广大学生要以劳动模范为学习对象，树立正确的劳动观念。为此，2012年教育部办公厅提倡让先进模范人物贴近学生，走进课堂，通过座谈、对话等形式，引导学生学习劳模精神，各个学校之间也要互相学习此类活动取得的良好的经验与成效，在全社会"努力营造开展劳模进校园活动的良好氛围"。社会主义荣辱观教育在全国中小学及各大高校范围内广泛展开。"以辛勤劳动为荣，以好逸恶劳为耻"体现了国家对于当代青少年成为有觉悟的社会主义接班人的基本要求与美好期许。

三、新时代劳动教育思想

在新时代背景下，劳动教育被赋予了更为深远的意义和内涵。它不仅关乎个人的成长和发展，更关乎国家的繁荣和民族的复兴。因此，深入理解和贯彻新时代劳动教育思想，对于培养担当民族复兴大任的时代新人具有重要意义。

(一)劳动教育的作用

1. 劳动可以树德

劳动教育能够连接教育世界、自然世界、生活世界和职业世界，是人生第一教育，能够使青少年在更大的学习空间中提升自身的劳动素养，形成正确、积极的劳动习惯和劳动价值观，具备一定的知识技能和开展创造性劳动的能力。以劳树德，通过劳动教育这个最好的保鲜剂来培育和践行社会主义核心价值观，在亲身体验艰辛劳动的过程中，逐渐形成自己的精神世界，自觉树立崇尚劳动、尊重劳动的正确价值观，帮助学生形成健全的人格和完善的品格，加强个人品德修养。

德育是以体现"善"为要求，系统地解决世界观、人生观问题，而劳动教育是将德育内容散点式地分布于劳动知识教学和劳动技能实践中，通过多次学习训练，累积感悟，从而产生理性的感悟和情感的升华，在劳动实践中产生对劳动和劳动人民稳固而深沉的爱。

2. 劳动可以增智

实践出真知，劳动教育依托劳动实践活动以劳增智，个体在实践中充分发挥和协同作用眼、耳、手、脑，形成新的认知结构，"学真知、悟真谛"，增长智慧和本领。亲身直观地与世界相遇，学生能够扩大学习空间，真实地感受现实，在与生活实践的联系中扩大知识面，增长见识，点燃创造性劳动的火花，发掘自身的潜力和兴趣，整合自身已有经验与在劳动中获得的直接经验培养自身个性，丰富学识。智育是全面发展和学校教育的重要组成部分，以体现"真"为要求，在一切科学文化知识和基本技能范围内开发智能、发展智力、培养能力，而劳动教育是选择基础性、实用性的劳动方面的基础知识和技能，联系时代性，更注重学科和活动的综合运用。智育渗透在劳动教育中，劳动教育可以增智。

3. 劳动可以强体

体力劳动和脑力劳动相结合是人的整体性活动，是劳动教育的重要内容。体育以体现"健"为要求提高身体素质和机能发展，劳动教育并不以此为主要目的，但身体素质一定程度上也制约着劳动教育，应将体育与劳动教育相结合。青少年通过劳动的过程进行着自我实现，在自我实现的过程中开发自己内在的潜能，在抽象的脑力劳动和创造中磨炼意志、提高自己，同时通过辛苦的体力劳动锻炼身体机能、强健体魄，养成自觉锻炼的习惯和终身强体的意识。

4. 劳动可以育美

劳动教育的内容是根据美的规律创造的，劳动实践的过程是指导学生认识美、热爱美、创造完美劳动成果的过程，也就是创造美的过程。美育是一种审美、情操和心灵的共同教育，以体现"美"为要求，陶冶情操，塑造心灵，伴随着在劳动教育过程中产生的艺术和审美活动的产生而产生。劳动教育的过程能够帮助青少年学会欣赏美，辨别和认识美。在劳动的课堂教育中，教师良好的外在形象和肢体语言等无声的影响、恰当风趣的语言表达等有声的课堂教学以及课程设置中出现的各种优秀的文艺作品，能够使青少年从感官上更加直接地接受作品所蕴含的意图和审美价值，同时劳动教育在培养青少年技术技能时以现代化武器和手段育美，使青少年感受到先进技术中所蕴含的感性审美教育资源，体验和获得美感并使身心愉悦，从而激发对美的兴趣。

（二）劳动价值观教育

劳动是实现成功的必经之路，是创造幸福的源泉，这是新时代劳动价值观的基本观点。个人层面，劳动者能够通过劳动追逐个人成功、创造更加美好的生活，实现人生幸福。"一切劳动者，只要肯学肯干肯钻研，练就一身真本领，掌握一手好技术，就能立足岗位成长成才，就都能在劳动中发现广阔的天地，在劳动中体现价值、展现风采、感受快乐。"[1]在国家、民族层面，劳动是推动整个国家民族繁荣发展的必经之路。习近平总书记指出，劳动创造了中华民族，铸就了中华民族的辉煌历史，也必将创造出中华民族的光明未来。在新时代的历史起点上，劳动在实现伟大梦想的历史伟业中的基础性作用、决定性作用、关键性作用日益凸显，广大劳动群众要敢想敢做、勇于追梦，用劳动托起中国梦。

（三）劳动实践观教育

"辛勤劳动、诚实劳动、创造性劳动"成为新时代劳动实践的基本要求，成为人们在劳动过程中应该遵循的实践原则。

1. 需要"辛勤劳动"的苦干

辛勤劳动是一种脚踏实地、艰苦奋斗的劳动行为，是每个人在劳动过程中对劳动

---

[1] 习近平：《在庆祝"五一"国际劳动节暨表彰全国劳动模范和先进工作者大会上的讲话》，载《人民日报》，2015-04-29。

所应有的基本态度和要求，指明了劳动的基本特征即劳动是人的一种最基本的实践活动，反映了我们的劳动本色和劳动精神，是诚实劳动和创造性劳动的基础和前提。辛勤劳动是具有坚实历史依据的观念，中华民族自古以来崇尚辛勤劳动，具有勤劳勇敢的优秀品质，中国共产党也始终倡导辛勤劳动，以此作为我们的主要道德观念。面对社会生产生活、劳动及劳动观念发生变化的新的历史条件，辛勤劳动拥有了现实依据、时代内涵和意义。

脑力劳动随着社会的发展作用更加突出，使得人们只看重脑力劳动而轻视甚至贬低体力劳动，在这种情况下坚持和提倡辛勤劳动具有重要的现实意义。无论脑力劳动还是体力劳动，都需要付出辛苦和勤劳，辛勤劳动最光荣，只有教育引导青少年辛勤劳动才能使人民群众在社会中创造财富、改善生活、安居乐业、幸福生活，才能使民族振兴、国家繁荣昌盛，实现伟大复兴中国梦。

2. 注重"诚实劳动"的实干

诚实劳动是重要的实践原则，是辛勤劳动的内在要求，也是创造性劳动的道德要求。

诚实是一个人的一场修行，只有人自身能够求真，才能发挥自身能动性改造客体并取得成功。习近平总书记指出培养人要六个"下功夫"，坚持以社会主义核心价值观为核心加强品德修养，追求真理。而劳动教育在劳动中教人求真，在探求符合客观事实和规律的认知之真的基础上进行劳动实践，激发受教育者探求真理的热情。诚实本身便象征着一种力量，只有诚实劳动占据社会主流，切实保障诚实劳动者的权益，才能让诚实劳动者在劳动中获得社会尊重并在更加广阔的平台和空间中实现人生价值，通过诚实劳动改变自己、实现梦想，推动国家繁荣发展、生生不息。

3. 呼唤"创造性劳动"的巧干

"创造性劳动"夯实了中华民族"实干兴邦"的优秀劳动实践观。创造性劳动是在辛勤劳动、诚实劳动基础上的发展，是劳动主体、内容以及形式的突破和创新，是劳动的本质要求和高级形态。只有坚持创造性劳动，认识到创造性劳动的重要性，把创造性劳动摆在发展的重要位置，培养高素质的创造性人才并提高劳动者素质和技能，才能充分释放全社会的创造积极性，才能更好地为中国人民谋幸福、为中华民族谋复兴，才能实现伟大梦想。

创造性劳动要求劳动者具有创新精神。美好生活的实现、伟大复兴中国梦的实现均离不开劳动。中国梦不仅是历史的、现实的，更是未来的，劳动者必须懂得"逆水行舟，不进则退"，只有创造和创新才能前进和发展，从而增强劳动的自觉创造性。

创造性劳动要求劳动者具有创新能力，要充分调动工人阶级劳动与创造的积极性，提高劳动者素质，促进其全面发展。未来社会发展将淘汰拥有单一劳动技能的劳动者而选择掌握多种技能的综合型、应用型的劳动者。根据社会发展的需要丰富劳动者基本的劳动技能且增强与其现有劳动技能相近的劳动技能的培训，通过基础的文化知识普及教育、建立的各行业劳动者继续学习的体制机制以及进行终身学习的理念和平台提高劳动者的创新知识积累和创新能力的提升，要将创新贯穿在党和国家的一切工作中，深入实施科教兴国和人才强国以及创新驱动发展战略，使创造性劳动成为社会风尚，激发创新活力与创造的潜能。

（四）劳动精神观教育

劳动精神是指劳动者在劳动中展现的精神状态、精神面貌、精神品质。通过精神引领价值塑造，能够引导人们树立正确的劳动观，营造崇尚劳动、尊重劳动的浓厚氛围。要高度重视劳动精神的作用，并将这种精神传承下去，发扬光大，以在全社会形成"劳动最光荣、劳动最崇高、劳动最伟大、劳动最美丽"的良好风尚。一方面，劳动精神要和大国工匠精神有机结合，将劳动精神细化为每个行业的"工匠精神"。习近平总书记指出："无论从事什么劳动，都要干一行、爱一行、钻一行。在工厂车间，就要弘扬'工匠精神'，精心打磨每一个零部件，生产优质的产品。在田间地头，就要精心耕作，努力赢得丰收。在商场店铺，就要笑迎天下客，童叟无欺，提供优质的服务。"[①]工匠精神是劳动精神在各个行业的具体要求。将劳动精神细化为行业的工匠精神，极大地调动了每个行业劳动者的劳动积极性，更有助于发扬劳动精神。另一方面，发扬劳动精神要发挥劳动模范的示范带动作用，弘扬劳模精神。习近平总书记指出："长期以来，广大劳模以平凡的劳动创造了不平凡的业绩，铸就了'爱岗敬业、争创一流，艰苦奋斗、勇于创新，淡泊名利、甘于奉献'的劳模精神，丰富了民族精神和时代精神的内涵，是我们极为宝贵的精神财富。"[②]劳动模范是劳动群众的杰出代表，他们身上展现的劳模精神是民族精神和时代精神的有效融合，是民族性和时代性的有力彰显，是新时代的力量之源。

---

① 习近平：《在知识分子、劳动模范、青年代表座谈会上的讲话》，载《人民日报》，2016-04-30。
② 习近平：《在同全国劳动模范代表座谈时的讲话》，载《人民日报》，2013-04-29。

学习收获

学习内容	
学习收获	1. 2. 3.

第二编

新时代的劳动教育

第三章　弘扬劳动精神

习近平总书记在 2020 年 11 月 24 日召开的全国劳动模范和先进工作者表彰大会上，明确地将劳动精神的内涵概括为四个方面——崇尚劳动、热爱劳动、辛勤劳动、诚实劳动，为我们正确理解劳动精神提供了根本的遵循。

第一节　认识劳动精神

2015 年 4 月 28 日，习近平总书记在庆"五一"国际劳动节暨表彰全国劳动模范和先进工作者大会上，代表党中央首次提出了"劳动精神"这个概念，并在通篇讲话中多次进行强调。"劳动精神"的提出，是新时期党中央对我国广大劳动者的伟大实践所作出的高度凝练和本质概括，是对马克思主义劳动观的再丰富、再创新、再发展，具有鲜明的中国特色，是全体劳动者实现中国梦的一笔巨大的精神财富。研究和把握"劳动精神"的重要内涵，对于营造劳动光荣、劳动伟大的时代风尚，增强适应经济发展新常态下的内生动力，具有十分重大的理论意义和实践意义。

学习目标

知识目标： 了解劳动精神的生成逻辑，掌握劳动精神的基本内涵，正确认识劳动精神，以日常生活劳动教育为基础，以服务奉献、公益活动为载体，在具体的实践活动中理解和体验劳动的意义，自觉形成正确的劳动观，激发学习的热情和兴趣，促进对知识的主动探索和追求。

素质目标： 认真体会劳动精神，树立正确的劳动价值观，培育劳动精神，在劳动中进步，在劳动中成长，在劳动中实现自我价值。

实践目标： 劳动精神教育是中国特色社会主义教育制度的重要内容，要以培养担当民族复兴大任的时代新人为落脚点，在学习劳动精神的同时，建立健康的劳动心理，做到传承劳动精神。

学习重点、难点

重点： 劳动精神的基本内涵。
难点： 劳动精神的生成逻辑。

一、劳动精神的基本内涵

劳动精神，是对劳动者应具有的良好的劳动态度、劳动品格、劳动操守和劳动风范的统称，是劳动者优秀劳动意识、劳动理念、劳动态度、劳动习惯的集中展现。劳动精神是人的主体性的彰显和人的本质力量的外化，也是劳动者对人类发展和社会进步的理性认知与感性实践的精神结晶。

习近平总书记在 2020 年 11 月 24 日召开的全国劳动模范和先进工作者表彰大会上，明确地将劳动精神的内涵概括为四个方面——崇尚劳动、热爱劳动、辛勤劳动、诚实劳动，为我们正确理解劳动精神提供了根本的遵循。

（一）崇尚劳动

劳动精神第一个层面的含义，就是崇尚劳动。崇尚意为尊重、推崇，为什么要尊重、推崇劳动呢？因为劳动在人类发展和社会进步中发挥着至关重要、不可或缺的作用。马克思认为，劳动不仅是谋生的手段、幸福的源泉、价值的来源，而且还是推动人类社会发展的强大动力和彻底解放人类的必要途径。习近平总书记高度强调劳动之于人类发展、社会进步和党的建设的巨大意义，认为劳动是人类的本质活动，劳动光荣、创造伟大是对人类文明进步规律的重要诠释；劳动是推动人类社会进步的根本力量；劳动，是共产党人保持政治本色的重要途径，是共产党人保持政治肌体健康的重要手段，也是共产党人发扬优良作风、自觉抵御"四风"的重要保障。

劳动的巨大作用，决定了劳动和劳动者理应受到全社会的尊重和推崇。崇尚劳动就是要推崇劳动之美、认可劳动者的价值与地位。习近平总书记曾经多次在不同场合礼赞了广大劳动者，强调光荣属于劳动者，幸福属于劳动者，强调要充分调动广大劳动人民的积极性、主动性和创造性，强调无论时代条件如何变化，我们始终都要崇尚劳动、尊重劳动者，始终重视发挥工人阶级和广大劳动群众的主力军作用，必须牢固树立劳动最光荣、劳动最崇高、劳动最伟大、劳动最美丽的观念。习近平总书记还强调，劳动没有高低贵贱之分，任何一份职业都很光荣，任何时候任何人都不能看不起普通劳动者。习近平总书记的这些重要讲话意在强调，虽然人们的社会分工不同、收入和待遇不同、所处的岗位和工作环境不同，但都是社会主义劳动者，都通过自己独特的方式为社会作贡献，因此都应得到人们的广泛承认，都应受到社会的普遍尊重。

（二）热爱劳动

劳动精神第二个层面的含义，就是热爱劳动。热爱是一种积极的情感，是驱动人们作出某种行为的强大动力。只有爱得深沉，才能行得执着；只有热爱劳动，才能吃苦耐劳、任劳任怨、不计报酬、不计代价。热爱劳动是中华民族的传统美德和优秀文化基因，也是党和国家对广大劳动者的殷切希望。习近平总书记强调，全社会都要热爱劳动，要以辛勤劳动为荣，以好逸恶劳为耻，要教育孩子们从小热爱劳动、热爱创造，通过劳动和创造播种希望、收获果实，也通过劳动和创造磨炼意志、提高自己。

热爱劳动的情感源于劳动本身。热爱劳动是劳动过程中自我本质确认、劳动成果外部鼓舞和劳动交往中他者认同的结果，激发着人们以更昂扬的热情投身劳动。通过劳动，人们确证了自己的本质，收获了充裕的物质财富和精神财富，同时还赢得了他人的广泛赞许，而这些又会进一步激发人们的劳动热情和愿望。而不参加劳动、不愿意劳动的人，是很难真正体验到劳动的快乐，也很难真正生发对劳动的热爱和对劳动者的尊重的。

（三）辛勤劳动

劳动精神第三个层面的含义，就是辛勤劳动。如果说崇尚劳动、热爱劳动还是一种思想倾向的话，辛勤劳动则是一种社会实践。辛勤劳动就是对劳动的积极投入和倾心付出，其基本表现就是流大汗、吃大苦、创大业。

辛勤劳动是获得成功的必要条件，也是实现个人梦想和中华民族伟大复兴的重要前提。中国古代先贤提出的"功崇惟志，业广惟勤""民生在勤，勤则不匮""一勤天下无难事"等，都旨在强调辛勤劳动之于干事创业的重要作用。习近平总书记也高度重视辛勤劳动的巨大意义，强调中华民族伟大复兴，绝不是轻轻松松、敲锣打鼓就能实现的，全党必须准备付出更为艰巨、更为艰苦的努力；幸福都是奋斗出来的，新时代所取得的一切成就，都是全国各族人民撸起袖子干出来的，是新时代奋斗者挥洒汗水拼出来的。只要辛勤劳动，就可以实现个人梦想，就可以将中华民族伟大复兴的美好愿望转化为现实。在新时代新发展阶段，全体社会主义劳动者都要大力发扬辛勤劳动精神，都要通过辛勤劳动锻造"敢干"的担当、"真干"的决心和"苦干"的意志，通过辛勤劳动建设美好生活、实现中华民族伟大复兴的宏伟梦想。

（四）诚实劳动

劳动精神第四个层面的含义，就是诚实劳动。诚实劳动是辛勤劳动和创造性劳动的道德要求和内在规范。所谓诚实劳动，就是踏实地劳动，实在地工作，不弄虚作假，不投机取巧，不自欺欺人，不搞形式主义，不贪图不劳而获的生活。诚实，是社会的基本道德规范和要求。诚实劳动，既是个人、企业和组织长足发展的重要基础，也是社会良性运行的根本保障。习近平总书记指出，人世间的美好梦想，只有通过诚实劳动才能实现；发展中的各种难题，只有通过诚实劳动才能破解；生命里的一切辉煌，只有通过诚实劳动才能铸就，反复强调诚实劳动之于个人和社会发展的重要性。离开了诚实劳动这一基础和保障，个人、企业、组织和社会就如同立基于沙滩上的建筑，随时都有坍塌的危险。

诚实劳动的巨大意义，决定了新时代新发展阶段弘扬诚实劳动精神的必要性和紧迫性。习近平总书记高度重视诚实劳动精神的培育，强调我们要在全社会大力弘扬劳动精神，提倡通过诚实劳动来实现人生的梦想、改变自己的命运，反对一切不劳而获、投机取巧、贪图享乐的思想。习近平总书记的重要论述，为新时代新发展阶段培育诚实劳动精神指明了正确方向。

无论是贯彻新发展理念，构建新发展格局，推动高质量发展，还是促进全体人民共同富裕，归根到底都要靠全体社会主义劳动者的辛勤劳动、诚实劳动、创造性劳动，全党、全社会都要大力弘扬"崇尚劳动、热爱劳动、辛勤劳动、诚实劳动"的劳动精神，着力营造尊崇劳动、勤勉工作、脚踏实地、开拓创新的良好社会文化氛围，广泛凝聚起创造新辉煌的磅礴力量。

二、劳动精神的生成逻辑

劳动精神在社会文化价值层面上是依据因劳称义原则建构的社会整体精神系统，也就是劳动者在创造自己美好生活的劳动过程中形成的各种劳动态度和劳动理念所构成的精神力量。在2021年"五一"国际劳动节，习近平总书记明确强调"劳动创造幸福，实干成就伟业"，希望广大劳动群众大力弘扬劳模精神、劳动精神、工匠精神，勤于创造、勇于奋斗，更好发挥主力军作用，满怀信心投身全面建设社会主义现代化国家，实现中华民族伟大复兴的中国梦。党的十八大以来，习近平总书记在多个场合强调发扬劳动精神、劳模精神、工匠精神的重要性。

研究清楚新时代劳动精神是如何形成与发展的，有利于更好地推进新时代劳动精神研究的系统化、理论化，有利于更深刻地理解劳动精神的本质内涵和时代价值，有利于更精准地创新培育劳动精神的基本路径。

（一）文化逻辑：新时代劳动精神是对中华优秀传统劳动文化的继承

新时代劳动精神是对中华优秀传统劳动文化的价值凝练。中华民族是热爱劳动的民族，在几千年悠久历史文明中彰显了辛勤劳动、尊重劳动的传统美德。勤劳是中华民族自古以来的美德，劳动人民相信辛勤劳动、躬身力行才能获得幸福。不怕苦、不怕难、勤劳刻苦的劳动意志，是新时代每一位劳动者应秉持的劳动品格。正如古人云"不惰者，众善之师也"，劳动人民在历史的长河中，用智慧和汗水创造美好生活，怀揣着对劳动的挚爱并以此获得源源不断的精神动力。同时，尊重劳动也是中华民族的优秀品质，从古至今，人们把崇尚劳动、尊重劳动作为修身、齐家、治国的重要品德。如今对劳动怀有敬重之心，尊重劳动者的主体地位，让崇尚劳动创造蔚然成风，更应成为新时代的社会共识。

在具有阶级对立的社会里，劳动是劳动者谋生的手段，劳动者只是统治者利用的工具和压榨的对象，而我们中国特色社会主义制度建设，摒弃了古代封建体制下落后的劳动制度，始终站在广大劳动人民的角度，让劳动人民在政治上、经济上成为国家真正的主人，并且在政策上保障劳动者权利，让劳动人民自觉幸福地劳动。习近平总书记强调，全社会都应该尊重劳动模范、弘扬劳模精神，让诚实劳动、勤勉工作蔚然成风。劳动精神让劳动者在劳动过程中享受劳动果实，彰显劳动伟大的价值理念，谱写"中国梦·劳动美"的新篇章。

新时代劳动精神与中华优秀传统劳动文化的融合主要体现在两个方面。一方面是增强劳动认同感。在中华民族几千年的历史长河中，辛勤劳动、踏实肯干的品格始终贯穿在中国人民的心中，今天我们所拥有的一切成就都浸满了劳动人民的汗水和智慧。劳动创造了历史悠久、熠熠生辉的华夏文明。另一方面是提升劳动的道德性要求。习近平总书记在给中国劳动关系学院劳模本科班学员的回信中写道，劳动最光荣、劳动最崇高、劳动最伟大、劳动最美丽。我们要在全社会形成崇尚劳动、热爱劳动的道德风尚，摒弃好逸恶劳的陋习。同时，要鼓励劳动者自主创新，发挥自主性和创新性，自觉将人生梦想融入国家发展和社会进步之中，以实现个人梦想，成就我们的中国梦。

（二）理论逻辑：新时代劳动精神是对马克思主义劳动观的传承和发展

新时代劳动精神充分传承了马克思主义劳动观，是马克思主义劳动思想中国化的创新性阐发，激励着中国广大劳动人民奋勇前进。马克思、恩格斯从唯物史观的角度系统阐述了劳动的本质、劳动的价值，并从经济学角度批判了资本主义异化劳动，赋予劳动者崇高的地位，建立了科学的劳动理论体系。首先，马克思认为劳动是整个人类社会生活的基本条件。"劳动创造了人"的命题肯定了劳动在推动整个人类社会进步中的重要作用。马克思曾说，劳动是推动人类社会存在和发展的基础。其次，劳动创造了人，也创造了人类社会。恩格斯说，我们在某种意义上不得不说：劳动创造了人本身。换句话说，劳动和人类生存发展是紧密联系的，劳动将人与动物从根本上区别开来，同时人类运用体力劳动和脑力劳动不断改造客观世界，为人类社会创造了丰富的物质财富、精神财富。人们通过劳动满足了衣食住行的物质生活需要，在此基础上衍生出政治、宗教、艺术等丰富的精神财富。最后，马克思的劳动价值论赋予了劳动崇高的地位。马克思说，劳动的绝对自由是劳动居民幸福的最好条件，从哲学角度来看，自由劳动作为主体性活动，同时也是对象化活动。人在劳动中创造价值和成果的同时能够感受到主体能动性的发挥，并在劳动创造美好生活的过程中体会到精神上前所未有的满足感和成就感，即自我价值对社会产生贡献而获得的幸福感。所以，幸福来自劳动实践，劳动创造了能够领悟和体验幸福的精神主体。

马克思的劳动思想为解决我国进入新时代所面临的诸多问题给予了深刻的启迪，也为如何通过劳动提升自我幸福感给予了更多启示。新时代劳动精神的内涵肯定了劳动是幸福的源泉，自由自觉的劳动能让劳动者在劳动中取得成就、获得幸福并达到自我实现。中国共产党始终坚持马克思主义理论与中国具体实际相结合，对社会主义劳动规律、劳动主体、劳动关系进行探索、发展和创新。新时代劳动精神凝聚了马克思主义劳动观的理论精髓，结合时代发展不断丰富了其科学内涵。新时代劳动精神以肯定劳动的价值、维护劳动者权利、鼓励劳动创造为内核，有利于彰显新时代劳动者的精神风貌。

(三)历史逻辑：新时代劳动精神是中国共产党人百年奋斗的历史积淀

百年来，中国共产党人牢牢把握马克思主义劳动观，充分肯定劳动创造价值，不断激发劳动者的积极性，对弘扬劳动精神起到了至关重要的作用。

延安时期，中国共产党认识到"自己动手，丰衣足食"，为解决人民衣食住用行问题，首先在陕甘宁边区掀起了大生产运动的浪潮，八路军开垦南泥湾，成为当时的生产模范。之后，为加快取得革命胜利，中国共产党在比较艰苦的条件下，多次组建了增产立功的革命竞技，还举行了一系列的大生产运动，充分激发了劳动人民的劳动热情，使劳动人民意识到劳动的重要地位。

新中国成立初期，国家建设百废待兴，国民经济和社会秩序逐渐转向稳定状态，这一时期中国共产党人高度重视劳动人民的主体地位，始终坚持牢牢依靠人民、凝聚广大劳动人民的力量。首先，重视劳动生产的作用。中国共产党主张将对劳动生产的重视从农业扩大到手工业、工业和社会生产的各领域，鼓励人民学习先进生产技术和管理方法，逐步使生产事业走向稳定发展，实现国家工业化目标，以生产劳动来维护和巩固人民政权。其次，主张党员干部要自觉投入劳动生产建设中，倡导吃饭不靠"官帽子"而是"手指头"，党员干部也是普通劳动者，要自觉加入集体劳动生产。这样的劳动生产过程，既加强了党与劳动人民的密切联系，也增强了党员干部的生产劳动实践。最后，重视劳动生产效率。当时毛泽东主席提出，提高劳动生产率，一靠物质技术，二靠文化教育，三靠政治思想工作。他认为要汲取外国先进技术的成果，自主研发并重视科技的发展，只有这样，才能在国际社会抬起头。党在这一时期的探索，对新时代劳动精神中劳动光荣、劳动至上，尊重劳动者、赋予劳动者权利，重视科技发展、创新人才等思想产生了重要影响。

改革开放时期，中国共产党人继续发扬劳动精神，重视劳动者的主体地位，主张科学技术是第一生产力、发展才是硬道理。面对我国科技发展落后的国情，邓小平提出"尊重劳动、尊重人才"等思想，强调重视直接、简单的体力劳动者的同时，要重视具备一定科学文化知识的脑力劳动者，充分调动体力劳动者和脑力劳动者的劳动积极性。关爱保障劳动者权利是保证劳动者劳动积极性的重要方法。邓小平提出要解决就业问题，制定劳动法、工厂法等一系列法律法规来维护劳动者的合法权益。共产党人逐渐重视科学技术的作用、重视法律作为劳动者维护自我权益的重要手段，这为弘扬劳动精神奠定了法律基础，提供了制度保障。

随着经济全球化的迅速发展，科学技术不断发展，市场经济不断深入，劳动的外延和价值的创造越来越受到重视。党的十八大以来，以习近平同志为代表的中国共产党人多次强调要弘扬劳动精神，为夺取习近平新时代中国特色社会主义的伟大胜利，为实现中华民族伟大复兴的强国梦提供了巨大的精神动力。习近平总书记多次强调，劳动最光荣，奋斗最幸福，一勤天下无难事，全社会要重视劳动，热爱劳动，要激发全体人民的劳动热情，要在全社会弘扬劳动精神，形成自觉良好的劳动氛围，重视劳动教育，让学生崇尚劳动，强调无论是体力劳动还是脑力劳动，各种形式的劳动都值得尊重。习近平总书记关于劳动的重要论述赋予了"劳动精神"丰富的时代意蕴，新时代的劳动者要时刻以劳动精神、高尚品格鞭策自己，在全面建设社会主义现代化国家新征程中创造新的时代辉煌、铸就新的历史伟业。

（四）实践逻辑：新时代劳动精神是中国特色社会主义伟大实践的时代结晶

中国特色社会主义制度为新时代弘扬劳动精神提供了制度保障，而中国特色社会主义伟大实践则为新时代培养劳动精神提供了现实土壤。自古以来，中国人民积淀了宝贵的劳动经验，为实现中华民族伟大复兴的中国梦提供了思想动力，见证了社会发展，展现了中国精神，凝聚了中国力量。广大劳动人民自强不息、艰苦奋斗的精神，在继往开来的新时代的伟大实践中，为劳动精神注入了活力，扎稳了根基，丰富了劳动精神的时代内涵。

中国取得的一切成就都离不开全国人民的智慧和汗水，深入中国人民骨髓的劳动精神已在中华大地上创造出一个又一个奇迹。弘扬劳动精神，让诚实劳动、勤勉工作蔚然成风，必定会为把中国特色社会主义伟大事业推向前进提供源源不断的正能量。当全国人民奋力前行在全面建设社会主义现代化国家的道路上时，我们要做勤劳肯干、诚信踏实的新时代劳动者，做有技能、能创新的新时代劳动者，在党中央的坚强领导下，为实现中华民族伟大复兴的中国梦而贡献自身的力量。

站在"两个一百年"奋斗目标的历史交汇点上，为实现第二个百年奋斗目标、实现中华民族伟大复兴的中国梦，我们要更加深刻地认识国内外错综复杂的新矛盾、新挑战；要推进形成全面开放的新局面，构建国际经济合作新形势；要加快建设创新型国家，按照科技人才成长规律持续深化科技体制改革，培养具有国际高水平的青年科技人才和科技团队；要建设伟大工程、推进伟大事业，实现中华民族伟大复兴的中国梦，需要紧紧依靠广大人民的奋斗精神以及伟大创新精神。

我心中的劳动精神

第二节　理解劳动精神

党的二十大报告提出，在全社会弘扬劳动精神、奋斗精神、奉献精神、创造精神、勤俭节约精神，培育时代新风新貌。我们要把提高社会文明程度作为建设社会主义文化强国的重大任务，努力推动形成适应新时代要求的思想观念、精神面貌、文明风尚、行为规范。

长期以来，在党的领导下，全社会奏响"光荣属于劳动者，幸福属于劳动者"的强音，培育形成崇尚劳动、热爱劳动、辛勤劳动、诚实劳动的劳动精神。这是我们的国家和民族风雨无阻、勇敢前进的强大精神动力。奋进强国建设、民族复兴的新征程，在全社会弘扬劳动精神，意义重大而深远。

学习目标

知识目标： 功崇惟志，业广惟勤。劳动是推动人类社会进步的根本力量。实现中华民族伟大复兴，要大力弘扬新时代劳动精神。崇尚劳动、热爱劳动、辛勤劳动、诚实劳动的新时代劳动精神，将劳动实践淬炼升华，使之成为中国精神的时代表征，成为新时代精神文明建设的重要支点，深刻诠释了当代劳动者对人类文明的伟大创造。弘扬新时代劳动精神，要以人民性为价值属性，以劳动幸福为价值指向，促进劳动者的自由全面发展，激发劳动者蕴藏的巨大精神力量，用新时代劳动精神补钙铸魂强筋骨，凝心聚力促发展，在全面建设社会主义现代化国家新征程上创造新的时代辉煌，铸就新的历史伟业。

素质目标： 坚持立德树人，以劳动创造幸福，以美育人、以劳强体、以劳育美，崇尚劳动、尊重劳动，懂得劳动最光荣、劳动最美丽的道理，长大后能够辛勤劳动、诚实劳动、创造性地劳动。

实践目标： 进一步认识并学习把握劳动教育的内涵，将劳动教育与日常生活实际相结合，促进学生在日常生活中主动探寻并传承劳动精神。

学习重点、难点

重点： 劳动精神的核心内容。

难点： 劳动精神的核心价值。

一、劳动精神的核心内容

新时代劳动精神有着丰富的内涵，不仅在内容上继承并发展了马克思主义劳动价值观和中华民族传统优秀的劳动观念，而且彰显了"崇尚劳动、热爱劳动、辛勤劳动、诚实劳动"的内涵，同时倡导"尊重劳动、劳动平等、劳动神圣、劳动创造、劳动光荣"的核心劳动观。

（一）在劳动人格上倡导"尊重劳动"

"尊重劳动"是新时代劳动精神蕴含的核心要义。首先，尊重劳动是对每个人的道德要求。劳动不仅创造了世界和人本身，而且为推动社会进步提供了必备的物质基础，因此一切劳动都应当受到尊重。其次，尊重劳动者创造的价值。劳动者付出了劳动，为社会创造了物质和精神财富，有权利获得必要的回报，任何拖欠和克扣劳动者工资的行为都是剥削劳动者的行为，都是对劳动的不尊重。最后，维护劳动者的尊严。要合理安排劳动者的劳动时间，维护劳动者合法权益，保障劳动者合法权益不受侵犯，创设更舒适安全的劳动环境，让劳动者心情舒畅，在工作中体会到劳动的快乐和收获的幸福。

（二）在劳动权利上倡导"劳动平等"

劳动是公民的基本权利，即任何劳动者在不影响他人的情况下都具有从事其想从事的劳动的权利，而劳动平等是维护劳动权利的基本条件和维护劳动尊严的基本保障。第一，强调人人享有平等的劳动机会，即所有的劳动者都能够有机会平等地参与劳动，从平等的机会中体现公平的劳动竞争，体现努力劳动的价值，体现对劳动的尊重。第二，反对一切劳动歧视与偏见。在社会主义条件下，劳动没有高低贵贱之分，任何一份职业都很光荣，无论是体力劳动还是脑力劳动，都值得尊重和鼓励；一切创造，无论是个人创造还是集体创造，也都值得尊重和鼓励。第三，强调人人都可以通过劳动作贡献。每个人的劳动不仅可以创造自身的幸福生活，而且可以为中国特色社会主义事业作出自己的贡献。

（三）在劳动使命上倡导"劳动神圣"

劳动具有光荣和神圣的意义。首先，劳动是宪法赋予的、不可剥夺的权利和义务。我国《宪法》规定："公民有劳动的权利和义务。"劳动一方面是公民依法"行使的权利"，另一方面也是公民依法"享受的利益"。其次，劳动是我们生存于世界的最为神圣的活动。劳动是人类生存和发展的最基本条件，是每一个现代人必备的基本素质和行为习惯。每个公民通过行使劳动权利，为社会提供产品和服务，也从社会获取报酬，实现自我发展。最后，劳动果实是圣洁的。劳动果实是诚实劳动、精诚合作的劳动结晶。

（四）在劳动实践上倡导"劳动创造"

新时代科学技术迅猛发展，更加注重培养学生的实践性和创新性。首先，培养服务至上的敬业精神。新时代弘扬劳动精神强调劳动实践的体验性，注重融入性和探究性，强调直接经验而不是间接经验，倾向于尝试、感悟和技能的建构，在劳动中有效提升学生的动手能力、沟通合作能力及解决实际问题的能力，培养学生的职业道德，养成专业敬业的工匠精神。其次，培养精益求精的品质。新时代劳动精神的培养注重与技术相结合，以技术应用和技术创新为核心，紧跟现代技术的发展态势，在课程设计上既要充分考虑劳动教育中技术素养提升的内在序列，又要充分考虑不同学段学生技能培养的梯度结构，帮助每个学生建构符合其个性且适应未来发展需要的技术素养体系，进而引导学生在工作中养成认真严谨、精益求精的工匠精神。最后，培养追求卓越的创造精神。新时代劳动精神的培养与"创新驱动"的国家发展战略相结合，提倡"做中学""学中做"，注重创新意识的提升、创新思维的训练和创新能力的培养，鼓励学生不断追求卓越，进而在全社会弘扬"劳动光荣、技能宝贵、创造伟大"的劳动风尚。

（五）在劳动成就上倡导"劳动光荣"

在劳动成就上，新时代劳动精神倡导每个人通过自己的劳动，收获满足感、快乐感、尊严感，在创造丰富物质财富的同时，拥有丰盈的精神世界。从个人意义而言，一方面，个体可以通过劳动充分发挥自身的积极性与创造性，学会与人合作，追求个体幸福，享受劳动尊严；另一方面，通过劳动磨砺人的意志，培养勤俭节约、勤劳勇敢、艰苦奋斗、坚韧不拔等精神品质。从社会意义而言，劳动推动社会进步，使全社会的生活质量得以整体提升。通过劳动，人们用自己的辛勤汗水和努力奋斗为推动社会文明进步作出贡献，用自己的劳动成就书写平凡中的伟大，实现个人价值与社会价值的统一。

总之，光荣属于劳动者，幸福属于劳动者。我国工人阶级和广大劳动群众要更加紧密地团结在党中央周围，勤于创造、勇于奋斗，努力在全面建成社会主义现代化强国的新征程上创造新的时代辉煌、铸就新的历史伟业。

二、劳动精神的核心价值

功崇惟志，业广惟勤。劳动是推动人类社会进步的根本力量。实现中华民族伟大复兴，要大力弘扬新时代劳动精神。2020年11月，习近平总书记在全国劳动模范和先进工作者表彰大会上强调，劳模精神、劳动精神、工匠精神是以爱国主义为核心的民族精神和以改革创新为核心的时代精神的生动体现，是鼓舞全党全国各族人民风雨无阻、勇敢前进的强大精神动力。

崇尚劳动、热爱劳动、辛勤劳动、诚实劳动的新时代劳动精神，将劳动实践淬炼升华，使之成为中国精神的时代表征，成为新时代精神文明建设的重要支点，深刻诠释了当代劳动者对人类文明的伟大创造。弘扬新时代劳动精神，要以人民性为价值属性，以劳动幸福为价值指向，促进劳动者的自由全面发展，激发劳动者蕴藏的巨大精神力量，用新时代劳动精神补钙铸魂强筋骨，凝心聚力促发展，在全面建设社会主义现代化国家新征程上创造新的时代辉煌，铸就新的历史伟业。

（一）人民性是新时代劳动精神的价值属性

人民是历史的创造者。人民的劳动创造着社会发展所需的物质财富和精神财富。新时代劳动精神是反映马克思主义时代精神的精华，是人民力量在劳动实践中的能动转化。它加深了广大劳动者对劳动的理性认识，传承了中华优秀传统文化中的劳动观念，摒弃了资本主义以劳动创造获取财富利润的狭隘观念，生动展现了我国工人阶级和广大劳动群众在实现中国梦伟大进程中拼搏奋斗、争创一流、勇攀高峰的时代担当和积极作为。新时代劳动精神坚持和维护人民的主体性地位。

人民是劳动的主体，伟大事业需要伟大精神，伟大精神来自伟大人民。劳动激发人的创造力、想象力、意志力等实践能力，是人的本质力量的确证和自我价值的展现。全国各条战线上的广大职工和劳动群众响应党中央号召，风雨同舟、众志成城，团结一致干大事，凝聚起新时代的劳动精神和劳动力量，以实际行动奏响了新时代劳动者之歌。

新时代劳动精神扬弃资本主义对人的劳动的异化。马克思认为，在资本主义社会中，劳动沦为资本统治一切的手段，资本家通过剥削劳动者获得更多剩余价值，人民的劳动在逻辑和事实上已被资本所占有。弘扬新时代劳动精神，就是构建劳动认同，尊重人民在劳动中的主体地位，肯定人民在劳动中发挥的巨大作用，是对资本主义劳动异化和人的异化最有力的批判。

（二）劳动幸福是新时代劳动精神的实践价值指向

劳动是一切幸福的源泉。正是因为劳动，人类才得以从现实的存在样态向人的自由自觉的本质复归，这是实现美好生活的最高价值指向。弘扬新时代劳动精神，就是要克服劳动异化，劳动不再单纯地作为谋生手段，而是作为促进人自由全面发展的实现途径。人们在劳动的过程中释放人的能动属性，找寻人的本质，实现人的自我确证，从而真正实现人对幸福的永恒追求。弘扬劳动精神，追求人的自由全面发展，是马克思主义幸福观的最新表征。

劳动是物质财富和精神财富的创造活动，是一切幸福的源泉。一方面，劳动把人与外在的客观世界相连接，将人的本质力量作用于客观物质世界，不断改变客观世界，创造丰富的物质财富，提高人的生活水平，满足人的物质需求。另一方面，劳动使人的本质力量得以释放，在劳动的过程中创造丰硕的精神成果，满足人的精神文化需求。劳动是实现幸福的途径，不弃微末，久久为功，幸福必将属于劳动者。劳动创造美好生活，劳动成就幸福人生。

劳动幸福始终是历代中国人孜孜以求的价值追求，中华民族能够实现从站起来、富起来到强起来的历史性飞跃，正是因为在党的坚强领导下，一代又一代劳动者发扬坚毅不屈、创新创造的伟大劳动精神，并使其最终汇聚转化为奋进新时代、共同实现美好生活的全民智慧和磅礴力量。在新时代劳动精神的指引下，党和人民群众同心同德、同向同行，为打赢脱贫攻坚战、实现全面建成小康社会不懈奋斗，为开启全面建设社会主义现代化国家新征程奠定了坚实基础，用劳动幸福谱写了劳动最光荣、劳动最崇高、劳动最伟大、劳动最美丽的时代新篇章。

（三）社会主义现代化建设是新时代劳动精神的价值旨归

劳动是推动人类社会进步的根本力量。弘扬新时代劳动精神，是追求人自身解放和全面发展的现实路径，也是全面开启社会主义现代化建设的精神支点。新时代劳动精神是站在新的历史起点上对时代关切的回应，是破解人的现代性困境的精神指引。

在经济全球化深入发展的今天，现代性引发的社会问题在社会主义现代化建设中不可避免，这也使劳动或多或少出现了物化倾向。劳动是人的本质力量的体现，是实现人的全面发展与社会进步的根本途径。弘扬新时代劳动精神，需要不断提高劳动者对自主劳动的认识，通过劳动真正释放人的内在潜能，激发巨大劳动活力，追求人对自我本质的全面占有，推动人的自我净化、自我完善、自我革新、自我提高向更高层次全面舒展绽放。

（四）新时代劳动精神是推进中国特色社会主义现代化建设的重要抓手

推动社会发展必须依靠广大劳动者砥砺奋进、锐意进取；实现复兴蓝图，必须通过广大劳动者诚实劳动、真抓实干；弘扬新时代劳动精神，必须以习近平新时代中国特色社会主义思想来武装头脑，以劳动的手段来锻造艰苦奋斗的意志，在全社会大力弘扬工人阶级的优秀品质，让主张崇尚劳动、热爱劳动、辛勤劳动、诚实劳动的劳动精神在全社会蔚然成风；要充分释放人民群众的创造能力，激发人民群众的劳动热情，挖掘蕴藏在人民群众内部的巨大潜能，用新时代劳动精神凝魂聚力，强基固本，引领新风尚，开启新征程，助力社会主义现代化建设。

延伸学习

我心中的劳动精神

第三节　践行劳动精神

我们党百年奋斗的伟大成就是党团结带领全国各族人民拼出来、干出来的，要把党的二十大描绘的宏伟蓝图变成现实，仍然要靠拼、要靠干。必须深刻认识到，奋进在充满光荣和梦想的新征程上，推进着前无古人的开创性事业，必然会遇到大量从未出现过的全新课题、遭遇各种艰难险阻、经受许多重大考验。唯有始终保持锐意进取、敢为人先、迎难而上的奋斗姿态，积极担当作为、敢于善于斗争，不断作出新业绩、新贡献，才能胜利推进强国建设、民族复兴的历史伟业。

劳动教育是国民教育体系的重要内容，是学生成长的必要途径。习近平总书记在全国教育大会上明确提出将劳动教育纳入社会主义建设者和接班人的总体要求。新时代加强劳动教育，必须以习近平新时代中国特色社会主义思想为指导，落实立德树人根本任务，把劳动教育纳入人才培养全过程，实施劳动教育的重点是在系统的文化知识学习之外，让学生理解劳动精神，并自觉有目的、有计划地参加日常生活劳动、生产劳动和服务性劳动，接受锻炼，磨炼意志。

学习目标

知识目标： 认识劳动精神的现实意义，新时代，新青年，践行劳动精神对青少年有哪些现实意义，将劳动精神与学生日常生活相结合，现身说法，举例论证，从身边小事做起，从身边榜样学习起，主动践行劳动精神。

素质目标： 社会主义现代化建设是新时代劳动精神的价值旨归。弘扬崇尚劳动、热爱劳动、辛勤劳动、诚实劳动的劳动精神，营造良好的校园学习风尚，培育和践行社会主义核心价值观、弘扬新时代劳动精神。

实践目标： 讲述身边劳动者故事，让自身在课后参与实践劳动，并积极总结实践经验，讲述自己的实践故事和实践后对劳动精神的新体悟。

学习重点、难点

重点： 弘扬劳动精神的意义。

难点： 如何践行劳动精神。

一、弘扬劳动精神的意义

劳动是人类特有的有目的、有意识的社会实践活动，是人类社会存在和发展的基础。伟大实践孕育伟大精神，伟大精神引领伟大实践。在长期实践中，我们培育形成了崇尚劳动、热爱劳动、辛勤劳动、诚实劳动的劳动精神。劳动精神是中国共产党人精神谱系的重要内容，是以爱国主义为核心的民族精神和以改革创新为核心的时代精神的生动体现，意蕴丰富，历久弥新。中华民族创造的优秀传统文化是其思想源泉，马克思主义经典作家的劳动学说是其理论指南，中国共产党率领中国人民百年来的英勇奋斗是其实践基础。全体社会成员应弘扬劳动精神，在崇尚劳动中树立劳动观念，在热爱劳动中培养劳动态度，在辛勤劳动中锤炼劳动能力，在诚实劳动中锻造劳动品德，奏响新时代劳动凯歌，朝着全面建成社会主义现代化强国的奋斗目标不断前进。

（一）在崇尚劳动中树立劳动观念

崇尚劳动就是树立科学的劳动价值观，充分认识到"劳动最光荣、劳动最崇高、劳动最伟大、劳动最美丽"。崇尚劳动的观念自古就流淌在中华民族血脉之中。劳动创造物质财富和精神财富。因为劳动，我们拥有了历史的辉煌和如今的成就。从"乡村四月闲人少，才了蚕桑又插田"的农民，到"赧郎明月夜，歌曲动寒川"的工人；从彰显中华灿烂文明的"四大发明"，到凝聚中华民族智慧的"四大名著"；从模范的三五九旅改造出"陕北好江南"，到英雄的农垦部队把戈壁滩打造成"塞北明珠"；从杂交水稻"禾下乘凉梦""覆盖全球梦"逐步推进，到航天工程"可上九天揽月"、航空母舰"可下五洋捉鳖"成为现实……我们在非凡征途中铸就了科学的劳动观念，绘出了美妙的劳动画卷。

无论时代如何变化，都要崇尚劳动之风、认可劳动之力、推崇劳动之美。劳动不分贵贱，劳动者都值得被尊重。无论从事体力劳动还是脑力劳动、简单劳动还是复杂劳动、集体劳动还是个人劳动、生产性劳动还是服务性劳动，只要能为经济社会发展作出贡献，就会得到广大人民群众的认可。只有通过思想宣传、教育引导、实践养成等，让崇尚劳动成为全社会的价值共识，才能让劳动者在奋发图强、比学赶超中书写出优秀的劳动考卷，才能为实现中华民族伟大复兴注入源源不断的动力。

（二）在热爱劳动中培养劳动态度

热爱劳动就是培养正确的劳动态度和积极的劳动心理，自觉自愿、积极主动劳动。对劳动的积极心理态度，是创造众多社会奇迹的劳动者所共有的品质。习近平总书记强调，推动全社会热爱劳动、投身劳动、爱岗敬业，为改革开放和社会主义现代化建设贡献智慧和力量。通过劳动播种希望、收获果实，人们才会热爱劳动。在中国共产党领导下，一代代热爱劳动的劳动者，以信念为峰，不惧登攀；以实践为刃，开拓前行。漫漫人生路，唯有热爱劳动的劳动态度不变；悠悠岁月情，唯有热爱劳动的心中之"火"不减。

只有热爱劳动，懂得劳动创造美好、劳动创造幸福，人们才喜欢劳动、愿意劳动。正是基于对劳动的热爱，劳动者才能实现由"要我劳动"到"我要劳动"的转变，这是对马克思"劳动已经不仅仅是谋生的手段，而且本身成了生活的第一需要"理论的生命生活实践的升华，体现了劳动本身与人们幸福追求的一致性和耦合度。如今，热爱劳动的种子已在全体中国人民心中播撒。《关于全面加强新时代大中小学劳动教育的意见》和《大中小学劳动教育指导纲要（试行）》，对劳动教育教什么、怎么教、如何评等提出了具体要求，让青少年在劳动教育过程中坚守热爱劳动的思想观念，继承和发扬热爱劳动的传统美德。培养热爱劳动的社会风尚，需要加强对劳动者的帮扶和支持，提高劳动要素在初次分配中的占比，提高劳动者收入，让热爱劳动、辛勤劳动的人获得更多的回报，让每一位劳动者都能用劳动开创美好未来，从而提升劳动者幸福感。如果对劳动不能形成由内而外的热爱，劳动就会异化为外在的束缚和枷锁，人在劳动中就感觉不到幸福。无论身处什么岗位，都不能失去劳动的热情和奋斗的激情。唯有如此，才能在全面建设社会主义现代化国家新征程中创造新的时代辉煌、铸就新的历史伟业。

（三）在辛勤劳动中锤炼劳动能力

辛勤劳动是对劳动过程及劳动强度的充分肯定，描述的是劳动者勤劳而肯于吃苦的劳动状态，表明要充分遵循劳动的客观规律。"民生在勤，勤则不匮。"习近平总书记指出，社会主义是干出来的，新时代是奋斗出来的。当前，中国人民更加深刻地认识到新中国来之不易、美好生活来之不易。百年来，一代代中国共产党人不忘初心、牢记使命，前赴后继、奋力拼搏，带领各族人民用勤劳的双手艰苦卓绝地创造了一个又一个伟大奇迹，锤炼了辛勤劳动、艰苦奋斗的能力、风骨和品质。

只有辛勤劳动，懂得人间万事出艰辛，"艰难困苦，玉汝于成"，人们才愿意努力刻苦、付出牺牲。"宝剑锋从磨砺出，梅花香自苦寒来。"无论体力劳动还是脑力劳动，都是一个艰苦奋斗的过程：体力劳动要付出辛劳和汗水，脑力劳动也要付出心血和智慧。所谓"一勤天下无难事""天道酬勤""业精于勤荒于嬉"。只有勤于奋斗、乐于奉献，撸起袖子加油干，不断锤炼本领、淬炼能力，追求卓越、争创一流，才能开创辉煌事业、彰显精彩人生。我们要完善按劳分配为主的分配方式，多劳多得、少劳少得、不劳不得，保障劳动者辛勤劳动的权益，助推劳动公平正义，让辛勤劳动成为新时代最为闪耀的精神坐标。

（四）在诚实劳动中锻造劳动品德

诚实劳动是对劳动者品德的客观规定，是劳动者安身立命之本，表明劳动要实事求是、求真务实、遵纪守法。幸福不会从天而降，梦想不会自动成真。诚实劳动是一种踏实的工作态度、方式和要求，表现为脚踏实地，正视工作中的问题，敢于钻研，善于解决，坚守工作标准，严守职业道德，遵循法律规范。诚实劳动是各行各业不同岗位劳动者的共同职责，是创造美好生活的基本前提，是干事创业的必然要求。

只有诚实劳动，懂得真真切切、实实在在、兢兢业业是合格劳动者的本色、底色和根本准则，人们才能"实干"。"空谈误国，实干兴邦。"劳动的光荣源自诚实的付出。只有诚实劳动，久久为功，才能在平凡的岗位上创造出不平凡的成绩。我们要从劳动中汲取道德营养，锻造劳动品德，既大力宣传诚实劳动先进事迹和杰出人物，增强舆论正面引导，又对不劳而获、偷奸耍滑、投机取巧的不诚实劳动进行惩处，形成对不诚实劳动的威慑，净化诚实劳动的环境。唯有如此，才能厚植诚实劳动的土壤，在全社会形成诚实劳动的良好风尚。

习近平总书记强调，实现我们的奋斗目标，开创我们的美好未来，必须紧紧依靠人民、始终为了人民，必须依靠辛勤劳动、诚实劳动、创造性劳动。新时代是劳动者的时代，机遇与挑战并存、希望与困难同在。我们唯有弘扬劳动精神，才能让劳动精神焕发时代新机，让劳动的涓涓细流汇聚成奋斗强国的磅礴力量，从而实现人生价值，推动时代进步，全面建成富强民主文明和谐美丽的社会主义现代化强国。

二、如何践行劳动精神

教育引导青年大学生弘扬劳动精神，必须进一步培养和激发大学生热爱劳动的情感，让劳动精神融入大学生日常教育。青年大学生作为新时代的建设者和接班人，践行劳动精神具有重大的现实意义和深远的历史意义。劳动精神是中华民族的传统美德，是时代精神的重要组成部分，更是推动社会进步和个人成长的强大动力。因此，青年大学生应该深刻理解劳动精神的内涵，积极投身劳动实践，将劳动精神融入日常学习、生活和未来的工作中。

（一）深刻理解劳动精神的内涵

劳动精神是指人们在劳动过程中所表现出来的积极向上、奋发向前的精神状态。它包含了勤劳、敬业、创新、协作等多个方面。青年大学生要践行劳动精神，首先要深刻理解其内涵，认识到劳动不仅仅是一种生存手段，更是一种生活方式和精神追求。

（二）积极参与劳动实践

践行劳动精神，离不开实际的劳动实践。青年大学生应该积极参与各种劳动活动，包括校园内的志愿服务、社会实践、实习实训等；通过亲身参与劳动，体验劳动的过程和成果，培养劳动技能，增强劳动意识，形成劳动习惯。

在校园内，可以参与各种志愿服务活动，如帮助图书馆整理图书、参与环保活动等。这些活动不仅能够培养大学生的劳动技能，还能够增强他们的社会责任感和奉献精神。在社会实践中，可以通过实习实训等方式，了解职业特点，掌握职业技能，为未来的工作做好准备。

（三）将劳动精神融入日常学习、生活

除了积极参与劳动实践外，青年大学生还应该将劳动精神融入日常学习、生活中。在学习上，要勤奋刻苦，不断追求进步，努力提高自己的综合素质。在生活中，要养成良好的生活习惯，注重个人卫生和公共卫生，积极参与宿舍、班级等集体活动，增强集体荣誉感。

（四）未来工作中践行劳动精神

青年大学生未来的工作，是践行劳动精神的重要舞台。在工作中，要发扬勤劳、敬业的精神，认真履行职责，不断提高工作能力和水平。同时，要勇于创新，敢于挑战自我，不断寻求进步。在与同事的合作中，要发挥团结协作的精神，共同完成任务，实现共赢。

（五）培养正确的劳动价值观

践行劳动精神，还需要培养正确的劳动价值观。青年大学生应该认识到，劳动是创造美好生活的源泉，是实现个人价值和社会价值的重要途径。在劳动中，要尊重劳动、尊重劳动者，珍惜劳动成果，反对浪费和懒惰。同时，要将个人劳动与国家发展、社会进步紧密结合起来，为实现中华民族伟大复兴的中国梦贡献自己的力量。

总之，青年大学生践行劳动精神是一项长期而艰巨的任务。只有深刻理解劳动精神的内涵，积极参与劳动实践，将劳动精神融入日常学习、生活，未来在工作中践行劳动精神，并培养正确的劳动价值观，才能真正将劳动精神内化于心、外化于行，成为新时代的优秀青年。

延伸学习

我心中的劳动精神

第四章　弘扬劳模精神

劳动模范是人民的楷模，是共和国的功臣。我国是人民当家作主的社会主义国家，党和国家始终高度重视工人阶级和广大劳动群众在党和国家事业发展中的重要地位，始终高度重视发挥劳动模范和先进工作者的重要作用。

第一节　认识劳模精神

劳模精神是中华民族宝贵的精神财富，是改革创新的历史引领，是广大人民群众辛勤劳动、诚实劳动、创造性劳动的行动指南。党的十八大以来，习近平总书记针对劳动、劳模精神、劳动精神发表了一系列重要论述，深刻地指出，劳模精神"丰富了民族精神和时代精神的内涵，是我们极为宝贵的精神财富"，时代需要劳模，劳模引领时代。在中国的各个历史时期，广大劳模以高度的主人翁责任感，卓越的劳动创造，忘我的拼搏奉献，谱写了一曲曲可歌可泣的动人战歌，为全国人民树立了光辉的学习榜样。"幸福都是奋斗出来的"，美好的蓝图需要靠劳动者的汗水绘就，华丽的篇章需要奋斗者的双手书写。作为新时代的青年学生，要充分认识劳模精神的内涵，肩负起传承和弘扬劳模精神的使命担当，让劳模精神在新时代熠熠生辉。

学习目标

知识目标：了解劳模的内涵和特征，把握劳模精神的核心要义；理解劳模精神是马克思主义劳动观的生动体现，是我国优秀传统劳动文化的时代体现，是社会主义核心价值观的生动诠释。

素质目标：认真体会劳模精神，学习劳模精神，传承劳模精神，树立正确的劳动观，尊重劳动、崇尚实干。

实践目标：在学生实际的学习和工作中弘扬劳模精神，传递劳模精神，营造出人人争当劳动模范的良好氛围。

学习重点、难点

重点：认识劳动模范和劳模精神。
难点：劳模精神的形成和发展。

一、认识劳动模范和劳模精神

（一）劳动模范的内涵

劳动模范简称劳模，是我们党在新民主主义革命、社会主义建设和改革开放各个历史时期，为调动和激发工人阶级的先进性、创造性、主动性，通过发现并开展民主评选先进典型活动而造就的优秀人物。劳动模范是亿万劳动者的杰出代表，是先进生产力、先进生产关系以及先进文化的最优秀代表，集中体现了工人阶级和广大劳动群众的优良品质。劳动模范分为全国劳动模范与省、部委级劳动模范，有些市、县和大企业也评选出了劳动模范。中共中央、国务院授予的"全国劳动模范"，是我国最高的荣誉称号。与此同级的还有"全国先进生产者""全国先进工作者"。

劳动模范是体现着时代精神的平凡人，他们让民族精神有所依托，让民族历史有了厚重感，特别是进入新时代，我国工人阶级和广大劳动群众在实现中国梦伟大进程中拼搏奋斗、争创一流、勇攀高峰，为全面建设社会主义现代化国家充分发挥了主力军作用，用智慧和汗水营造了劳动光荣、知识崇高、人才宝贵、创造伟大的社会风尚，谱写了"中国梦·劳动美"的新篇章。

（二）劳动模范的特征

劳动模范是优秀劳动者的典型代表，劳模精神激励了千千万万的普通劳动者坚守信念、立足岗位、开拓创新、建功立业，体现了一种"示范"和"楷模"的价值导向，一种可近、可亲、可信、可学的榜样作用，具有鲜明的特征。

1. 先进性

劳模作为工人阶级和劳动群众杰出的代表，相对于普通劳动者而言，具有非常鲜明的先进性。先进性作为劳模的特质，是构成劳模本质、彰显劳模气质和凸显劳模全部价值的内在特征，具体表现在使命感、责任感和创新性三个方面。神圣的使命感是劳模先进性的重要体现，也是劳模具有的优秀品质和共性特征。使命感是劳模在生产实践中艰苦奋斗、甘于奉献的强大驱动力，本质上是构成劳模坚强意志的重要组成部分，也是形成劳模鲜明价值取向的决定因素。强烈的责任感是劳模先进意识的体现，是构成劳模精神的重要内容，促使劳模在生产实践中恪尽职守、认真负责、兢兢业业、一丝不苟。在神圣的使命感和强烈的责任感的驱动下，劳模在做好自己分内工作的前提下，追求卓越，与时俱进，在工作中践行干一行、爱一行、精一行、钻一行的创新精神，实现一流的工作目标。

2. 引领性

劳动模范作为先进性典范，是广大劳动群众学习的榜样，在人民群众中具有特殊的引领作用。一方面是政治引领。劳动模范热爱祖国、热爱人民、热爱中国共产党，忠于党的事业，坚决贯彻执行党的基本路线和各项方针政策，并在自己的工作劳动中践行，通过自己辛勤、诚实和创造性的劳动为祖国、为人民作出自己最大的贡献。另一方面是思想引领。劳动模范是全面建成小康社会、决战脱贫攻坚的排头兵，影响并带动一代又一代职工群众把思想和行动统一到党中央的部署上来，把智慧和力量凝聚到建设社会主义现代化强国的目标上来，引导广大职工以劳动模范为榜样，识大体，顾大局，正确认识和对待个人利益和国家利益、眼前利益和长远利益的关系，以高度的主人翁责任感和使命感，投身到各项改革和建设中。

3. 示范性

劳动模范为社会主义物质文明、政治文明和精神文明的建设作出了巨大的贡献，他们的先进思想和崇高的精神对广大人民群众有着强大的示范力。劳模作为学习榜样的郑重树立、劳模形象的生动塑造、劳模事迹的广泛传播、劳模精神的时代升华，对于整个社会都具有重大的教育意义，让劳模精神影响并渗透社会主义建设的各个方面，用劳动模范的先进思想和崇高精神感染人、鼓舞人、凝聚人、塑造人，激励广大职工努力掌握现代科学技术和操作技能，提高自身素质，加快工人阶级的知识化进程，保持和发展工人阶级的先进性，在建设社会主义现代化强国中发挥主力军作用。

（三）劳模精神的内涵

劳模精神是劳模在平凡岗位上做出不平凡业绩所坚持、坚守、坚定的基本信念、价值追求、人生境界及其展现出的整体精神风貌。在劳动模范身上体现的"爱岗敬业、争创一流，艰苦奋斗、勇于创新，淡泊名利、甘于奉献"的劳模精神，是时代精神的集中反映，也是民族精神的深刻反映。

劳模精神是引领中华民族时代发展的先进的、科学的、文明的思想道德和价值取向。劳模精神是一种人文精神，代表的是一个时代的价值观、道德观，展示的是中华民族顽强拼搏、自强不息的崇高品格，体现的是中华民族与时俱进、开拓创新的精神风貌，在任何时候都不过时。

1. 劳模精神是工人阶级先进性的集中体现

在中国革命、建设、改革的各个历史时期，我国工人阶级都具有走在前列、勇挑重担的光荣传统，我国工人运动同党的中心任务紧密联系在一起。劳动模范作为工人阶级的优秀代表，是时代的引领者，在工作生活中发挥了先锋队和排头兵作用，他们以辛勤劳动、诚实劳动和创造性劳动，持续推动着社会进步、国家发展和民族复兴。

劳模精神作为劳动模范的思想内核、行动指南和精神灯塔，成为推动时代前进的强大精神动力，充分体现了工人阶级先进性的主体地位，彰显了工人阶级的伟大品格，推动了工人阶级的成长进步。

2. 劳模精神是工人阶级主人翁意识的集中体现

主人翁意识是劳模精神的内在本质，是正确认识和理解劳模精神的关键词。正是因为自觉的、强烈的主人翁意识，劳模才以车间为家、以厂为家、以企为家、以国为家，才具有积极主动的岗位意识、职业意识、进取精神和创新精神，才在本职工作中充分发挥积极性、主动性和创造性，才能够艰苦奋斗、淡泊名利、甘于奉献，自觉把人生理想、家庭幸福融入国家富强、民族复兴的伟业之中，最终建构起个人与集体、个人梦与中国梦、小家与国家民族融合统一的发展共同体和命运共同体。

3. 劳模精神是社会主义核心价值观的生动诠释

劳模精神的重要元素和构成因子，像岗位意识、职业精神、进取精神、拼搏精神、创新精神、家国情怀和奉献精神等，是对社会主义核心价值观的生动诠释和现实呈现。可以说，劳模精神是社会主义核心价值观的具象化、人格化和现实化。一方面，劳模是遵循社会主义核心价值观的典范样本，是社会主义核心价值观的模范实践者、生动传播者和最有说服力的检验者；另一方面，劳模之所以能够生成劳模精神，能够成为全社会学习的典范，一个重要原因就在于其主动自觉地遵循并践行了社会主义核心价值观。

4. 劳模精神是时代精神的生动体现

劳模精神是引领时代新风的精神高地，生动体现了时代精神的精神实质、主要特征和重要内容。一方面，劳模精神具有鲜明的时代特征，是时代精神的生动体现。作为一种文化精神，劳模精神不是一成不变的，而是实践的、创新的、鲜活的、生动的存在，随着国家意识形态、经济社会形势和时代变迁而不断演变发展。另一方面，劳模精神推动了时代精神的发展，丰富了时代精神的内涵。在劳模的创造性实践和不断探索中，激发出蕴含着自主性、首创性、先进性元素的劳模精神，呈现出社会进步的发展方向。劳模精神不断为时代精神注入新能量，凸显并丰富时代精神的内涵。

5. 劳模精神是民族精神的重要组成部分

一方面，劳模精神是民族精神核心要素的集中体现。劳模精神既体现了以爱国主义为核心的团结统一、爱好和平、勤劳勇敢、崇德尚礼、公而忘私的民族情怀，又体现了知行合一、自立自强的人生追求。另一方面，劳模精神是民族精神创新发展的重要推动力量。劳模精神始终与时俱进，以创新丰富了民族精神。一代又一代劳模，用自己的辛勤劳动、诚实劳动和创造性劳动，为民族精神注入新能量，不断丰富着民族精神的内涵。

6. 劳模精神是劳动精神的积极呈现

劳模精神继承并发展了中华民族传统优秀的劳动观念，树立并彰显了一种辛勤劳动、诚实劳动、创造性劳动的新理念，营造并弘扬了一种劳动光荣、技能宝贵、创造伟大的时代风尚，生成并传播了一种劳动者至上、劳动者平等、劳动者可敬、劳动最光荣、劳动最崇高、劳动最伟大、劳动最美丽的劳动观。

7. 劳模精神的核心要素是工匠精神

从本质上讲，工匠精神是一种基于技能导向的职业精神，它源于劳动者对劳动对象品质的极致追求，它具有精益求精、专注执着、严谨慎独、创新创造、爱岗敬业以及情感浸透、自我融入的基本内涵，既表现了极致之美的品质追求，又体现了敬业之美的精神原色，更展现了创造之美的价值升华。工匠精神是劳模精神的重要构成要素，也是劳模精神当代品格的核心体现。工匠精神充分凸显了新时代劳模精神爱岗敬业、精益求精、追求卓越的精神品质和价值导向，可以说，工匠精神是对劳模精神的重要升华和丰富发展。

8. 劳模精神是培育时代新人的重要手段

一方面，劳模精神作为社会主义核心价值观的生动体现，更容易为人们所理解和接受，更方便为人们所模仿，将对培育时代新人起到重要推动作用。另一方面，通过强化教育引导、舆论宣传、文化熏陶、实践养成、制度保障，培养和造就具有劳模精神的时代新人，就能够激发广大劳动者干事创业的积极性、主动性和创造性。因此，要紧密围绕培养时代新人这个重大命题，在全社会特别是各级学校教育中培育、弘扬和践行劳模精神，引导全社会特别是青少年树立正确的劳动价值观，全面提升劳动者的整体素质和精神品格。

9. 劳模精神是文化自信的重要支撑

一方面，劳模精神是中国特色社会主义文化的重要组成部分，始终贯穿于建设中国特色社会主义文化的全过程。劳模精神植根于中华民族劳动过程特别是中国特色社会主义伟大实践，充分继承并发展了中华优秀传统文化和社会主义先进文化。另一方面，弘扬和践行劳模精神，有助于坚定文化自信，推动社会主义文化繁荣兴盛。弘扬和践行劳模精神，有助于牢牢把握意识形态工作领导权，有助于培育和践行社会主义核心价值观，有助于加强思想道德建设，有助于促进中国特色社会主义文化繁荣发展。

10. 劳模精神是实现伟大复兴中国梦的重要力量

一方面，劳模精神是实现中华民族伟大复兴的中国梦的宝贵精神财富。在全社会弘扬和践行劳模精神，营造尊重劳动、尊重知识、尊重人才、尊重创造的社会氛围，涵养以辛勤劳动为荣、以好逸恶劳为耻的社会风气，培育积极健康、开放包容的社会心态，才能够让"劳动光荣、创造伟大"成为时代强音，让"辛勤劳动、诚实劳动、创造性劳动"成为普遍认同的价值遵循。另一方面，劳模精神是实现伟大复兴中国梦的强大精神力量。要实现中华民族伟大复兴中国梦，实现从制造大国向制造强国的华丽转身，建设知识型、技能型、创新型劳动者大军，必须大力弘扬和践行劳模精神。如此，才能够真正为中国经济社会发展汇聚强大正能量，才能真正为实现中华民族伟大复兴中国梦增砖添瓦。

二、劳模精神的形成与发展

中国的劳动模范最早出现在土地革命战争时期,劳模评选制度也随着革命、建设、改革的主题任务改变而发生改变,每一时期都产生了具有时代特征的劳动模范,劳模精神内涵也相应地被赋予特有的时代元素,劳模精神的演进体现了它在坚守中传承、在传承中发展、在发展中创新的时代变迁。

劳模精神是人类劳动和工作实践的结晶,来源于劳模群体的奋斗经历和优秀品质。马克思主义认为,社会实践决定社会意识,社会意识的发展依赖于社会实践的发展。劳模精神的孕育、成长和发展,是与中国共产党领导的中国革命、社会主义建设和改革开放伟大实践紧密联系在一起的。

1. 革命战争时期的劳模精神

中国的劳模最早诞生于土地革命战争时期。1932年3月,中共中央组织局发出《关于革命竞赛与模范队的问题》的通知,提出要发动群众积极性,用组织模范队和革命竞赛的新方式,转变全部工作。中国共产党依托生产竞赛和劳动互助组织,先后在才溪乡、兴国县、长岗乡等革命根据地诞生了多个具有典型意义的劳动模范群体。"劳动模范"最早就出现在中央苏区作为劳动竞赛奖品的斗笠上。这一时期的劳模精神极大鼓舞了劳动人民,广大劳动群众斗志昂扬,以劳动能力强、生产效率高为荣,促进了劳模精神的萌芽。

抗日战争时期的劳模精神内涵丰富起来,主要出现在陕甘宁边区大生产运动和各项建设中。为了巩固抗日根据地,提高人民生活质量,取得抗日战争的胜利,1939年,陕甘宁边区政府先后颁布了《人民生产奖励条例》《机关、部队、学校人员生产运动奖励条例》《督导生产运动奖励条例》等,规定了奖励的条件、种类、等级、程序等。抗日根据地军民积极响应"自力更生、艰苦奋斗"的号召,开展了一系列大生产运动,具有代表性的是南泥湾生产运动,涌现出大批劳动英雄,极大地鼓舞了抗日根据地群众战胜困难的信心,培育了抗日根据地军民以新态度对待劳动的新的劳动思想。

解放战争时期,各地人民群众积极支援前线作战,大力支持新解放区工业生产的恢复和发展,其间涌现出众多支前劳模和工业劳模。1947年2月7日,《解放日报》上发表的《中国工人阶级今天的任务》指出,解放区工人今天最中心的任务,是如何达成争取自卫战争胜利的任务。一切直接或间接参加兵工生产的工人,应该开展新英雄主义的竞赛,为多造炮弹、枪弹、手榴弹和地雷而斗争。铁路工人等各种运输工人,应该更快更好地完成工作。一切手工业工人和雇工,应该更有计划地加紧生产,为保证人民解放军的足衣足食,加强解放区各方面的力量而立功。这一时期的劳模,主要包括生产好的劳动英雄和工作好的模范工作者两大类。他们来自农村、工厂、军队、机关、合作社、学校等,分布在农业、工业、商业等多个领域,涵盖经济、军事、政治、文化等各项建设。其优秀代表人物，主要有赵占魁、吴运铎、甄荣典、李位、晏福生、刘建章等人。因此，这一时期的主导思想是"服务战争"，劳模精神则是"为革命献身、革命加拼命、苦干加巧干、经验加创新"。

这一时期的劳模运动，经历了从个人到集体、从生产领域到各个方面、从上级指定到群众评选、从数量增多到质量提高、从提倡号召到按规定标准予以推广、从革命竞赛到全面群众运动的发展过程，体现了"服务战争，支援军事"的指导思想和"为革命献身、革命加拼命、苦干加巧干、经验加创新"的劳模精神，呈现出"革命型"的劳模特征。劳模评选极大地调动了军民斗争、生产、工作的积极性，引发了一场思想革命，在群众中首次树立了"劳动光荣，劳动致富"的劳动观念，不但推动了建设事业和各项工作的大发展，改善了军民生活，提高了军事素质和工作效率，还创新了生产组织形式和工作方式，密切了军民关系、干群关系、党群关系，增强了劳动人民的团结，并为党领导下的新民主主义革命取得胜利，建立新中国作出了重要贡献。

2. 社会主义建设时期的劳模精神

新中国成立后，工人阶级和广大农民实现了政治上和经济上的翻身，获得了主人翁和当家作主的地位，心中充满了感恩和报答国家的劳动热情，广大劳动人民积极投身于新中国社会主义经济建设之中，并大力开展劳模评选表彰。劳模精神逐渐走向成熟，内涵也在实践中不断丰富，特别是改革开放后，劳模精神被赋予了新的特点，劳模形象也从"苦干的老黄牛"向"创新型模范"转变。

新中国成立初期是中国劳模快速发展壮大的时期，这一时期，中国百废待兴，为调动广大人民的劳动热情，推动生产力发展，恢复并发展国民经济，完成社会主义改造、进行社会主义工业化建设，党和政府坚持沿用革命战争时期的经验做法，依托社会主义劳动竞赛和生产运动，开展形式多样的劳模运动，注重发现和积极推荐劳模典型，评选出成千上万的劳模和先进生产者。1950年至1960年，党和政府先后召开4次全国性劳模和先进生产者代表大会，共表彰6510个全国先进集体和11126名先进个人，这些劳模分布在各行各业，以一线工人为主，大部分属于吃苦耐劳型的"老黄牛"，行业涉及石油、钢铁、机械、教育等。典型代表人物有吴运铎、孟泰、王进喜、时传祥、李四光、钱学森、华罗庚、焦裕禄、赵梦桃、郝建秀、倪志福、郭凤莲、张秉贵等人，他们身上体现了不畏困难、艰苦奋斗、自力更生、无私奉献、刻苦钻研、勇于创新、不怕牺牲、团结协作、爱岗敬业的劳模精神，为新中国国民经济的恢复、社会主义建设在各条战线的起步与发展作出了重大贡献，对树立社会主义劳动观念、推广劳模经验、提高生产工作效率、提升组织管理协作水平发挥了重大作用。

改革开放以来，我国进入社会主义建设新时期，劳模精神被赋予新的时代特征，并逐渐走向成熟。改革开放后，中国经济飞速发展，社会主义市场经济体制确立，围绕以经济建设为中心的指导方针，广大劳动群众满怀劳动热情，积极投身于改革开放的伟大实践。1980年，中华全国总工会出台《劳动模范工作暂行条例》，规范劳模评选、奖励相关事项。1982年,《中华人民共和国宪法》第42条规定:"国家提倡社会主义劳动竞赛,奖励劳动模范和先进工作者。"1985年,中华全国总工会公布《关于颁发"五一劳动奖章"和"五一劳动奖状"的决定》,规定每年"五一国际劳动节"开展授奖活动。1989年9月召开全国劳动模范和先进工作者表彰大会,对改革开放以来在中国现代化建设进程中推进社会主义生产力发展的2790人进行了表彰。这一时期,一批科技文化教育领域的劳模走进了人们的视野,新一代劳模发扬"当代愚公"和"两弹一星"精神,带领广大职工群众勇攀科学技术高峰,在推动改革、促进发展、维护稳定中作出巨大贡献。典型代表有数学家陈景润、"两弹元勋"邓稼先、优秀光学专家蒋筑英等科学家劳模,他们将毕生精力献给祖国的科技事业,为经济的发展和社会的进步作出了不可磨灭的贡献。1995年4月,全国劳模表彰大会强调了知识分子的作用,劳模精神不仅是艰苦奋斗、埋头苦干,而且被赋予新的知识内涵。2005年4月30日,全国劳动模范和先进工作者表彰大会上表彰了一代又一代先进模范人物,以自己的实际行动铸就了"爱岗敬业、争创一流,艰苦奋斗、勇于创新,淡泊名利、甘于奉献的伟大劳模精神"。至此,劳模精神的内涵形成完整表述。

3. 新时代劳模精神

经过长期努力,中国特色社会主义进入了新时代,当今世界正经历百年未有之大变局,我国日益走近世界舞台中央。中国与世界的关系发生深刻变化,当代中国已不再是国际秩序的被动接受者,而是积极的参与者、建设者、引领者。党的十八大以来,我们更加自信地敞开胸怀、拥抱世界,把开放的大门越开越大,在与世界深度交融中不断发展壮大,国际影响力、感召力、塑造力进一步提高。中国在取得历史性成就的同时,也面临"中国制造"向"中国创造"的转变、经济转型压力、改革开放攻坚期等一系列挑战。党中央强调必须把创新放在国家发展全局的核心位置。因此,新时代劳模精神在"爱岗敬业、争创一流,艰苦奋斗、勇于创新,淡泊名利、甘于奉献"的基础上更加注重创新,在创新的基础上赋予劳模精神精益求精的时代内涵。习近平总书记在一系列重要讲话中多次提及劳动模范和劳模精神,他指出,劳模精神"丰富了民族精神和时代精神的内涵,是我们极为宝贵的精神财富","生动诠释了社会主义核心价值观,是我们的宝贵精神财富和强大精神力量","是伟大时代精神的生动体现"。这些重要论述既强调了劳模精神作为精神财富的重要意义,更凸显了劳模精神的时代内涵。党的十九大报告提出,要"弘扬劳模精神和工匠精神,营造劳动光荣的社会风尚和精益求精的敬业风气"。在2018年"五一"国际劳动节来临之际,习近平总书记给中国劳动关系学院劳模本科班学员回信,向他们并向全国所有劳动模范、向全国广大劳动者致以节日的问候,希望广大劳模在各自岗位上继续拼搏、再创佳绩,用干劲、闯劲、钻劲鼓舞更多的人,激励广大劳动群众争做新时代的奋斗者。

劳模精神是以爱国主义为核心的民族精神和以改革创新为核心的时代精神的生动体现,生动诠释了社会主义核心价值观。劳模一直是时代先锋和行动楷模,他们身上体现的劳模精神一直发挥着示范、引领作用，已成为社会主义核心价值体系的重要组成部分。劳模精神与社会主义核心价值观都是中国特色社会主义文化的重要内容，二者都彰显着共同的价值追求。

2015年4月召开的全国劳模表彰大会上，党中央、国务院对各行各业作出突出成就的2968名劳动者进行了嘉奖，被嘉奖的劳模主要为知识型、创新型、管理型、技能型等复合型人才。2020年11月召开的全国劳模表彰大会对在决胜全面建成小康社会、决战脱贫攻坚、抗击新冠疫情等实践中涌现的爱岗敬业、锐意创新、勇于担当、无私奉献的先进模范人物进行了表彰。创新创造、精益求精成为新时代劳模精神的核心之义。劳模精神始终在中华大地上发光发热，在与时俱进中不断升华，促使劳动者从体力型劳模向创新型劳模转变，内涵底蕴不断丰富。新的时代赋予劳模精神以新的内容，从而铸就了"爱岗敬业、争创一流，艰苦奋斗、勇于创新，淡泊名利、甘于奉献"的新时代劳模精神。

▸▸ 劳模风采

"80后"产业工人秦世俊的科技革新[1]

"无论时代如何变化，劳动创造价值永远是推动经济社会发展的基础。只有大家齐心协力地劳动，才能不断地创造价值，推动历史的车轮往前走。""80后"产业工人秦世俊在2015年参加完劳模表彰大会后说。

秦世俊自2001年参加工作起，累计实施技术创新900余项，提高生产效率1至8倍。"我庆幸自己的工作有一个踏实的起点。"在中航工业哈尔滨飞机工业集团，秦家"两代劳模"的故事为人们津津乐道。秦世俊的父亲曾被评为集团十大劳模之一。如今，儿子青出于蓝而胜于蓝了。

一身臭汗、满襟油泥，是老一辈车工们的形象。"与父亲不同的是，现在产品加工靠软件控制、智能化操作，不仅劳动环境、强度大大改善，而且加工精度和工作效率也成倍提升。"秦世俊说。

秦世俊对待工作极其认真负责，具有很强的自主学习意识和积极的学习态度。他研究出"逆向思维、反向采点"加工腹板新方法，将生产效率提高了8倍，一次交检合格率达到100%。在加工新机型扭轴时，他创新的方法让零件加工周期一次性大幅缩短，极大地提高了生产效率，降低了生产成本。

---

[1] 资料来源：http://www.xinhuanet.com/politics/2015-04/28/c_1115122485.htm，选入本书时有改动。

"工作条件越来越好、效率越来越高，这样的变化说明国家在发展、社会在进步。"工作 13 年就当上高级技师的秦世俊说，"不论怎样，脚踏实地、爱岗敬业的基础不能变。"在这样的"变"与"不变"之间，有年轻工人们的坚守与团队合作，我国才能走好现代工业之路。

我心中的劳模故事

第二节　理解劳模精神

劳模是时代的先锋、民族的楷模，是人类劳动和工作实践的结晶，他们身上承载和彰显的劳模精神一直发挥着引领作用，丰富和拓展了中国精神内涵，充分展现了我国新时代工人阶级和劳动群众的高度自信，是社会主义核心价值体系的重要组成部分。在中华人民共和国的光辉历史上，各行各业、各条战线、各个地区涌现出成千上万的先进模范人物。一个时代有一个时代的劳模，每一个时代的劳模都各有特点，他们以自己的模范行为，激励着一代又一代的劳动者为祖国的繁荣富强而拼搏。虽然在不同的时代劳模精神有不同的内容，但劳模精神的主旋律始终不变：主人翁责任感和艰苦创业精神，忘我的劳动热情和无私奉献精神，强烈的开拓进取意识和创新求实精神，良好的职业道德和爱岗敬业精神。2015 年，习近平总书记在庆祝"五一"国际劳动节暨表彰全国劳动模范和先进工作者大会上的讲话中指出，劳动模范和先进工作者是坚持中国道路、弘扬中国精神、凝聚中国力量的楷模，他们以高度的主人翁责任感、卓越的劳动创造、忘我的拼搏奉献，为全国各族人民树立了学习的榜样。

学习目标

知识目标： 了解劳模精神的形成和发展过程，理解劳模精神的时代意义，把握劳模精神的时代价值；劳模精神作为时代精神，在不同时代有不同的内容，但劳模精神的主旋律始终不变，激励着一代又一代劳动者为祖国的繁荣富强而拼搏。

素质目标： 认真体会不同时期劳模精神的时代特色，掌握不同时期劳模精神时代特色的共同点，理解劳模精神的社会价值。

实践目标： 涵养劳模情怀，提高劳动素质，能够自觉自愿、认真负责、安全规范、坚持不懈地参与劳动，形成诚实守信、吃苦耐劳的品质；尊重劳动者，珍惜他人劳动成果，养成良好的消费习惯，杜绝浪费。

学习重点、难点

重点： 劳模精神的核心内容。

难点： 劳模精神的核心价值。

一、劳模精神的核心内容

(一)爱岗敬业、争创一流

爱岗敬业、争创一流是劳模精神的本质特征,体现了广大劳模恪尽职守、创先争优的职业道德及高度的历史使命感、责任感。

爱岗敬业是劳模精神的基础,是劳动者对自己所从事工作的一种态度,也是一种内在的道德需要。爱岗和敬业,互为前提,相辅相成,体现了劳动者立足本职、尽职尽责的道德操守。爱岗敬业就是要干一行爱一行、爱一行钻一行,精益求精。甘当人民勤务员的掏粪工人时传祥用"宁愿一人脏,换来万人净"的精神诠释了敬业的含义;"铁人"王进喜"宁可少活 20 年,拼命也要拿下大油田"的誓言,彰显了一代石油人热爱劳动、不怕吃苦的拼搏精神。

争创一流是劳模的奋斗目标,是劳模具有竞争力、战斗力和爆发力的精神源泉。劳动模范之所以成为楷模、榜样,不仅有敬业的精神,还有肯学习肯钻研的干劲、勇攀高峰的闯劲和争创一流的拼劲。争创一流就要树立自信心、提振精气神,做到高起点谋划、高标准定位、高质量落实、高效率推进,充分焕发创新潜能和创造活力,创造一流的工艺、一流的管理、一流的服务,在平凡的岗位上做出不平凡的业绩,筑牢实现中国梦的坚实根基。产业工人许振超先后 6 次打破集装箱装卸世界纪录,创下令世界惊叹的"振超效率";全国劳模薛莹为了让安装到飞机上的每一颗铆钉都做到质量最过硬、外观最漂亮,她和同事们一直致力于改进操作方法和工艺流程,先后交付的7000 余架份优质垂直尾翼,赢得国际航空制造合作公司的高度认可。

(二)艰苦奋斗、勇于创新

艰苦奋斗、勇于创新是劳模精神的品质体现,体现了广大劳模吃苦耐劳、坚韧不拔的作风和强烈的开拓意识,勤于学习,善于实践,积极掌握知识,努力增强核心技能,主动应对各种挑战。

艰苦奋斗是新时代中国劳模精神的本色。新时代劳模凭借艰苦奋斗的价值追求锐意进取、奋发有为,攻破了一个又一个阻碍实现中国特色社会主义现代化建设的难题,取得了一个又一个惊艳世界的成就。劳模秉承艰苦奋斗的优良作风,在工作中忘我劳动、开拓创新、奉献集体,表现出崇高的美德和精神风貌。新时代中国劳模精神之所以能够继续发挥其号召力、感召力和影响力的作用,就是因为劳模精神中包含着长期以来具有的始终如一的艰苦奋斗精神因素,并成为当代中国劳模精神最稳定和永恒的本色。劳模孙丽和团队奋斗 23 年,成功完成 4000 吨级履带起重机"首秀",实现了我国在超大吨位履带式起重机研发制造领域的突破。

勇于创新是新时代中国劳模精神的核心。党的二十大指出,"创新是第一动力"。要"坚持创新在我国现代化建设全局中的核心地位"。新时代中国劳模充分发挥先锋模范作用,不断钻研科学技术,全面提升勇于创新的本领,锐意进取、勇于创新,不断增强善于创造的能力，为中国特色社会主义现代化建设作出了突出贡献。勇于创新、善于创造已经成为中国劳模精神的关键内容和核心内涵。提倡勇于创新、善于创造的劳模精神是实现中华民族伟大复兴的现实需要。全国劳模竺士杰是一名桥吊司机，立足岗位20多年、勇于创新，以他名字命名的桥吊操作法已更新迭代至3.0版本。

▸▸ 案例分享

罗昭强：埋头苦干创新永不止步[①]

罗昭强是中车长春轨道客车股份有限公司的一名工人，作为一名普通的铁路车辆制修工，罗昭强扎根一线岗位30年来，勤于钻研、勇于创新，先后完成200余项"五小成果"和立项攻关，累计为公司节约费用2400余万元，创造了一个又一个"创新奇迹"。

2015年，已经43岁的罗昭强半路出家，从一名顶级维修电工转行当起了调试工。从那时起，他的手机、电脑里存满了图纸。罗昭强在调试模拟设备时，每天早晚坐班车都在研究。经过疯狂补课，罗昭强完成了岗位的转换。他发现动车组价格高昂，如用实车培训，代价很高。为破解这一瓶颈，罗昭强和团队自主研发出整车调试模拟实训装置，大幅压缩了培训成本。这项成果获得4项国家发明专利、7项国家实用新型技术专利。截至目前，罗昭强已经先后研制出具有自主知识产权的一系列动车组关键调试装备，540件成果在动车组调试工序中得到广泛应用。2016年，罗昭强摘得有"工人院士"之称的"中华技能大奖"。眼下，在依托公司组建的首席操作师工作站和劳模创新工作室，他又开始开堂授课，为国家培育更多调试技能人才。

30年来，罗昭强勤耕不辍，用执着与坚守践行"产业报国，勇于创新，为中国梦提速"的高铁工人精神，面对任务、面对重担、面对困难，他踏踏实实、默默耕耘、刻苦钻研，致力于创新攻关，成为新时代创新型技能人才的杰出典范、新时期工人党员的优秀代表和名副其实的"大国工匠"。

创新是一个国家、一个民族发展的动力。唯创新者进，唯创新者强，唯创新者胜。这就要求我们当代大学生敢于突破、打破常规、勇于创新，在实践中学习新知识、探索新技术，推动劳动技艺持续升级发展，引领改革创新时代潮流。

（三）淡泊名利、甘于奉献

淡泊名利、甘于奉献是劳模精神的价值追求，体现了广大劳模任劳任怨、不计得

---

① 钱敏，《走近劳模："工人院士"罗昭强》，载《人民周刊》，2020(23)。

失的模范行动，反映了工人阶级的价值取向和大公无私、不怕牺牲的高尚情操。随着时代的变迁，劳模精神的内涵不断丰富发展，但劳模精神的价值追求和精神引领未曾改变，每一个时期的劳模都不计名利、甘于平淡、默默奉献、勇于创新，在体现党和国家价值导向的同时，带领着更多的人积极投身于社会主义建设事业。

淡泊名利是当代中国劳模精神的境界，涵养着当代中国劳模精神。名利反映的是一个人的劳动成果和贡献得到社会公认，并获得相应的物质报酬，而淡泊名利是指锤炼廉洁自律、遵守规矩的高尚品格。正确的名利观会影响和铸就高品位与高格调的人。在新时代，我们仍须倡导劳模保持的安贫乐道、甘于寂寞、不求闻达的豁达态度，学习、继承老一辈劳模体现的谨守本分、淡泊名利的精神境界。

甘于奉献是劳模精神的底色，是中华民族世世代代自强不息的精髓。奉献就是要求从业者在自己的工作岗位上兢兢业业地为社会和他人作贡献。奉献是一种高尚的情操，无论时代如何变化，奉献永远是鼓舞和激励人们奋发向上的巨大力量。在建设有中国特色社会主义事业的过程中，奉献精神应当成为广大职工的自觉追求，成为全社会大力弘扬的时代精神，这有利于激发广大人民群众的集体主义荣誉感，正确处理义与利、奉献与索取、个人与集体之间的关系；有利于激发人们的历史使命感和责任感，自觉把人生理想、家庭幸福融入国家富强、民族复兴的伟业之中，把个人梦与中国梦联系在一起，为坚持和发展中国特色社会主义贡献智慧和力量。

二、劳模精神的核心价值

进入新时代，我们要深刻把握劳模精神的崭新意蕴与价值内核，大力弘扬劳模精神，推动全社会形成尊重劳动、劳动光荣的良好风尚，从而为建功新时代、实现中国梦凝聚起磅礴的中国力量。

（一）劳模精神丰富并拓展了精神内涵

劳模精神丰富人们的整体精神风貌。劳模身上体现的爱岗敬业、淡泊名利、甘于奉献的劳模精神，是伟大时代精神的生动体现。劳模精神是所有劳动者都应该学习的精神，影响和引领着每一位劳动者学先进、做先进。劳模精神是一种向导，凸显了劳动最光荣、劳动最崇高、劳动最伟大、劳动最美丽的时代风尚，引导全社会劳动者爱岗敬业，激励着中国人民自强不息、争创一流。古有夸父逐日，追求光明、永不放弃、令人敬仰；今有支边青年，远离家园，扎根边疆，奉献青春。焦裕禄的忘我工作，王进喜的奋力拼搏，雷锋的助人为乐，劳模精神也随着时代变迁而不断丰富，激励着一代代劳动者尤其是青年学生奋勇前行。

劳模精神在劳动者中普遍存在。不是每个人都能成为劳模，但每个人都能践行劳模精神：劳模精神并不是高不可攀的，而是劳动者普遍具有的优秀品质，是一种对职业、对社会、对国家的道德感、责任感和使命感。强烈的主人翁意识和艰苦创业精神、忘我的劳动热情和无私奉献精神、良好的职业道德和爱岗敬业精神……新时代的劳模精神既包含于其中，又彰显之。学习劳模精神，就要学习他们报效祖国、服务人民的奉献精神，牢固树立正确的世界观、人生观和价值观，把自己的人生理想和追求与祖国和人民的利益紧密联系在一起，在奉献中实现自己的人生价值；学习他们立足本职、爱岗敬业的职业精神，不断追求一流的技术水平，干出一流的工作业绩，创造一流的工作效率；学习他们勇于攀登、敢为人先的创新精神，增强创新意识，培养和提高创新能力，用新技术创造新业绩；学习他们互帮互助、团结协作的团队精神，用真情凝聚人心，用实干激励人心，用先进思想鼓舞人心，心往一处想，劲往一处使，努力服务社会、服务人民。

（二）劳模精神昭示新时代劳动教育的价值取向

2015年4月28日，习近平总书记在庆祝"五一"国际劳动节暨全国劳动模范和先进工作者大会上的讲话中强调，要教育孩子们从小热爱劳动、热爱创造，通过劳动和创造播种希望，收获果实，也通过劳动和创造磨炼意志、提高自己。2018年9月10日，习近平总书记在全国教育大会上强调，要在学生中弘扬劳动精神，教育引导学生崇尚劳动、尊重劳动，懂得劳动最光荣、劳动最崇高、劳动最伟大、劳动最美丽的道理，长大后能够辛勤劳动、诚实劳动、创造性劳动。这既是对广大学生涵养深厚劳动情怀的谆谆嘱托，更是对未来劳动者用奋斗成就梦想的殷切期待，昭示着新时代劳动教育的价值取向。劳动模范是每个时代劳动精神的典型化身，是引导广大学生培育践行社会主义核心价值观的宝贵财富和有效载体，应充分发挥劳动模范先进事迹和优秀品质的感召作用，让青少年有机会近距离接触劳动模范、聆听劳模故事、感受劳模精神，在实践中感悟劳模精神，在磨炼意志和增长才干中感受劳动的乐趣和收获，从而培育辛勤劳动、诚实劳动、创造性劳动的精神气质。中国特色社会主义伟大事业，需要一代又一代中国人的辛勤劳动、持续奋斗来实现。青年一代有理想、有本领、有担当，国家就有前途，民族就有希望。加强劳动教育、培育青少年深厚的劳动情怀，对于实现中华民族伟大复兴的中国梦至关重要。

（三）劳模精神为实现中国梦提供精神动力

以习近平同志为核心的党中央提出了实现中华民族伟大复兴中国梦的重大战略思想，这也是党和国家面向未来的政治宣言。中国梦首先是强国之梦，是实现国家富强之梦。从古至今，千千万万的中国人民用自己的辛勤劳动推动社会发展。"人民创造历史，劳动开创未来。"习近平总书记在强调劳动价值的同时，着重凸显了人民群众的努力，中国梦是每一个中国人的梦，与每一个劳动者息息相关，需要每个人在劳动中有开拓进取、坚持不懈的价值追求，需要发扬艰苦奋斗、勇于创新的时代底色，需要淡泊名利、开拓进取的精神品质。在新时代大力弘扬劳模精神，有利于培育一支高素质的产业工人队伍和大量的"能工巧匠""大国工匠"，为"中国速度"向"中国质量"转变、"制造大国"向"制造强国"转变、"中国制造"向"中国创造"转变、"人口大国"向"人力资源强国"转变提供人力支撑、智力支撑和创新支撑。

中国特色社会主义事业是前无古人的美好事业。推动事业发展、实现美好蓝图，要依靠全体劳动人民的智慧和创造。"空谈误国，实干兴邦"，只有脚踏实地地劳动，真抓实干、埋头苦干，才能改变个人发展和社会发展，从而改变国家发展。中国走社会主义道路，是人民的选择，是历史的必然。无论时代怎样变化，无论技术怎样进步，无论经济怎样发展，劳动者的创造始终是历史前进的根本动力。所以，必须大力弘扬劳模精神，以劳动托起中国梦，进行伟大斗争、建设伟大工程、推进伟大事业、实现伟大梦想。总之，劳模精神作为新思想的重要组成部分，在新阶段、新征程上，为践行社会主义核心价值观推波助澜，为实现中国梦加油添彩。

（四）劳模精神引领新时代产业工人队伍建设

在新发展阶段，为了实现高质量发展，需要全面提高劳动者素质，造就一支有理想守信念、懂技术会创新、敢担当讲奉献的宏大产业工人队伍。劳动模范是工人阶级和广大劳动群众的杰出代表，对推动经济社会发展作出了重要贡献，应充分发挥劳动模范的示范引领作用，进一步助推产业工人队伍建设改革。

一是思想政治引领。

推进产业工人队伍建设，是以习近平同志为核心的党中央着眼于巩固党的执政基础、实施制造强国战略、全面提高产业工人素质作出的重大决策部署。产业工人队伍建设改革把加强和改进产业工人队伍思想政治建设放在突出位置，作为工人阶级的优秀代表，劳动模范及其身上的劳模精神体现了社会主义制度下工人阶级的主人翁风貌，诠释了伟大的时代精神，为广大产业工人树立了学习榜样。因此，可以发挥劳模的模范带头作用，通过劳模崇高的品德、敬业的精神、精湛的技能感染带动广大产业工人；组织劳模进企业、进车间、进班组，结合自身奋斗经历宣讲党和国家大政方针，引导产业工人学习贯彻新思想、新理念；通过劳模的行为、风范、作风引导职工不断增强政治认同、思想认同、理论认同、情感认同；通过宣传劳模的奋斗经历与典型事迹，倡导良好社会风气，为中国特色社会主义事业汇聚强大精神力量。

二是技术技能引领。

当今，我国正处在转变发展方式、优化经济结构、转换增长动力的攻关期，产业工人队伍作为支撑中国制造、中国创造的重要力量，技术技能水平的提高至关重要。《新时期产业工人队伍建设改革方案》提出"创新产业工人发展制度"的要求，推出拓宽产业工人发展空间、改进劳动和技能竞赛体系、加大对产业工人创新创效扶持力度等举措。劳动模范大多技能精湛、素质优良，在产业工人技术技能素质提升方面能够发挥示范引领作用。一是依托劳模创新工作室，发挥劳模"传帮带"作用，强化创新引领。劳模创新工作室以开展技术创新、管理创新、服务创新、制度创新为内容，为劳模传播劳动技能、创新方法、管理经验搭建了重要平台，在集智创新、技能传承、人才培养方面发挥示范带动作用。二是依托劳动技能竞赛，发挥劳模技术业务专长，强化素质引领。劳动和技能竞赛是提升产业工人素质的重要举措。一方面，劳模通过企业岗位练兵、技术比武以及国家和行业职业技能竞赛等载体，聚焦生产技术难题和经营薄弱环节，指导带动广大产业工人进行技术攻关。另一方面，劳模通过社会服务、技能帮扶、师徒帮教等活动，向产业工人传授必要的专业知识和技术技能，为产业工人的创造与创新奠定坚实基础。

三是精神文化引领。

造就一支宏大的知识型、技能型、创新型产业工人大军，不仅要全面提高产业工人素质，还要在全社会营造劳动光荣、技能宝贵、创造伟大的时代风尚，引导更多人尊重产业工人、崇尚劳动精神，激励更多劳动者学习技术技能。劳模作为时代楷模，在各自岗位上通过辛勤劳动、诚实劳动和创造性劳动，创造了辉煌业绩，成为广大产业工人的学习榜样。我们应充分发挥劳模精神的引领作用，融入产业工人队伍建设改革全过程。一是营造弘扬劳模精神、劳动精神、工匠精神的浓厚社会文化氛围，通过劳模宣讲团、劳模大讲堂、劳模兼职辅导员、大国工匠面对面等形式，展现劳模爱岗敬业、匠心筑梦的成长经历，大力弘扬社会主义先进文化，潜移默化地融入育人实践与社会服务，用劳模品质浸润社会风气。二是打造融入劳模精神、劳动精神、工匠精神的企业文化，通过劳模进企业、进班组，进行技术交流、精神宣讲，进一步调动广大产业工人的积极性与创新激情，引导产业工人树立积极的劳动价值观；引导企业培育积极进取、精益求精的企业文化，进一步提升服务质量和管理方法，把劳模精神作为推动企业高质量发展的强大动力。

我心中的劳模故事

第三节　践行劳模精神

习近平总书记在庆祝"五一"国际劳动节暨表彰全国劳动模范和先进工作者大会上的讲话指出，中国特色社会主义事业大厦是靠一砖一瓦砌成的，人民的幸福是靠一点一滴创造得来的。劳模精神是广大劳动群众在从事社会生产的劳动实践中锤炼形成的，是工人阶级弥足珍贵的精神财富，全国各族人民都要向劳模学习，以劳模为榜样，发挥只争朝夕的奋斗精神，共同投身实现中华民族伟大复兴的宏伟事业。践行劳模精神，说到底就是真抓实干精神，真抓才能攻坚克难，实干才能梦想成真。我们要在全社会大力弘扬真抓实干、埋头苦干的良好风尚。

学习目标

知识目标：了解大力弘扬劳模精神的重要意义及必要性，理解劳模精神是社会主义核心价值观的重要组成部分，凝聚建功新时代的磅礴力量，是引领新时代建设者的风向标。

素质目标：树立正确的劳动观，培养社会主义建设者和接班人的劳动精神面貌、劳动价值取向，继承中华民族勤俭节约、敬业奉献的优良传统，弘扬开拓创新、砥砺奋进的时代精神。

实践目标：在学习和工作中，用实际行动践行劳模精神，从自我做起、从小事做起，掌握基本的劳动知识和技能，增强体力、智力和创造力，立足岗位、做好本职工作，提高技能，争做劳动模范。

学习重点、难点

重点：弘扬劳模精神的意义。

难点：如何践行劳模精神。

一、弘扬劳模精神的意义

弘扬劳模精神就是要在全社会广泛宣传劳模的先进事迹、优秀品质和高尚精神，给予他们应有的荣耀和社会地位，推动全社会进一步尊重劳模、关心劳模、学习劳模，让劳模成为更多人的精神偶像，让劳模精神随着时代的发展而发展，始终成为引领时代的价值取向。

弘扬劳模精神，就是要学习劳模优良的品质、科学的态度、奉献的精神、务实的作风、过硬的本领，全面提升思想道德素质和科学文化素质，爱岗敬业，拼搏奉献，充分展示工人阶级在改革开放和社会主义现代化建设中的主人翁风采，以伟大的劳模精神推进我们的伟大事业。

弘扬劳模精神就是要在全社会树立通过诚实劳动创造美好生活的风尚，尊重和保护一切有益于人民和社会的劳动，让这些劳动者能获得平等的权利和公正的对待，让这些领域的劳动者得到同样的尊重。弘扬劳模精神是时代的呼唤，是历史的必然。要大力宣传劳模事迹，让劳模精神深入人心；要积极选树先进典型，让劳模精神代代相传；要激励职工创先争优，让劳模精神更具时代价值。

（一）弘扬劳模精神，有利于践行社会主义核心价值观

社会主义核心价值观以中华民族优秀文化为营养，经过千百年的磨合，特别是改革开放以来党领导人民经过几代人的实践的产物。劳模精神植根于优秀传统文化，是在革命、建设、改革的过程中以劳模为载体不断演进和发展的精神支柱，在每段历史时期都符合社会主义核心价值观的内涵。劳模精神是践行社会主义核心价值观不可缺少的一部分。劳模精神是社会主义核心价值观的重要内容，与其在实践方面相融相通。作为公民，我们要把"爱国、敬业、诚信、友善"作为实践要求，把"自由、平等、公正、法治"作为道德规范，把"富强、民主、文明、和谐"作为理想信念，从"小我"中实现"大我"的价值。

劳模精神成为引领时代的主流和价值取向。在劳模精神的引领与影响下，越来越多的人在自觉地向劳模学习，向劳模看齐，以实际行动践行劳模精神。劳模精神已经成为推动培育和践行社会主义核心价值观的孵化器，最大限度地凝聚人民群众共同践行社会主义核心价值观。

社会主义核心价值观必须占据人们价值取向的主导地位，最大限度地为实现"两个一百年"奋斗目标凝心聚力。广大人民群众共同追求"富强、民主、文明、和谐"的国家发展目标，坚守"自由、平等、公正、法治"的社会价值取向，以"爱国、敬业、诚信、友善"为个人行为准则，就会更加自觉地将劳模精神融入自己的价值观中，自觉地以劳模精神为行动的指引，在践行劳模精神的过程中，更好地践行社会主义核心价值观。

（二）弘扬劳模精神，有利于凝聚建功新时代的磅礴力量

党的十八大明确提出全面建成小康社会、实现"两个一百年"奋斗目标，开启了实现中华民族伟大复兴中国梦的新征程。劳动模范是"干出新时代"的排头兵，是践行"实干兴邦"的楷模。大力弘扬劳模精神，用劳模的先进事迹感召社会，用劳模的优秀品质引领风尚，引导广大劳动者不断提升思想道德素质和科学文化素质，提高劳动能力和劳动水平，不断为中国梦注入新能量，团结动员广大职工群众克服前进中的各种艰难险阻，奋力实现中华民族伟大复兴中国梦，具有重大现实意义和深远历史意义。

弘扬劳模精神就是在宣告劳模精神是建功新时代、实现中国梦所需要和所呼唤的

精神。这种精神过去需要，现在需要，将来更加需要。弘扬劳模精神，就是激励广大劳动群众争做新时代的奋斗者，就是要让实干担当在新时代蔚然成风，让改革创新在新时代焕发活力，让精益求精在新时代落地生根。广大职工要坚定不移地做走中国道路的实践者、弘扬中国精神的承载者、凝聚中国力量的主力军，汇聚起众志成城、实干兴邦的正能量，为实现中国梦作出新的更大贡献。

劳模精神的实质就是通过诚实劳动创造美好生活，这是改革开放实践所蕴含的时代精神。只要我们持之以恒弘扬劳模精神，充分调动起广大劳动人民的积极性、主动性和创造性，就一定能最大限度地聚合起人们饱满的奋斗热情，激发出更大的工作干劲，全身心投入推动实现中国梦的伟大事业中。今天，我们从事的是前无古人的伟业，我们靠什么来引领时代？靠的就是劳模和劳模精神。劳模是人们看得见、摸得着、学得来的好榜样，劳模精神是我们应该大力弘扬的时代旗帜。大力弘扬劳模精神，就是要营造劳动光荣、知识崇高、人才宝贵、创造伟大的社会氛围，动员和激励广大职工坚定信心、振奋精神、立足本职、扎实工作，为实现中国梦作出自己应有的贡献。

（三）弘扬劳模精神，有利于营造崇尚劳动的良好风尚

大力弘扬劳模精神，推动全社会形成劳动最光荣、劳动最崇高、劳动最伟大、劳动最美丽的良好氛围，要为劳动模范更好地施展才华、展现精神品格提供全方位支持，使他们的劳动技能、创新方法、管理经验广泛传播，充分发挥示范带动作用。新形势下，我国工人阶级和广大劳动群众要继续学先进、赶先进，自觉践行社会主义核心价值观，用劳动模范和先进工作者的崇高精神、高尚品格鞭策自己，激发劳动热情，厚植工匠文化，恪守职业道德，将辛勤劳动、诚实劳动、创造性劳动作为自觉行为。各级党委和政府要尊重劳模、关爱劳模，贯彻尊重劳动、尊重知识、尊重人才、尊重创造的方针，完善劳模政策，提高劳模地位，落实劳模待遇，推动更多的劳动模范和先进工作者竞相涌现。全社会要崇尚劳动、见贤思齐，加大对劳动模范和先进工作者的宣传力度，讲好劳模故事、讲好劳动故事、讲好工匠故事；要开展以劳动创造幸福为主题的宣传教育，把劳动教育纳入人才培养全过程，贯通大中小学各学段和家庭、学校、社会各方面，教育、引导青年学生树立以辛勤劳动为荣、以好逸恶劳为耻的劳动观，培养一代又一代热爱劳动、勤于劳动、善于劳动的高素质劳动者，在全社会形成崇尚劳动的良好风尚。

（四）弘扬劳模精神，有利于发展工人阶级先进性

中国工人阶级是中国共产党领导的、用马克思主义武装起来的阶级，是党的阶级基础，具有先进性。中国工人阶级的先进性体现在它始终是先进生产力的代表、始终是推进中国先进生产力发展的基本力量；体现在它是社会物质财富和精神财富的主要创造者，是全面建成小康社会和发展中国特色社会主义的主力军；体现在它具有严格的组织性、纪律性和革命的坚定性、彻底性等品格；体现在它能与时俱进、不断发展。中国工人阶级的先进性决定了它的重要地位和作用。

只有坚持党的工人阶级先锋队性质，保持和发展工人阶级先进性，才有坚实的政治保证。弘扬劳模精神，不断加强党对工人阶级队伍的教育和引导，坚持不懈地用中国特色社会主义理论体系武装工人阶级头脑，使他们进一步认清自己的历史使命，紧紧跟时代前进的步伐，不断增强自身的先进性意识。用劳模精神和工人阶级伟大品格启迪职工、鼓舞职工，引导职工增强主人翁责任感和使命感，勤奋学习、锐意进取，掌握新知识、练就新技能，不断提高自身的学习能力、创新能力、竞争能力，努力成为适应改革开放和社会主义现代化建设要求的合格劳动者。

二、如何践行劳模精神

人民创造历史，劳动开创未来。劳动是推动人类社会进步的根本力量。劳动模范和先进工作者以自身的模范行动和崇高品质，生动诠释了中国人民具有的伟大创造精神、伟大奋斗精神、伟大团结精神、伟大梦想精神，充分彰显了以爱国主义为核心的民族精神和以改革创新为核心的时代精神。弘扬劳模精神，争做"时代楷模"。每个人不一定都成为劳模，但人人都能学习和践行劳模精神。

践行劳模精神，就要爱岗敬业，履职尽责。"爱岗敬业"是用实际行动践行社会主义核心价值观的有力呈现，更是躬行劳模精神的重大表现。爱岗敬业，发挥"劳模精神"能让平凡的岗位变得不平凡。国家的富强、民族的振兴、人民的幸福、企业的发展都离不开敢为人先、攻坚克难的"突击手"，更离不开埋头苦干、脚踏实地的"劳模"。爱岗敬业是一种坚守，是一种信仰，是一种精神态度，更是一种前进的动力。广大劳动群众，尤其党员干部，要践行劳模精神，爱岗敬业，履职尽责，发扬敬业精神和兢兢业业、任劳任怨的优良作风，勤勤恳恳工作，积极干事，努力做到在平凡的岗位创造不平凡的业绩。

践行劳模精神，就要锐意进取，奋勇向前。"幸福都是奋斗出来的"，劳动模范传承的是一种劳模精神，象征的是一种奋斗和锐意进取的态度。每个时代所推举出的劳模，都代表着这个时代的先进生产力和积极力量。他们是推动发展的实践者，更是成就梦想的实干家。只有亿万劳动人民都兢兢业业、尽职尽责，发挥锐意进取、奋勇向前的精神，才能拥有凝心聚力实现中国梦的磅礴之力。我们每一个人都要在新时代践行"劳模精神"，争创一流的业绩，争当行业的"排头兵"。

践行劳模精神，就要求真务实、发挥实干。实干是发挥劳模精神必不可少的精神。劳动模范，是广大劳动者的先进代表。他们求真务实，发挥实干，积极进取，争创一流，展示了劳动者的风貌和品格。新时代我们更要大力弘扬劳模特别能吃苦、特别能战斗的精神，要爱岗敬业，甘于奉献，做到干一行爱一行，要与时俱进，不断汲取新知识，钻研新技术，掌握新本领，提高自身的学习能力、创新能力和竞争能力，为社会发展提供新动力。

（一）涵养劳动情怀

劳动是人类的本质活动，劳动光荣、创造伟大是对人类文明进步规律的重要诠释。人世间的一切成就、一切幸福都源于劳动和创造，劳动推动了人类社会的发展，劳动延续了中华民族的文明传承。人类社会只有在劳动中才能持续推进、创造奇迹，文明也只有在劳动中才能薪火相传、开创未来。人世间的美好梦想，只有通过辛勤劳动才能实现。三百六十行，行行出状元。从"铁人精神"到"振超效率"，从"扎实肯干"到"勇于创新"，劳模是国家的栋梁、社会的楷模、行业的标杆。当代大学生应该不驰于空想，不骛于虚声，以满腔的热情、强烈的主人翁责任感，向劳模学习，在各自的工作岗位上辛勤劳动、勇于创新，实现自己的人生价值。

首先，从认知层面，提高大学生的劳动认识。劳动既是人类创造并积累财富的过程，也是人类自身自我创造、自我完善的过程。习近平总书记指出，在我们社会主义国家，一切劳动，无论是体力劳动还是脑力劳动，都值得尊重和鼓励；一切创造，无论是个人创造还是集体创造，也都值得尊重和鼓励。我们既要认知脑力劳动，也要正确认知体力劳动，在职业选择的过程中，不能拈轻怕重，要勇于投身现代化建设的第一线，把个人理想融入国家理想，以自己的实际行动为实现中华民族伟大复兴中国梦贡献力量。

其次，从情感层面，增强大学生的劳动感情。习近平总书记指出，劳动是财富的源泉，也是幸福的源泉。作为大学生，要培养学生对劳动的感情，增强对劳动的尊重、认同和热爱，具备大学生应该有的劳动态度和工作精神。只有对自然敬畏、对生命感恩、对劳动尊重，才能激发青年学生为事业奋斗的理想与情怀。

最后，从行为层面，培养大学生的劳动技能。作为当代大学生，要扎实地学好专业理论，用理论指导实践，以诚实劳动创造价值；要积极参加实验实习、科学研究等实践教学环节，提高实践动手能力，为职业生涯打下坚实基础，以勤奋劳动服务社会；要勇于投身社会实践、志愿服务、科技创新等劳动实践中，掌握劳动技能，提高专业素养，以科学劳动促进经济发展。

（二）树立正确的劳动价值取向

劳动者素质对一个国家、一个民族的发展至关重要。劳动者的知识和才能积累得越多，创造能力就越大。新时代实现"两个一百年"奋斗目标需要践行劳模精神，践行劳模精神首先要在全社会大力弘扬劳模精神，大力宣传劳模和其他典型的先进事迹，引导广大人民群众树立辛勤劳动、诚实劳动、创造性劳动的观念。全社会都要贯彻尊重劳动、尊重知识、尊重人才、尊重创造的重大方针，在全社会形成劳动光荣、知识崇高、人才宝贵、创造伟大的时代新风。践行劳模精神最终是将劳模精神在本职岗位上落到实处，广大劳动者来自各条战线，工作内容各不相同，只有在自己的工作岗位上兢兢业业、踏实苦干，才是对劳模精神最好的传承。面对日趋激烈的国际竞争，一个国家的发展能否抢占先机、赢得主动，越来越取决于国民素质特别是广大劳动者素质，要实施职工素质建设工程，推动建设宏大的知识型、技术型、创新型劳动者大军，为中国制造、中国创造夯实基础，为社会主义现代化建设提供高素质人才。

劳动是伟大的、光荣的、崇高的、美丽的，是推进社会发展和前进的动力。让全社会特别是青年学生树立正确的劳动观，尊重劳动、崇尚实干，对于实现中华民族伟大复兴中国梦具有重要意义。让全社会特别是青年学生要尊重劳动者，认可劳动者的存在价值。对于劳动要消除高低贵贱的思想，不能对劳动者进行三六九等的分类，要尊重每一位劳动者背后的坚持和执着。职业不分高低贵贱，对于每一位劳动者来说，不管其贡献有多大，都值得所有人的敬畏与尊重。尊重并鼓励劳动者，是践行"劳动最光荣、劳动最崇高、劳动最伟大、劳动最美丽"基本理念的重要途径。坚持劳动正义感，在社会上广泛传播正能量，有助于促进我国社会的和谐发展，是实现中华民族伟大复兴的强大动力。

（三）培育精益求精的劳动品质

在五千年的灿烂中华文化中，劳动人民认真、严肃地对待自己的工作，用精湛的技艺展现自己的智慧，表现了精益求精的劳动品质。同时向世界展现了中华民族的勤劳和智慧。2015年，我国提出"中国制造2025"的战略规划，力争10年实现由工业大国到工业强国的转型，这一伟大目标的实现关键在于从根本上提升中国制造的质量，这就需要精益求精的劳动品质。

精益求精就是改变一些人身上的"差不多精神"，树立起对职业的敬畏、对工作的执着、对产品的负责。一生只做一件事，穷尽一生磨炼技能，把产品和服务做到极致。工作是立身之本。在生活中，无论是外卖小哥、环卫工人，还是公司白领、医护人员等，都在为梦想而奋斗，每个职业都是社会不可或缺的，都是社会的需要。我们不应该根据行业的性质和工资的高低去判定职业的好坏，每个职业都值得被尊重，每个努力奋斗的人都值得被尊敬地对待。只有真正领悟职业没有高低贵贱、每份工作都值得尊重和善待，才能有效培育精益求精的劳动品质。

（四）用实际行动践行劳模精神

每个时代都有一种先进的精神，这种精神来源于我们身边的每个身份普通、岗位平凡、业绩突出的劳动者，一代又一代的劳动人民用勤劳的双手推动历史的发展，创造幸福的生活。弘扬劳模精神、学习劳模精神不是嘴上喊口号就行的，我们要付出实际行动，在个人的工作岗位上、学习岗位上积极进取、立足本职、奋发图强，以不懈的追求和一流的工作成绩回报社会。

1. 从小事做起，尊重劳动者

古人云："民生在勤，勤则不匮。"劳动自古以来便是中华民族的优秀传统之一，劳动是我们生存和发展的基石，我们要学习劳模精神，就要从身边小事做起，从心底尊重劳动者，更要从日常细节尊重他人的劳动成果，比如：被誉为"城市美容师"的清洁工，凌晨便来到自己的岗位上，为城市扫去垃圾，尊重他们就是不要乱扔垃圾、不随地吐痰；绿化工人细心呵护每一棵小草，尊重他们就是不要随意践踏草坪；老师站在讲台将知识传递给学生，尊重他们就是认真听讲……以辛勤劳动为荣，以好逸恶劳为耻，从小事做起，从点滴做起，不浪费一粒米、一滴水、一分钱，这就是尊重劳动者的一种自觉体现。

2. 立足岗位，做好本职工作

社会主义是干出来的，无论我们身处何岗位，都要爱岗敬业，不怕辛苦，发扬一颗螺丝钉的精神，干好自己的本职工作。首先，要用责任心做好每一件事。在实际工作中，我们要让责任在心灵深处形成一种强大的规范意识，形成一种潜在的本能，并把这种规范和本能转化成强烈的责任心和干事业的欲望，变要我干为我要干，变被动为主动，变敷衍了事为严格要求。其次，要苦干、实干加巧干。在工作中不怕苦、不怕累，敢于拼搏、勇往直前，在遇到工作难题时，敢于硬碰硬、敢于攻坚。最后，在平凡的岗位上始终如一。在平凡的岗位上，只要专心致志、脚踏实地、锐意进取，完全可以用心做好一件事，找准自己的人生坐标和奋斗目标，做有价值的事，把个人的前途和国家的命运紧密联系在一起。榜样的力量是无穷的，我们不仅要向劳模看齐，更要争当"排头兵"，让自己也成为别人学习的楷模，在历史的洪流中留下一抹最亮的色彩。我们要身体力行地大力弘扬劳模精神，做劳模精神的践行者，做新时代的奋斗者，以劳动托起中国梦，用自己的双手去描绘新时代的宏伟蓝图，去创造更加辉煌的未来。

3. 提高技能，报效社会

习近平总书记强调，我国经济要靠实体经济作支撑，这就需要大量的专业技术人才。知识经济时代，知识更新周期越来越短，这就需要不断学习，提升自己的业务技术能力。新时代的"技"，即技能，是指掌握和运用专门技术的能力。技能作为劳动能力，它的提升、完善离不开不懈奋斗和刻苦钻研，离不开在工作中爱岗敬业、苦心钻研，精益求精、执着坚韧、追求完美。所以，当代大学生既要有做事的责任心，又要有成事的真本领，边干边学、边学边干、以干促学、以学促干、学干互促，不断掌握最新科学知识与科技成果。

2019 年 7 月，中央全面深化改革委员会审议通过了《国家产教融合建设试点实施方案》，指出深化产教融合是助推教育优先发展的重要途径，其目标直指高校与行业、企业、政府等多方面的深度合作。新时代的青年大学生应当充分利用产教融合的大好时机，勤奋做事、勤勉做人，掌握职业技能，让自己成长为优秀的"准劳动者"，在走出校园后建功新时代。

今天的青年应该不断丰富自身知识储备，在学习劳模精神、传承劳模精神的同时，培育执着专注、精益求精、一丝不苟、追求卓越的精神品质，让青春的年华在党和人民最需要的地方绽放最美的花朵，让技能报国成为新时代的最强音。

我心中的劳模故事

第五章　弘扬工匠精神

时代发展，需要大国工匠；迈向新征程，需要大力弘扬工匠精神。不管处在什么岗位的劳动者，都应大力弘扬践行工匠精神，坚持干一行、爱一行、钻一行，兢兢业业、追求极致，以一雕一琢、一削一磨的精神，传承匠魂，精雕细琢，高标准、严要求地完成每一项工作，努力在平凡工作岗位创造不凡价值。

第一节　认识工匠精神

所谓匠人有匠心，《诗经》中"如切如磋，如琢如磨"，反映的就是古代工匠在雕琢器物时执着专注的工作态度。从古至今，这种精益求精的精神品质早已融入中华民族文化血液。

古语云："玉不琢，不成器。"工匠精神不仅体现了对产品精心打造、精工制作的理念和追求，更是要不断吸收最前沿的技术，创造出新成果。时代发展需要大国工匠。在向第二个百年奋斗目标进军的新征程上，全社会都要大力弘扬工匠精神，让崇尚工匠精神的理念深入人心，让每一位劳动者在新时代书写出更多更精彩更动人的"工匠故事"。

学习目标

知识目标：了解工匠精神的发展历史，掌握工匠精神的基本内涵，正确认识工匠精神，激发学习的热情和兴趣，促进对知识的主动探索和追求。在这个快速变化的时代里，要适应日新月异的知识和技术，只有拥有工匠精神，才能在激烈的竞争中脱颖而出。

素质目标：认真体会工匠精神，树立"三百六十行，行行出状元"的择业观与人才观，培育工匠精神，重拾高校学生的自信，在劳动中铸就新时代工匠。

实践目标： 在实际工作和学习中启迪思维、激发行动，不断涵养工匠精神和工匠情怀，实现自身学习和发展目标。

学习重点、难点

重点： 工匠精神的基本内涵。

难点： 工匠精神的形成和发展。

一、工匠精神的基本内涵

（一）认识工匠

《现代汉语词典》中对工匠的解释是"手艺工人"。《韩非子·定法》说："夫匠者，手巧也……"传统意义上的工匠可理解为"手艺人"，即具有专门技艺特长的手工业劳动者，手艺精巧是工匠的基本特征之一。现在对工匠的理解除了手艺人之外，还包括技术工人或普通熟练工人。

习近平总书记指出，人类是劳动创造的，社会是劳动创造的。恩格斯指出，真正的劳动是从制造工具开始的。制造工具最初是将自然之物通过人类的加工使其成为能够打猎或捕鱼的工具，将自然的石块、动物骨头等加工成工具，就是最初的手工艺，这使得前人迈出了人猿相揖别的关键一步。因而手工艺劳动在起源意义上就是创造人类的劳动。手工艺劳动在起源意义上与人类的出现内在关联，同时其持续地创造着人类的生活。手工艺劳动不仅创造物质财富，而且创造美的享受。手工艺劳动从创造人类生活不可或缺的工具发展到满足人类对美的需求，从磨制石器到制作玉器，大大丰富了人类的生活。如陶工所制作的陶器，从简单粗陋到不断精致化，使得陶器不仅具有实用价值，同时也具有美的欣赏价值。

荀子说："人积耨耕而为农夫，积斫削而为工匠。"长期从事农业生产的人为农夫，长期使用斧头等工具的人为工匠。在中国传统文化语境中，工匠是对所有手工艺（技艺）人，如木匠、铁匠等的称呼。自古以来，从事工艺劳动的工匠，都是以其毕生精力献身于这一工艺领域的。换言之，工匠就是从小学徒而终身从事某种匠种的人，如铁匠、泥瓦匠称为"百工"。这些工匠能"审曲面势，以饬五材，以辨民器"。随着工业化时代的到来，现代工艺已经从手工艺发展到机械技术工艺和智能技术工艺。

（二）认识工匠精神

工匠精神延续至今，并不是一成不变的。在经济环境、体制机制、文化氛围、培育途径的不断变化中，工匠精神的外在表现也随之改变。工匠精神在不同时代呈现的方式存在差异，所受到的重视程度及其所承载的价值也不同。

工匠精神是一种职业精神，它是职业道德、职业能力、职业品质的体现，是从业者的一种职业价值取向和行为表现。一般认为，工匠精神包括高超的技艺和精湛的技能，严谨细致、专注负责的工作态度，精雕细琢、精益求精的工作理念，以及对职业的认同感、责任感。但是，这只是对工匠精神一般意义上的理解，还缺乏对新时代中国工匠精神特殊性的理解。实际上，新时代的中国工匠精神，除了具有一般意义上工匠精神的内涵，还具有自身的特殊性：既是对中国传统工匠精神的继承和发扬，又是对外国工匠精神的学习和借鉴；既是为适应我国现代化强国建设需要而产生的，又是劳动精神在新时代的一种新的实现形式。它与劳模精神、劳动精神构成一个完整的体系，成为激励广大职工实现中华民族伟大复兴中国梦的强大精神力量。"工匠精神"的基本内涵包括敬业、精益、专注、创新等方面的内容。

敬业是从业者基于对职业的敬畏和热爱而产生的一种全身心投入的认认真真、尽职尽责的职业精神状态。中华民族历来有"敬业乐群""忠于职守"的传统，敬业是中国人的传统美德，也是当今社会主义核心价值观的基本要求之一。早在春秋时期，孔子就主张人在一生中始终要"执事敬""事思敬""修己以敬"。"执事敬"，是指行事要严肃认真不怠慢；"事思敬"，是指临事要专心致志不懈怠；"修己以敬"，是指加强自身修养，保持恭敬谦逊的态度。

精益就是精益求精，是从业者对每件产品、每道工序都凝心聚力、精益求精、追求极致的职业品质。所谓精益求精，是指已经做得很好了，还要求做得更好，"即使做一颗螺丝钉也要做到最好"。老子说："天下大事，必作于细。"《诗经》云："如切如磋，如琢如磨。"宋代朱熹在《论语集注》中说："言治骨角者，既切之而复磋之；治玉石者，既琢之而复磨之；治之已精，而益求其精也。"这就是"精益求精"成语的出处。能基业长青的企业，无不精益求精才获得成功。

专注就是内心笃定而着眼于细节的耐心、执着、坚持的精神，这是一切"大国工匠"所必须具备的精神特质。从中外实践经验来看，工匠精神都意味着一种执着，即一种几十年如一日的坚持与韧性。"术业有专攻"，一旦选定行业，就一门心思扎根下去，心无旁骛，在一个细分产品上不断积累优势，在各自领域成为"领头羊"。在中国早就有"艺痴者技必良"的说法，如《庄子》中记载的游刃有余的"庖丁解牛"，《核舟记》中记载的奇巧人王叔远等。

工匠精神还包括追求突破、追求革新的创新内蕴。古往今来，热衷于创新和发明的工匠们一直是世界科技进步的重要推动力量。《尚书》有云："人心惟危，道心惟微；惟精惟一，允执厥中。"工匠精神的核心是追求科技创新、技术进步。如果说企业是国家的经济命脉所在，那么一个以科技创新、技术进步为主体的企业，就是民族振兴的动力源泉，是国家财富增加的源泉所在。新中国成立初期，我国涌现出一大批优秀的工匠，如倪志福、郝建秀等，他们为社会主义建设事业作出了突出贡献。改革开放以来，"汉字激光照排系统之父"王选，"中国第一、全球第二的充电电池制造商"王传福，从事高铁研制生产的铁路工人和从事特高压、智能电网研究运行的电力工人等都是工匠精神的优秀传承者，他们让中国创新影响了世界。

二、工匠精神的形成和发展

我国工匠精神具有悠久的历史，从原始社会到现代社会，从孕育产生到发展传承，经历了一个漫长的演变过程。

（一）孕育阶段：注重简约朴素，切磋琢磨

简约而不简单，朴素而不平淡，这不仅是中华民族传统文化的深刻意蕴，也孕育着我国古代的工匠精神。在原始社会末期，人类社会经历了三次重大的社会变革，即三次社会大分工。第一次社会大分工，畜牧业从农业中分离出来；第二次社会大分工，手工业从农业中脱离出来；第三次社会大分工是奴隶社会晚期商人阶层的产生。第二次社会大分工后，便出现了专门从事手工劳动的生产者，也就是现在所说的手艺人或者工匠。然而，由于当时物质生产相对落后，科技文明相对不发达，人们往往以天然产物为原料加工制造生产工具或生活用具。从粗糙、不规则的"打制"石器到光滑、匀称的"磨制"石器，从"未有麻丝，衣其羽皮"（《礼记·礼运》）到嫘祖"始教民育蚕，治丝茧以供衣服"（《通鉴纲目前编·外记》），从简单的石器、骨器、木器等工艺制作到复杂的制陶、纺织、房屋建筑、舟车制作等原始手工业，无不体现了早期工匠艺人追求完美朴素的工匠精神。

掌握好技术，练就好手艺，这既是古代工匠艺人谋生的必备条件，也是工匠精神的基本要求。在河姆渡文化时期，用石、骨、象牙制成的饰品，磨制净光，寓意深邃，恰恰体现了这一点。譬如，工匠们制作刻有花纹的骨笄，并佩以磨得光洁晶莹的美石质的玦、璜、管、珠等装饰品来固定头发，还用虎、熊、野猪、獐的牙齿作佩饰，特别是以鸟为表现主题的工艺制品不仅反映了河姆渡文化时期手工业的发展水平，更表明了一种构思严谨巧妙、技艺细腻娴熟的工匠精神。还有，氏族部落用以象征地位的鸟形象牙圆雕，不仅要对天然材料进行加工，在加工过程中还要改变天然物质的物理性能和形式，刀法巧妙敏捷，线条简洁流畅，神态栩栩如生，极像一只展翅飞翔的鸟的剪影。如果不是专业工匠的精益求精，实在难以想象在原始文化遗产中竟有如此巧夺天工之物，它凝聚着我们中华民族祖先的聪明才智，是我国工匠技艺具有悠久历史的实物见证。此外，《诗经·卫风·淇奥》早就用"如切如磋，如琢如磨"的佳句来表彰工匠在对骨器、象牙、玉石进行切料、糙锉、细刻、磨光时所表现出来的认真制作、一丝不苟的精神。这种精神不仅是我国古代工匠艺人的价值追求，更是工匠精神的具体体现。

（二）产生阶段：崇尚以德为先，德艺兼修

中国文化精神是一种"道德的精神"，这种道德精神乃是中国人内心所追求的一种做人的理想标准，是中国人所积极争取渴望达到的一种理想人格。以德为先，

不仅是我国古代工匠艺人必须遵循的职业准则，而且是工匠精神得以产生的价值基础。

春秋战国时期，以儒家思想为核心的政治伦理文化开始受到人们的广泛关注，"德为先，重教化"的圣人文化逐渐成为中华民族传统文化的重要内涵。随着生产力的发展和科学技术的进步，社会分工越来越细，职业也就越来越多，一些特定的职业不但要求人们具备特定的知识和技能，而且要求人们具备特定的道德观念、情感和品质。工匠艺人作为一种职业团体，为了维护职业威望和信誉，适应社会的需要，在职业实践中，根据一般社会道德的基本要求，逐渐形成了自己职业的道德规范。《墨子·尚贤》就有记载"兼士"必须符合三条标准，即"厚乎德行""辩乎言谈""博乎道术"，要做到"有力者疾以助人，有财者勉以分人，有道者劝以教人""利人乎即为，不利人乎即止"，这种道德价值观，作为古代一些社会职业的道德评价标准，也得到工匠们的认同。此外，据《左传·文公七年》记载，"六府、三事，谓之九功。水、火、金、木、土、谷，谓之六府。正德、利用、厚生，谓之三事。义而行之，谓之德礼"。生产与生活的逐步浸染，凸显出了道德特征的精神走向，"正德、利用、厚生"成为古代工匠艺人的职业道德规范。其中，正德居于首位，就要求工匠必须为人正直，端正德行。因此，崇德尚贤成为中国工匠精神的伦理走向。

所谓"德艺兼修"就是指工匠艺人不仅要有一种道德精神作为内在熏陶，还要具备一种精益求精的技术精神。"天有时，地有气，材有美，工有巧，合此四者，然后可以为良"，追求技艺之巧，也是我国传统工匠毕生的追求。据《考工记》记载，战国时期，编钟极其精致，可以做到"圜者中规，方者中矩，立者中悬，衡者中水，直者如生焉，继者如附焉"。总之，我国古代工匠艺人不仅具备最基本的职业素养，而且在他们身上体现了一种德艺兼修的工匠精神。

（三）发展阶段：主张心传体知，师徒相承

所谓心传体知就是指以心传心，心心相印，体察领悟，身知体会。《春雨杂述·评书》就有记载："学书之法，非口传心授，不得其精。"对于我国古代工匠艺人来说，技艺的传承不仅是一种单纯的技术学习，更是一种内在的艺术熏陶和无形的心理契合。进入封建社会以后，随着经济发展水平的提高和社会发展的需要，以血缘关系为标志的代际传承逐渐走出家庭，种类繁多、形式多样的职业教育开始成为我国古代工匠艺人之间的承接体系和传承方式，口传心授的教育模式逐渐成为培养工匠的主要途径。我国古代有不少行业和岗位都传承着这种工匠精神：纸坊，奉东汉蔡伦为祖师；陶瓷业的祖师，有柏林、虞舜、老子、雷公等，被奉为"窑神"；皮匠、鞋匠以孙膑为祖师；酒坊的祖师是杜康；豆腐坊以乐毅为祖师；等等。"一切手工技艺，皆由口传心授"，这些精工良匠们依靠言传身教的自然传承，在传授手艺的同时，也传递了耐心、专注、坚持的精神特质，而这种特质的培养，只能依赖工匠艺人之间"以心传心、心心相印"的情感交流，以及"体察领悟，身知体会"的行为感染，这是现代大工业的组织制度与操作流程所无法承载的。

随着手工业技术的发展，起初以家庭为单位的技艺传授扩大到邻里之间父子相传逐渐演变为拜师学艺，师徒们在一起生活、学习、讨论、钻研技术，通过传道、授业、解惑的方式不仅培养了大批手工艺人和工匠技师，也养成了他们"尊师重道，谦虚好学"的美德，所谓"师徒如父子""一日为师，终身为父"的习语就源自艺徒制度。据《新唐书·百官志》记载："细镂之工，教以四年；车路乐器之工，三年；平漫刀稍之工，二年；矢镞竹漆屈柳之工，半焉；冠冕弁帻之工，九月。"这种不同工种学徒的年限规定，既体现了当时各行各业的职业技术水平，又充分说明在学艺的过程中，师徒之间在一起相处的时间之久、感情之深。工匠艺人们对职业的尊重，对专业精神的敬仰，对技艺传承的执着，对师徒情谊的敬畏，无一不体现出我国古代工匠精神的价值意蕴。

（四）传承阶段：提倡开放包容，勇于创新

创新是一个民族进步的灵魂，是一个国家兴旺发达的不竭动力，是现代工匠艺人应当具备的精神特质。2016年3月5日，政府工作报告指出，鼓励企业开展个性化定制、柔性化生产，培育精益求精的工匠精神。这是工匠精神首次被写入国务院政府工作报告。2017年3月5日，第十二届全国人民代表大会第五次会议作国务院政府工作报告强调，要大力弘扬工匠精神，厚植工匠文化，恪尽职业操守，崇尚精益求精，培育众多"中国工匠"。这是工匠精神第二次被写入国务院政府工作报告。2018年政府工作报告中再次提出，全面开展质量提升行动，推进与国际先进水平对标达标，弘扬工匠精神，来一场中国制造的品质革命。2019年政府工作报告提出，要大力弘扬劳模精神、工匠精神，汇聚起向上向善的强大力量。"工匠精神"四度写入政府工作报告，成为企业界代表委员关注的热点。2021年政府工作报告中提出，加强质量基础设施建设，深入实施质量提升行动，完善标准体系，促进产业链上下游标准有效衔接，弘扬工匠精神，以精工细作提升中国制造品质。2024年政府工作报告中提出弘扬工匠精神。加强标准引领和质量支撑，打造更多有国际影响力的"中国制造"品牌。

工匠精神是对工艺文化的传承与创新。它的核心是一种精神、一种信念或者说一种情怀，是尊重自然、安分守己、尽善尽美、以诚相待的职业操守，是把一件事情、一门手艺当作信仰的追求，是单调、机械、重复工作中的一点点与众不同的想法。正如《我在故宫修文物》这部纪录片中一位青铜器修复师所说的，古代故宫的这些东西是有生命的，人在制物的过程中，总是要把自己想办法融到里头去，觉得这样才能实现工匠艺人的价值。手工艺作为我国的传统工艺文化，是劳动人民智慧的结晶，是宝贵的精神财富，更是中华文化自豪感的重要体现，对它的传承更有一种历史责任在里面。

当然，工匠精神并非墨守成规，相反，因为追求极致，甚至完美，工匠精神更是一种永不满足、不断超越的创新精神；工匠精神也不是因循守旧，它是在传统工艺的基础上不断创造新工艺、新技术的过程，传承与创新并存，其中包含的不仅是中华民族传统文化的沉淀，更是浮躁社会所缺乏的一种坚定气质与坚守。如今"中国创造"在全世界已经有了十足的影响力，正是无数工匠艺人十年如一日地追求着职业技能的极致化，靠着传承和钻研，凭着专注和坚守，缔造了一个又一个"中国创造"的神话。

我心中的工匠故事

第二节　理解工匠精神

工匠精神是一种追求卓越和完美的态度和行为，是一种不断追求进步和创新的精神，是一种对工作的热爱和专注。在现代社会，工匠精神已经不仅仅是一种职业素养，更是一种生活态度和价值观念。因此，正确认识和理解工匠精神，对我们每个人都具有重要的意义。

工匠精神作为中国共产党人在长期奋斗中形成的伟大精神，已被纳入中国共产党人精神谱系。2020年11月，习近平总书记在全国劳动模范和先进工作者表彰大会上精辟概括了新时代工匠精神的内涵：执着专注、精益求精、一丝不苟、追求卓越。这也是工匠精神的核心内容。我们取得的伟大成就，离不开大国工匠的倾情奉献。劳动者脚踏实地把每件平凡的事做好，共同培育形成的工匠精神，是我们宝贵的精神财富。

学习目标

知识目标：掌握工匠精神的核心内容，充分理解执着专注、精益求精、一丝不苟、追求卓越所蕴含的新时代工匠精神内涵；认识工匠精神的时代价值，深刻领悟工匠精神作为一种优秀的职业道德文化，它的传承和发展所具有的重要时代价值与广泛的社会意义。

素质目标：认真体会工匠精神的核心内容和时代价值，不断对自己提出更高的要求，并不断自我超越、自我提升、自我完善，始终追求做更好的自己。

实践目标：在实际工作和学习中启迪思维、激发行动，认识到实现中华民族伟大复兴的中国梦，不仅需要大批科学技术专家，同时也需要千千万万能工巧匠，要不断强化学习能力和实践能力。

学习重点、难点

重点：工匠精神的核心内容。
难点：工匠精神的核心价值。

一、工匠精神的核心内容

新时代的工匠精神的内涵主要包括执着专注、精益求精、一丝不苟、追求卓越。这也是工匠精神的核心内容。

（一）执着专注

执着是指对某件事物、目标或信念的坚定追求和不放弃的态度。这种态度表现为对特定目标或追求的强烈渴望，无论遇到多大的挑战和困难，都不会轻易放弃，而是会继续努力和坚持不懈，以期实现自己的目标。歌德这样描述坚持的意义：不着急地坚持下去，严厉地鞭策自己继续下去，就是我们之中最微小的人这样去做，也很少不会达到目标，因为坚持的无声力量会随着时间而增长，到没有人能抗拒的程度。世上的事，只要不断努力去做，就能战胜一切。这是一切"大国工匠"所必须具备的精神特质。

专注是工匠最宝贵的品格之一，也是现代人最缺乏的品质之一。在中国早就有"艺痴者技必良"的说法。古代工匠大多穷其一生只专注于做一件事，或几件内容相近的事情。《庄子》中记载的游刃有余的"庖丁解牛"，《核舟记》中记载的奇巧人王叔远等大抵如此。专注就是内心笃定而着眼于细节的耐心、执着、坚持的精神。工匠以工艺专长造物，在专业的不断精进与突破中演绎"能人所不能"的精湛技艺。实际上得心应手的技能、巧夺天工的技术和出神入化的技艺，正是来源于专注。

▶▶ 案例分享

梁兵："偏执"成就行业顶尖[①]

2020 年 11 月 24 日，对于中国兵器集团平原光电有限公司数控加工中心高级技师梁兵来说，是个值得纪念的日子。他在北京人民大会堂参加全国劳动模范和先进工作者表彰大会，成为平原光电建厂 56 年来第一位全国劳模。产品合格率达 100%，精度达头发丝的 1/15。梁兵潜心研究数控技术 27 年，在微米级的高精度加工要求下，练成了一套通过手指触摸按压和聆听声音来感知零件之间贴合度的高超技艺，从一名普通技校毕业生成长为中国兵器集团首席技师、国家级技能大师。

习近平总书记指出，一切劳动者，只要肯学肯干肯钻研，练就一身真本领，掌握一手好技术，就能立足岗位成长成才，就都能在劳动中发现广阔的天地，在劳动中体现价值、展现风采、感受快乐。从中国兵器集团平原光电有限公司数控加工中心高级技师梁兵身上，我们感受到他最大限度发挥自己的积极性、主动性、创造性，不断改进工艺措施，不断创造新工艺，不断攻克一个个难关，给数控加工行业技艺带来突破性贡献，所体现出的这种执着专注是一种人生态度，是永不放弃的精神，是一如既往

---

① 资料来源：https://www.workercn.cn/350/202012/02/201202071328458.shtml，选入本书时有改动。

的追求，是难能可贵的坚持。

坚持是一场漫长的分期分批的投资，而落实是对这场投资的一次性回报。作为一个执行者，他绝不会在困难面前停滞不前，因为执着于工作本身就是执行者的工作作风。在生活和工作的过程中，我们难免会经历孤独、遇到困难、面对诱惑，这时一定要执着地坚持下去，耐住寂寞、稳住心神、经得住诱惑，不达目标决不言弃。哪怕事情再苦、再难，只要我们持之以恒、坚持到底，就有希望，就有成功的可能。

（二）精益求精

《诗经·卫风·淇奥》曰："如切如磋，如琢如磨。"这就是工匠在切割、打磨、雕刻玉器、象牙、骨器时仔细认真、反复琢磨的工作态度。儒家借鉴了这一精神，将其作为治学和修身的方法，《大学》曰："如切如磋者，道学也；如琢如磨者，自修也。"朱熹进一步提炼出它的核心特质，"言治骨角者，既切之而复磋之；治玉石者，既琢之而复磨之；治之已精，而益求其精也"。由此，产生了"精益求精"一词。它在为学、修身、做事方面所发挥的积极作用，使得它获得了道德意义，从而成为工匠所追求的一种重要美德。这种精神集中体现在中国古人制造的器物上，它们以其精致细腻的工艺造型闻名于世。

著名的苏州园林以其意境深远、构筑精致而著称于世，被称为"咫尺之内再造乾坤"，中国的丝绸、陶瓷等工艺品以其精湛的技艺远销欧亚等地，中国因而号称"丝绸之国""陶器之都"。至宋代，冶炼、建筑、织造、陶瓷、茶、酒等工艺技术已经达到相当高的水平，民间的许多传统手工艺制作，比如剪纸、年画、雕刻、皮影、泥塑等也以精巧著称。这些产品的背后都凝聚着中国工匠精益求精的精神。

▸▸ **案例分享**

周家荣：钢丝绳制造首席专家[①]

"荣誉的背后是精益求精、一丝不苟的态度。"从业 30 多年，贵州钢绳集团公司二分厂职工周家荣从一名学徒成长为国内一流的钢丝绳制造技能大师、全国劳模。"生产航空用绳时，一根钢丝绳有 200 多根细钢丝，最粗的 4 毫米，最细的 0.2 毫米。"周家荣说。0.2 毫米的钢丝绳和头发丝差不多粗细，但生产它肩负着很重的责任，必须精益求精。

---

① 资料来源：https://www.workercn.cn/350/202012/04/201204071520724.shtml，选入本书时有改动。

周家荣技术过硬、业务精湛，长期负责生产高附加值产品，能娴熟操作、维护、修理各种机器设备并提供技术指导，被称为企业的"首席专家"。2003年年初，公司决定开发模拉面接触产品。彼时，这是一种钢丝数量多、接触面大、破断拉力高、使用寿命长、技术含量很高的新产品。开发任务自然而然地落到周家荣肩上，他率领开发团队通过一个月的攻关，成功解决了6T×36SW股绳内层钢丝"骑马"以及"钢丝断裂""模子选型"等一系列技术难题。2007年9月，周家荣组织班组成员确立了"解决6×26SW股绳内层钢丝'骑马'问题"这一QC课题，成功解决了技术难题，拓展了公司产品的市场空间，创造了数百万元的经济效益。

如今，周家荣参与制作的产品广泛运用于航天、高层建筑、桥梁等领域。他还参与了"神八""神九""神十""神十一"载人航天相关协作配套任务，参与国防及武器装备建设，主导起草了《一般用途钢丝绳》《飞船用不锈钢丝绳》《压实股钢丝绳》等30多项国家标准、行业标准、军工标准。其中，由他主导起草的国际标准ISO2408《通用钢丝绳技术条件》，通过了国际钢丝绳标准化委员会的专业审查。

精益求精是注重细节，追求完美，不惜花费时间和精力，孜孜不倦，反复改进产品。周家荣从一名学徒成长为国内一流的钢丝绳制造技能大师、全国劳模，这与他用一腔热情坚守本职岗位，专注地做好钢丝绳是分不开的。

优秀的工匠是不允许自己出败笔的，因为工匠的作品不光是用来换取金钱的商品，更是倾注了自己心血的艺术品。艺术品岂能容忍败笔！对技术精益求精，对作品精雕细琢，不是为了用诚意之作换取"业界良心"的用户口碑，而是为了不愧对自己的"工匠灵魂"。

工序有先后，精细有标准。只有严格控制每一道工序、跟紧每一道流程、做好每一个环节，保证每一个步骤都做到最好，才能有精美的作品问世。越是环环相扣、步步相连的工艺，越需要把每一个步骤都严格做到位、不允许有一点点的偏差才行。假如每一道工序都可允许0.1%的不合格率，那么一个流程(假设由100个工序组成)下来，那产品的合格率就可想而知了。所谓失之毫厘，谬以千里就是如此。将每一个步骤及环节都按要求做到位，就是将工作的每一个细节精雕细琢、精益求精。按步骤、按环节，就是按流程、按体系做事。优秀的人往往不想给自己留下败笔与遗憾，尽量把事情做得尽善尽美。特别是那些具有工匠精神的人，为了做出精品，甚至愿意付出常人不敢相信的代价。

（三）一丝不苟

自古我国就有"差之毫厘，谬以千里"的说法。一丝不苟是指办事认真，连最细微的地方也不敢马虎。认真，就好比人生命运的"发动机"，能激发起每个人身上所蕴含的无限潜能。一个认认真真、全心全意做好本职工作的员工，即使能力稍逊一筹，也可能创造出最大的价值。而一个人的能力再强，如果他不愿意付出努力，他就不可能创造优良业绩。

作为通向精益求精的必要路径，一丝不苟主要体现在始终严格遵守工作规范和质量标准，兢兢业业做事，一板一眼工作，把每个操作要求和工作步骤都落实到位，不投机取巧，不寻求捷径，不敷衍了事，不放过任何一个细节和细微之处，确保操作结果符合标准甚至高于标准，没有瑕疵，不留缺憾。

一丝不苟是工匠精神的一种体现，同时也是一个人品行的反映。只有养成认真的习惯，我们才能充分展现自己的能力，才能在自己的职业生涯中获得成功。养成认真工作的习惯，无疑是每个人事业道路上重要的必修课。

（四）追求卓越

工匠精神是一种追求卓越的态度和精神，它强调对工作的热爱与专注，以及对细节的极致追求。在现代社会中，这种精神在各行各业得到了广泛的赞扬和认同。工匠对于自己所从事的工作充满热情，将其视为一种生活方式，而非单纯的职业。他们对于所从事领域的知识和技术有着深刻的理解和钻研，致力于不断地学习和进步，以保持自己在行业中的领先地位。同时，工匠们对于工作的专注度也是令人钦佩的。无论是制作一件艺术品还是解决一个技术难题，他们都能投入全部精力和时间，全神贯注地追求卓越。

追求卓越是新时代"工匠精神"的灵魂。传统的"工匠精神"强调的是继承，祖传父、父传子、子传孙，是传统工匠传承的一种主要方式，而新时代的"工匠精神"强调的则是在继承基础上的创新。因为只有在继承基础上创新，才能跟上时代前进的步伐，推动产品的升级换代，以满足社会发展和人民日益增长的对美好生活的需要。有无"追求卓越的创新精神"，是判断一个工人能否成为新时代"工匠"的一个重要标准。

二、工匠精神的核心价值

工匠精神是中华文化的重要组成部分，它不仅代表着中华民族独特的精神标识，也为中华民族的发展壮大提供了滋养。工匠精神中的脚踏实地、勤劳认真、爱岗敬业和精益求精等品质，与我们民族文化相契合，是每个中国人都应该拥有的个人品质。实现中华民族伟大复兴的中国梦，不仅需要大批科学技术专家，同时也需要千千万万的能工巧匠。更为重要的是"工匠精神"作为一种优秀的职业道德文化，它的传承和发展契合了时代发展的需要，具有重要的时代价值与广泛的社会意义。因此，弘扬工匠精神、继承民族文化，不仅有助于传承中华民族的文化，也有助于培养具有时代精神、创新精神的人才，为中华民族的繁荣发展注入新的动力。

（一）社会文明进步的重要尺度

物质文明与精神文明是推动社会文明进步的"两个轮子"，是实现中华民族伟大复兴中国梦的"一双翅膀"，二者缺一不可。事实上，工匠精神的发育程度，与一个社会的物质文明、精神文明的进步程度直接发生关联。从精神文明来看，工匠精神作为一种职业精神，在本质上它是同社会主义核心价值观特别是同其中的"敬业""诚信"要求高度契合的。从物质文明来看，工匠精神在物质文明的创造过程中可以发挥强大的精神动力及智力支持作用。

（二）中国制造前行的精神源泉

经过改革开放40多年的发展，我国早已成为世界第一制造业大国。国内许多产业的规模居于世界前列，但这里面却依然缺少真正中国创造的东西。总体而言，我国实现制造业转型升级迫在眉睫。加快建设制造强国，加快发展先进制造业，关键在于提高创新能力，而工匠精神是助推创新的重要动力。工匠精神不是因循守旧、拘泥一格的"匠气"，而是在坚守中追求突破、实现创新。把工匠精神融入生产制造每一个环节，敬畏职业、追求完美，才有可能实现突破创新。我们要通过弘扬工匠精神，培育劳动者追求完美、勇于创新的精神，为实施创新驱动发展战略、推动产业转型升级奠定坚实基础，加快建设制造强国，推动经济高质量发展。

（三）品牌形象提升的必由之路

品牌是企业走向世界的通行证，也是国家竞争力的重要体现、国家形象的亮丽名片。近年来，我国品牌建设取得长足进步，但在国际上真正叫得响的品牌还不多，这与我国作为世界第二大经济体、第一制造业大国的地位不相称。提升品牌形象，要求把工匠精神融入设计、生产、经营的每一个环节，做到精雕细琢、追求完美，实现产品从"重量"到"重质"的提升。弘扬工匠精神，让每个劳动者恪守职业操守，崇尚精益求精，进而培育众多大国工匠，不断提高产品质量，打造更多享誉世界的中国品牌，建设品牌强国。

习近平总书记多次对品牌建设作出重要指示，强调"推动中国制造向中国创造转变、中国速度向中国质量转变、中国产品向中国品牌转变""强化品牌意识""做强做大民族品牌"。这些重要论述为我国加快品牌建设指明了方向、提供了根本遵循。

（四）员工个人成长的道德指引

尊重员工的价值、启迪员工的智慧、实现员工的发展，不仅是员工个人成长的强烈需求，同时也是现代企业的责任和使命。而"工匠精神"作为一种职业精神，是企业员工提升个人精神追求、完善个人职业素养、实现个人成长进步的重要道德指引。事实上，企业员工所具有的高尚职业操守和强烈工匠精神，同拥有较高专业知识技能一样，是其自身立足职场的重要条件和在未来职业生涯中脱颖而出的制胜法宝。

我心中的工匠故事

第三节　践行工匠精神

工匠精神是一种信仰、一份责任、一种力量。在实现中华民族伟大复兴的进程中，我们必须坚持和发扬工匠精神。工匠精神是工匠们在长期职业实践过程中养成的良好职业素养、彰显的特有职业品质。这种素养和品质是职业精神的萃取，是优秀文化的凝练，是成就工匠的深层次的逻辑因由，是一种引领向前又使人们追梦出彩的精神资源。

大学生应重新审视"工匠"的作用和地位，重拾"工匠精神"是时代赋予大学生的新要求。新时代呼唤新的工匠精神，当代大学生作为中华民族伟大复兴进程的见证者和参与者，需要传承、培育和践行工匠精神，培养对所学专业的认同感。

学习目标

知识目标：理解并掌握践行工匠精神在确立发展目标、弘扬实干精神、勇于锐意进取、培养创新意识等四个方面所蕴含的主要内容和重要意义，培养学生崇尚劳动、开拓进取的坚强信心。

素质目标：深刻理解传承和培育工匠精神的时代要求，坚守劳动价值的取向，树立一种对劳动职业敬畏、对专业学习执着、对自身发展负责的态度，不断提升认知水平。

实践目标：践行工匠精神，在强化实践能力中锤炼素质、激发行动，培养学生脚踏实地专注做事的精神，精益求精、追求卓越的境界，遵纪守德、无私敬业的品格。

学习重点、难点

重点：工匠精神的价值取向。

难点：如何践行工匠精神。

一、工匠精神的价值取向

工匠精神不仅是对工匠提出的素质要求和殷切希望，也是社会对"职业有分工不同，却无高低贵贱"的深刻认识与反思，更是多元文化下个性化消费的内在要求。

（一）"劳动光荣"的价值取向

"劳动最光荣、劳动最崇高、劳动最伟大、劳动最美丽"是以习近平同志为核心的党中央在新的历史条件下对"劳动"作出的价值选择，是对当今社会价值需求的时代回应，体现了新时代发展的内在要求。劳动是人的本质力量的体现，工匠精神必须建立在尊重劳动、尊重各行各业工作之上。每个劳动者的人格都是平等的，每个个体都是独特的，都是生命力的表现，都是值得尊重的。

为什么劳动最光荣、劳动最伟大、劳动最崇高、劳动最美丽？

因为劳动是推动人类社会进步的根本力量。劳动创造了人，劳动创造了历史，劳动创造了价值，劳动创造了世界，劳动创造了财富。劳动不仅是为自己劳动，而且是为社会劳动。今天，劳动已不再仅仅是人们谋生的手段，劳动能创造生活，创造幸福，创造未来。劳动者是幸福的，幸福是奋斗出来的，奋斗的人生才是幸福的人生。

（二）"职业平等"的价值取向

大学生应重新审视"工匠"的作用和地位，在工艺知识和技能上下功夫，可通过听专题讲座、参加实践实习、观看纪录片等形式，了解工匠、了解工艺、了解对工艺精益求精的钻研精神，以及理解工匠、工匠精神对经济建设和社会发展的重要意义，走出"君子不器"、白领崇拜的误区。

职业有分工不同，但无贵贱之分，我们不应歧视任何职业。每个人的职位无论高低，都是平等的。只要努力认真并能出色地完成自己的工作，就是值得自豪的。每一个工作岗位，都只是分工不同，并没有高低贵贱之分。如果没有清洁工人的清扫，我们的城市就无法保持干净整洁；如果没有各种服务人员的服务，我们就不能享受生活的便利。我们应平等地对待每一份职业，尊重每一位劳动人员。

（三）"三百六十行，行行出状元"的就业观念

在尊重每一种职业、每一位劳动者的基础上，我们还要"干一行爱一行"，要坚信"三百六十行，行行出状元"。"干一行爱一行"是爱岗敬业的最佳体现。对待任何职业，我们都应该兢兢业业、一丝不苟，这是一种良好的人生态度，更是一种职业操守。每个人都具有很大的可塑性，是金子就会发光。无论什么工作，只要用心去做，就一定能从中收获乐趣。具有工匠精神，即便是在普通岗位，也能干得有声有色。

二、如何践行工匠精神

工匠精神是人才培养方向的新共识、新规范、新目标。我国自古就有尊崇和弘扬工匠精神的优良传统，有些方面的工艺水平在世界上长期处于领先地位。瓷器、丝绸、家具等精美制品和许多庞大壮观的工程建造，都离不开劳动者精益求精的工匠精神。从中华优秀传统文化中汲取营养，不断赋予其新的时代内涵，引导全社会深刻认识培

育和践行工匠精神的重要意义，大力倡导尊重劳动、尊重知识、尊重人才、尊重创造的社会价值观，形成推崇工匠精神的良好社会氛围。

（一）践行工匠精神，要确立培养目标

培养工匠精神，核心在践行，关键在要明晰和锁定工匠精神所蕴含的目标维度。只有确立要达到的培养目标，培养过程才会有方向、有定位、有远方，才能瞄准标高，凝心聚力，逐梦前行。而这样的目标，就是怀匠心、铸匠魂、守匠情、践匠行。

1. 怀匠心

匠心，即能工巧匠之心，它是指精巧、精妙的心思，本质上就是创新之心。成语中的匠心独运或独具匠心，指的就是这样的灵巧独到之心。匠心是工匠精神的第一要素，是工匠精神的核心价值和灵魂。因为心是精神之宅、智慧之府、载体之本。失去匠心，工匠就沦为庸匠，精神也就随之贬值。所以怀持匠心，形成匠意、匠思、匠智，培养我们的创新精神和创新品格，是工匠精神培养的首要任务。

2. 铸匠魂

匠魂，即工匠之魂，它是人的品德、品行、品格。德是工匠精神的支柱，工匠之才是由工匠之德统领的。人因德而立，德因魂而高。德，就是工匠精神的统领与根本，是工匠精神的内涵和灵魂。因而培养工匠精神必须铸匠魂、立匠德。人有了德之魂，才能生存立世、行之久远。反之，人若失去德之魂，就只能算是躯壳和皮囊。所以，劳动教育必须践行立德树人的"育人铸魂"工程，使劳模精神和劳动精神相结合，注重对职业道德、职业精神、职业素养的培养。在劳动教育过程中，要主动搜集和学习大国工匠、劳模们的成长成才经历，眼中有标杆、心中有榜样、教学有依托，真正成为追寻德技双修的人。

3. 守匠情

匠情，是情怀之意，是人们对事物怀持的或投射在事物上积极、崇高、富有正能量的情感与态度的总和。守匠情，即保持和坚守工匠情怀，这种情怀内在地包含了人的价值取向和职业态度，是工匠精神的重要组成部分。工匠情怀包括热爱情怀、敬畏情怀、家国情怀、担当情怀、卓越情怀等。践行工匠精神，就是要向工匠们学习，守匠情，培养崇高的家国情怀、职业的敬畏情怀、负责的担当情怀、精益的卓越情怀，学习大国工匠身上这些优秀品质，树立正确的价值观和职业态度，这样才能真正得大师真传、汲精神滋养。

4. 践匠行

匠行，是指工匠们做事的行为和行动。培养工匠精神需要真抓实做、大力践行。践匠行需要明了匠行基于深厚的历史和文化内涵生成的独到的行为特征：执着、精技、崇德、求新等。如高凤林的火箭发动机焊接精确控制到头发丝的五十分之一，大飞机首席钳工胡双钱创造了加工数十万个飞机零件无次品的奇迹，这就是匠行的真髓、真谛、真义。

践行工匠精神，就是要按照这样的准则，去培养大学生脚踏实地专注做事的精神，精益求精、追求卓越的境界，遵纪守德、无私敬业的品格。这样培养出来的大学生，才是德润身、技立世、品高端的人才。

▸▸ 案例分享

郑春辉：机械无法做到的，匠人可以[①]

在福建有一个说法："莆田木雕有多牛，去看看郑春辉的艺术馆就知道了。"干了30多年木雕的郑春辉有很多头衔，但他更希望自己被称作"工匠""匠人"。在他看来，"工"字顶天立地，沾着泥土气息；"人"字一撇一捺，带着世间味道。他说："这样的称谓更贴切，更像我自己。"近年来，郑春辉的案头上总会有一本《唐诗宋词》，因反复摩挲，书皮都已翘了起来。他说："在中国传统文化中寻找创作的坐标，沉下心才能用一双手、一把刀，刻下诗意。"

一个长12.286米、高3.075米、宽2.401米的千年香樟木雕，静静躺在莆田的展览馆里。这块被载入吉尼斯世界纪录的作品两面分别雕刻着北宋张择端和清宫画院绘制的两版《清明上河图》。行船、流水、桥梁、店市、民房、人物……在尊重原作的基础上，郑春辉通过镂空雕、透雕、浮雕和莆田精微透雕等技法，让躺在纸上千年的中国名画立体了起来。

在这件作品上雕刻有700多个人物形象，每个人物最多只有寸把长，可是神态各异、身份鲜明；车船上的绳索只有牙签粗细，桥梁的支架纤如毛发……整幅作品繁而不杂，层次分明，人物的喧闹声、行船声和流水声仿佛在耳畔，让人产生一种身临其境之感，生动展现了流动在历史中的盛世景象。

让不少观赏者惊讶的是，这幅由郑春辉设计并带领创作团队8名成员耗时4年完成的大型木雕作品，竟全部出自手工，无一处粘黏。50多岁的郑春辉，每天除了读书就是走进工作棚，对着一块块纹理各异、枝杈斜出的木头树干凝神沉思。到今天，他依旧还是会一手扶木，一手拿着刻刀，站在木料前打坯、修光，一如30多年前他当学徒时的样子。

虽然在木雕行业，现代机械已大规模替代传统手工，但在郑春辉看来，木雕匠人手中每一刀力道和角度都不同，正因为这些不同，作品才有了灵气。他认为，"机械无法传递诗意，但是匠人可以"。

---

① 资料来源：https://www.workercn.cn/861/202011/26/201126071849495.shtml，选入本书时有改动。

工匠精神，匠心为本。有没有工匠精神，关键是看有没有一颗安于默默无闻、执着于追求卓越的匠心。树立匠心，既要弘扬优良传统，又要紧跟时代步伐、勇于开拓创新。

工匠精神，匠人为基。广大技能人才是工匠精神的主要传承者、实践者、创新者。拥有一支技艺超群、敬业奉献的技能人才队伍，是建设制造强国的坚强保障。

郑春辉是怀匠心、铸匠魂、守匠情、践匠行的优秀代表，他以卓尔不群的技艺和劳模特有的人格魅力、优良品质，成了木雕行业领域内的工匠人才。我们学习和弘扬工匠精神的主要目的是通过践行工匠精神，成为更好的自己，最终成为专业领域内或行业内的工匠人才。每个劳动者都应该践行工匠精神，打造自己的绝技、绝活儿，成就自己的美好人生。践行工匠精神不是一件容易的事情，关键在于认识自己。而要全面认识自己，需要从兴趣、理想、信念、责任、态度、习惯等几个方面着手，做到兴趣浓厚、理想远大、信念坚定、勇担重任、态度积极、习惯优良。

（二）践行工匠精神，要弘扬实干精神

实干是干好工作的前提，也是发展进步的重要保证。面对纷繁复杂的社会现象，青年大学生在新时代、新任务下要弘扬实干精神，做到"想为、敢为"。

1. 求真务实是实干精神的关键

弘扬求真务实的作风首先在观念转变。思想是行动的先导，没有思想认识的大提高，就不会有事业的大进步。要坚持在解放思想中统一思想，在统一思想中更新观念，为推进科学发展、又好又快发展奠定坚实的思想基础，提供强大的精神动力。青年大学生要进一步解放思想、勇于创新、奋力开拓、敢为人先，发扬实干精神，坚定求真和务实的观念，只要是有利于自身成长、有利于又好又快发展的，就大胆试、大胆闯、大胆干；要善于总结发展中的新经验，善于探索解决问题的新办法，善于找到攻坚克难的好措施。

弘扬求真务实的作风重在落实。推进又好又快发展，要求青年大学生真正俯下身子、沉下心来，脚踏实地干事业，埋头苦干促发展；确保工作干一项成一项，取得实实在在的成效；要发扬不怕困难、甘于吃苦的精神，多到基础条件差、发展相对慢的地方脚踏实地地锻炼自己，多到矛盾突出、困难较多的地方有针对性地磨炼自己；要说实话、办实事、出实招、求实效，坚决做到不务虚功、不图虚名，坚决反对搞形式主义、反对做表面文章，真正做到一步一个脚印，以扎实的工作接受社会和实践的检验。青年大学生要力戒形式主义。

2. 勤劳踏实是实干精神的保证

人的青春岁月恰如昙花一现，又如江流入海，奔涌向前。这是人生中最美好且短暂的时光，更是不可复刻的璀璨年华，因此古人有"青春须早为，岂能长少年"之言。

对现代青年人而言，似乎时刻都有忧虑，唯恐脚步稍慢，就会被这个时代抛在身后。殊不知，"早和快"远不如"稳和静"来得稳妥心安。青春的座右铭的确应是步履不停地向前奋进，但不急功近利、脚踏实地的"稳和静"，才是青春中那抹最纯净的"底色"。

脚踏实地是仰望星空的根基。无论梦想如何绚烂，也要静下心来一步一个脚印地去追逐实现。守住自己的初心，将自己真正喜爱的专业兴趣，发展成为之奋斗的事业，将"热爱"转化为社会生产力，这是当代青年人真正对自己的人生高度负责的体现。在明白"时不我待"的紧迫性的同时，更要经历"宁静致远"的人生修炼。对青年人而言，只有在"稳和静"的底色中，青春的拼搏与奋斗才会越挫越勇，一往无前！

3. 坚定理想信念是实干精神的基础

实干要有"想为"的境界。理想信念就像人生的灯塔，决定我们的言论和行动，也决定我们的立场和方向。没有理想信念，精神上就会"缺钙"。要真正将理想信念建立在科学理论的理性认同上，建立在对历史客观规律的正确认识上，让实干有"想为"的境界。只有"想为"才能"会为"，进而才能"巧为"。

实干要有"敢为"的担当。担当是一种情怀，"先天下之忧而忧，后天下之乐而乐"是范仲淹忧国忧民的担当情怀。无论在烽火连天的战争岁月里，还是在和平建设的新时期，无数共产党员胸怀革命的崇高理想，坚定共产主义的伟大信念，敢于担当，勇于奉献。唯有担当才能扬起人生的风帆，唯有担当才能无愧于历史、无愧于时代、无愧于人民。

▸▸ 案例分享

宁允展：工匠就是凭实力干活[①]

CRH380A型列车，曾以世界第一的速度试跑在京沪高铁路线上，它是向全世界推销中国高铁携带的唯一车模，可以说是中国高铁的一张国际名片。打造这张名片的，有一位不可或缺的人物：高铁首席研磨师——宁允展。

486.1千米，这是CRH380A型列车在京沪高铁路线上跑出的最高时速，它刷新了高铁列车试验运营速度的世界纪录。如果把高铁列车比作一位长跑运动员，车轮是脚，转向架就是他的腿，而宁允展研磨的定位臂就是脚踝。每片转向架的质量有1.1吨，定位臂落在四个车轮的节点上，每个接触面不足10平方厘米，当列车以时速300千米

---

① 资料来源：https://news.gmw.cn/2024-02/03/content_37129356.htm，选入本书时有改动。

运行时，接触面承受的冲击力有二三十吨。缝隙大了，车轮可能会松脱，但如果完全焊死，转向架就无法再打开，影响列车检修。宁允展负责的这道工序，在全世界所有高铁列车生产线上，都要靠手工研磨。按照国际标准，留给手工的研磨空间只有0.05毫米左右，也就是相当于一根细头发丝。在过去的十多年里，宁允展就在这细如发丝的空间里施展着自己的绝技。磨小了，转向架落不下去，磨大了，价值十几万元的主板就报废了。

宁允展的同事说："宁允展的绝活也正在这里，他可以像绣花一样，把切口表面这些隐约的竖线，织成一张纹路细密、摩擦力超强的网。当研磨空间到0.1毫米的时候，国内大概有十几个人能干；但到了0.05毫米时，就只有他能干。"宁允展这双魔术师般的手，传承了父亲的基因。他的父亲是村里的铁匠，宁允展小时候经常跟着父亲帮乡亲们打磨家具，也因此从小就喜欢上了学手艺。初中毕业后，宁允展考上了铁路技校。没有想到的是，在2006年，他会被万里挑一，成为第一位学习CRH380A型列车转向架研磨技术的中国人，宁允展对技术的掌控和精准把握，让日本专家都竖起了大拇指。宁允展成了高铁研磨的第一把手，很快还当上了班长。可是，没过多久，他却找到领导说不想当班长，还是让我干活吧。他说，自己对管理不感兴趣，感觉还是自己擅长的东西比较拿手。宁允展的家，距离工厂有近半个小时的车程，他和妻子的交流基本在每天上下班的路上，因为一到家，他又开始忙了。在这个三十多平方米的小院里，大部分地盘都是宁允展的，这些磨具，是他自费在网上买的，不是为了别的，就是为了练手艺。一开始，妻子并不理解。因为宁允展一干就干到晚上八九点钟，她不理解丈夫为什么下了班还要忙这些。宁允展说当初正是因为父亲尊重自己的选择，他才如愿考进了铁路技校。父亲希望宁允展做一个能独当一面、单位离不开的技术能手，经过20多年的努力，他做到了。2010年，是CRH380A型列车准备冲高速的关键时刻，这一年，身患白血病七年的父亲第三次住院，宁允展虽然意识到，和父亲在一起的时间不多了，可是他不能天天陪在身边。得知父亲去世的消息，是在下班路上，当时他难受极了。

随着CRH380A型列车冲刺高速成功，宁允展投入了更高速度列车的生产，并在工作中不断地研发新项目、新工艺，先后获得多项国家级技术专利。宁允展说："工匠就是凭实力干活，实事求是，想办法把手里的活干好，这是本分。"他说要把这份技艺继续干下去，干到自己干不动为止。宁允展说："我不是完人，但我的产品一定是完美的。做到这一点，需要一辈子踏踏实实做手艺。"如果每一件中国制造的背后，都有这样一位追求极致完美的工匠，中国制造就能更多地表现为优质制造，让更多的中国产品在全球市场释放更耀眼的光芒。

求真务实就是各项工作要立足于"实"、扎根于"实"。要讲真话、报实情、求实效，实事求是，脚踏实地，敢创新，敢将自己的真才实学发挥到社会真正需要的地方去。高铁首席研磨师宁允展踏踏实实做手艺，凭一腔热血、一份实干精神在高速列车生产、研发工作中勤奋耕耘、追求极致。

务实、勤恳、脚踏实地，不仅对一个人做学问极为重要，而且对一个民族、社会的发展和进步尤为重要。拥有务实的态度，才能保持一颗清醒的头脑，尊重客观事实，从而获得新的进步，反之，一个在虚幻中自我陶醉、浮躁的民族和社会，是不可能创造辉煌、达到理想境地的。实事求是是马克思主义的精髓，我们过去取得的一切成就都依靠实事求是；今天，我们要把中国特色社会主义事业继续推向前进，还是要依靠实事求是。

（三）践行工匠精神，要勇于锐意进取

"天行健，君子以自强不息。"中华传统文化崇尚自立自强，进德修业，向上向前，永不停止。五千多年的灿烂文明，中华民族筚路蓝缕、胼手胝足、不怕困难、不畏强暴，淬炼了奋发向上、顽强拼搏、自强不息的伟大精神。当下，要实现中华民族伟大复兴，就是要每一个中华儿女肩负起历史使命，保持锐意进取的奋斗精神。

1. 精神状态决定事业成败

保持锐意进取、永不懈怠的精神状态，是我们不断从胜利走向新的胜利的重要法宝。良好的精神状态，是做好一切工作的重要前提，是人们战胜困难、成就事业不可缺少的重要因素。回顾历史，我国社会主义的革命和建设事业从来不是一帆风顺的，在每个时期都面临各种各样的风险和挑战。面对艰难险阻，我们党始终锐意进取、永不懈怠、一往无前，团结带领人民取得了世人瞩目的巨大成就。在中国特色社会主义的新时期，改革开放事业到了一个愈进愈难、愈进愈险而又不进则退、非进不可的时候。摆在我们面前的使命更光荣、任务更艰巨、挑战更严峻、工作更伟大。这更需要青年大学生始终保持锐意进取、永不懈怠的精神状态，勇于担当作为，善于攻坚克难，只争朝夕、夙夜在公，在新时代创造新的奇迹。

2. 艰苦奋斗成就幸福人生

人生的路不可能是一帆风顺的，就如一条小河一样弯弯曲曲，花朵只有经过了努力才能美丽绽放，大树只有经过了风吹日晒才能参天，而我们只有经过了奋斗才能成才。成功者必备的成功条件之一就是奋斗。成功需要奋斗作基石，我们需要用奋斗书写辉煌，只有通过奋斗才能进步。奋斗是为一个目标去战胜各种困难的过程，这个过程会充满压力、痛苦、挫折。奋斗的目的是享受这个过程，而这个过程带给我们的各种快乐、悲伤、愁苦，都会成为我们心智更加成熟的养料。当我们成熟之后再次回过头来看待这些压力、痛苦、挫折，只会释怀地微笑，因为"轻舟已过万重山"。

胡双钱：国产大飞机的首席钳工①

胡双钱，在 37 年里加工过数十万个飞机零件，令人称道的是，在这里面没有出现过一个次品。C919 首架飞机已经首飞成功，在这架有着数百万个零件的大飞机上，有 80％ 是我国第一次设计生产，复杂程度可想而知。钳工胡双钱负责打磨大飞机上的一个精密零件，在这间现代化数控车床的厂房里，所有工作都由手工来完成的胡双钱，像一个有些过时的老古董，他的抽屉里装满了和他同一个年代的老式工具。在这个 3000 平方米的厂房里，胡双钱和他的钳工班组所在的角落并不起眼，但是打磨、钻孔、抛光，对重要零件的细微调整，这些大飞机需要的精细活都只能手工完成。胡双钱说："有种是角度很小的、直角的零件，刀子伸不进去，还要靠手工来修锉。就说有一个零件，你如果说很急，用数控机床做的话要编程，但是靠我们机加工来做，有可能在最短时间里，就把这个零件给做出来。"航空工业要的就是精细活，大飞机的零件加工精度要求达到十分之一毫米级，对此胡双钱说："相当于人的头发丝的三分之一。"在中国民用航空生产一线，很少有人能比胡双钱更有发言权。

1980 年，从小就喜欢飞机的胡双钱刚刚进厂，就见证了中国人在民用航空领域的第一次尝试——运 10 飞机的首飞。他说："一下子腾空上去，那个试飞情景，在我现在的脑海里，一直记忆犹新。"然而喜悦还没有散去，运 10 飞机的项目因为多种原因最终下马。原本聚集了中国航空制造能人的上海飞机制造厂突然冷了下来。当时，厂门口停满了上海各种工业技术企业招聘员工的专车，私营企业的老板甚至为他开出了三倍工资的高薪，但是胡双钱拒绝了。2006 年，中国新一代大飞机 C919 终于立项，中国人的大飞机梦再次被点燃。大飞机的制造让胡双钱又忙了起来，不仅要做各种各样形状各异的零件，有时还要临时救急。一次，生产急需一个特殊零件，从原厂调配需要几天的时间。为了不耽误工期，只能用钛合金毛坯来现场临时加工，这个任务交给了胡双钱。胡双钱回忆："一个零件要 100 多万，关键它是精锻出来的，所以成本相当高。因为有 36 个孔，大小不一样，孔的精度要求是 0.24 毫米。"0.24 毫米，相当于人头发丝的直径，这个本来要靠细致编程的数控车床来完成的零部件，在当时却只能依靠胡双钱的一双手和一台传统的铣钻床，连图纸都没有。打完这 36 个孔，胡双钱用了一个多小时。当这场类似金属雕花的加工结束后，零件一次性通过检验，被送去安装。

---

① 资料来源：http://acftu.people.com.cn/n1/2016/0721/c67502-28574727.html，选入本书时有改动。

胡双钱的同事曹俊杰钳工表示："有难件、特急件，总会想到老胡，半夜三更把他叫进来也是很正常的事情。但相反的话他就是家里面肯定照顾得少一点。"作为一个一线工人，老胡没有给家里挣来更多的钱，却带回了一摞摞的奖状和证书。老胡说，回想他的人生，他是运10飞机的时候进来的，到他退休的时候正好参加C919飞机制作，如果年龄允许的话，他最好再干10年、20年，为中国大飞机多做一点贡献，这也是他的理想。

"心心在一艺，其艺必工；心心在一职，其职必举。"中国的工匠对每一个零件、每一道制作工序、每一个产品精心打磨、专心雕琢、用心制造都展现着一种工作态度和一种价值理念。国产大飞机的首席钳工胡双钱始终以锐意进取的精神对工作质量精益求精、对零部件产品一丝不苟、对钳工事业的完美孜孜追求，这些都饱含着中国工匠的心血，更承受了时间的打磨与沉淀。

大学生一定要继承和弘扬这种工匠精神，锐意进取的奋斗精神，一丝不苟的踏实精神，不管在何种岗位、何种部门、何种角色，都一定要始终坚持要做就做最好的态度和工作理念。只有敢于锐意进取、勇于拼搏奋斗，把自己的事情做精做细做完美，才能把自己的工作干好、干出特色、干出高水平，才能在学习和工作中找到乐趣、体现价值，才能赢得社会各界的尊重。

（四）践行工匠精神，要培养创新意识

创新是知识经济时代的一个显著标志，创新是一个民族进步的灵魂，一个没有创新能力的民族，难以屹立于世界民族之林。当今国际社会处于飞速发展的时代，追求卓越的创新精神显得尤为重要。只有拥有创新精神的国家，才能让自己屹立于世界强国之林。

1. 追求创新是工匠精神的传统

追求创新的作风在很早以前就根植在数千年的华夏文明中。这种勤勉认真、刻苦练习和研究的精神，造就了中华璀璨多姿的文化。在中华几千年的文明史中，工匠们除了各种发明创造外，还具有不断追求创新的精神。东汉时期的张衡发明了浑天仪和地动仪，比欧洲早1700多年；南朝的祖冲之精确地算出圆周率是在 3.1415926～3.1415927之间，这一成果比欧洲早1000年；中国于公元前5世纪发明了双动式活塞风箱，比西方早2100年左右；公元前2世纪，中国人发明了旋转式扬谷扇车，比西方早2000年左右；公元前1世纪，中国人发明了独轮手推车，比西方早1200多年；东汉时期的华佗擅长外科手术，被誉为"神医"，他发明的有麻醉效果的麻沸散比西方的麻醉药早1600多年；隋朝的赵州桥是现存世界上最古老的一座石拱桥；等等。

中华民族是充满智慧的民族、不甘落后的民族，今天，在大众创业、万众创新的热潮中，我们要呼唤中国古代工匠具有的那种敬业、勤奋、执着、创新的精神，以此为企业铸魂。企业更要为冲锋陷阵者、为敢于亮剑者、为勇于改革者创造良好的制度

环境和激励机制，让人人敢担当、个个能出彩，使中国成为创新大国、制造强国。

2. 改革创新是时代精神的内涵

历史的车轮不断向前，正是因为合理扬弃，才有了新事物。在工业大革命时，人们不局限于仅用手工劳作，才发明了机器；不局限于仅在地上行走，才研制了飞机；不局限于仅用煤作为能源，才发现了电力的奥秘。如今，人类已可以遨游太空，而无数科学家却仍在努力地探索着，去研究、发现新的更科学的规律，从而让人类社会不断向前发展。"青，取之于蓝，而胜于蓝"，只有不断推陈出新，才有存在和发展的可能。

生活需要创新，社会需要创新，国家和民族需要创新。没有创新就没有丰富多彩的物质世界。我们要在创新中求生存、求发展。其实很多问题的答案都是丰富多彩的，若是只能得出一种答案，那么我们就要从主观方面看看是不是思想僵化，是不是被条条框框所局限。改革创新是时代精神的内涵，只有这样，我们才能在前进道路上迈出坚实的步伐。

3. 工匠精神与创新精神一脉相承

工匠精神的核心在于创新。听起来，创新和不断重复、精益求精的工匠作业似乎有矛盾。但烦琐复杂的工作是培育创新的土壤，追求完美是助推创新的动力。纵观历史，国内有鲁班、张衡等，国外有富兰克林、爱迪生等，他们都能够被称为"工匠"，最终被后世铭记，不是因为他们日复一日、年复一年打磨某个产品，而是他们不断提供创造力，通过创新给后世留下了宝贵的财富。现代工匠精神，并非简单地重复与坚守，而是改进与创新。

工匠精神是推动社会建设的一个重要的信仰，繁荣不息的世界离不开工匠孜孜不倦地建设和坚守，但是真正推动世界发展和进步的却是创新精神、创造精神。没有对创造的热爱，就没有对知识和真理的热爱。工匠精神离开了创造精神、创新精神，就会像一台简单编程的机器一样枯燥和乏味。工匠精神与创新精神相结合，才能将一个人的创造潜力真正发挥出来。

我心中的工匠故事

第三编
参加劳动实践

第六章　建设美丽家园

建设美丽家园，人人皆可为，人人皆能为。我们要争做美丽家园的宣传者、美丽家园的建设者、美丽家园的维护者，用勤劳双手让家园变得更加美丽！

第一节　我爱我家劳动

家庭是组成社会的基本单位，是社会的细胞，家庭是"劳动创造一切"观念得以形成和巩固的基地。家务劳动，是家庭成员用于家庭内部事务的自我服务和相互服务的劳动消耗。它是家庭存在和维系所必不可少的活动，是家庭生活的一个组成部分。家庭是学生劳动教育的主阵地，家务是家风建设的重要手段，也是参与家风建设的途径之一。当代大学生可以通过家务劳动，树德、增智、强体、育美、创新，为成就自己的幸福人生奠定坚实基础。

学习目标

知识目标：明确家庭劳动的基本内涵，了解各类家务劳动实践的相关知识。

素质目标：领悟日常生活劳动的意义和价值，培养良好生活习惯和卫生习惯，提升审美水平和劳动技能，增强劳动自立自强的意识和能力。

实践目标：掌握各类家务劳动的实践技能，能够持续开展日常家务劳动，自我管理生活，提高日常生活劳动质量和效率，提升生存和生活的能力。

学习重点、难点

重点： 生活劳动的实践技能。

难点： 提高生活劳动的质量和效率。

一、清洁卫生类家务劳动

千里之行，始于足下。"不会""我有更重要的事情做"，不该是我们拒绝家务劳动的借口，而应是我们学习、践行家务劳动的动力。同时，参与家务也并不仅仅是做了些生活琐事而已。一份《上海大学生创业现状调研报告》显示，上海大学生的创业热衷程度和参与家务的主动性有显著关联。

研究发现，主动参与家务的大学生往往更有责任感，并且经常做家务劳动的大学生动手能力更强，而这两种能力是创业者必须具备的关键能力。同时，在家务劳动的过程中，大学生获得了解决问题的思考模式和实践方法，这种思考模式和实践方法将使他们受用一生。因此，我们应该从洗衣、熨烫、针线活、收纳等方面学起，在日常生活中养成良好的劳动习惯。

(一)洗衣必备常识

1. 洗衣要分类

洗衣服时，不仅要按颜色分类，还要看衣服的材质、种类。衣物可按颜色分为纯白色、浅色(包括带白色条纹的衣物)、深色(黑、蓝、褐等)、艳色(红、黄、橙等)四类进行清洗；材质方面，一定要将毛绒多的衣物(毛巾、毛衣、灯芯绒衣物等)和容易起球的衣服分开洗，避免把衣服洗坏；贴身衣物，如内裤、秋衣裤等，要单独洗涤。

2. 水温应合适

通常来说，水的温度越高，去污效果越好。但应该注意，并不是所有衣服都适合用热水洗，要根据衣物上的水洗标选择合适的洗涤方法和水温。一般情况下，丝质、羊毛织物等应用冷水洗。

3. 先放洗衣液，后放衣物

手洗衣服时，应先放水和洗衣液，并进行搅动，待洗衣液充分溶解后再放入衣物。这样洗衣服，不仅能让洗衣液更好地发挥作用，还能避免衣物上留下洗衣液的印记。

4. 洗衣液的用量应适度

在使用洗衣液前，应先阅读洗衣液的使用说明，明确洗衣液与水的比例。洗衣液的用量过少，无法达到去污效果；洗衣液的用量过多，不但会浪费资源，还会产生残留。一般来说，洗衣液的用量按照说明书的推荐值即可。

5. 洗衣机不能塞太满

有人喜欢凑一堆脏衣服，把洗衣机填满再洗，以为可以省水省电，殊不知，这样不但容易洗不干净还会缩短洗衣机的使用寿命。衣物体积最多只能占洗衣机内筒体积的 2/3。

（二）熨烫使用技巧

1. 熨烫步骤

（1）熨烫机内注水。注水时应往熨烫机内灌注冷水，以减少水垢的产生，避免喷气孔堵塞。

（2）选择温度。熨烫机上一般会有调节温度的旋钮，使用时可根据衣物的材质和熨烫标识选用适合的温度。

（3）熨烫。熨烫过程中应保持衣物平整，以免熨烫过后衣物再次留下褶皱。同时，应在水温达到温度后再开始熨烫，因为在温度不够时，是无法形成水蒸气的。

（4）熨烫完的衣服不要马上挂入衣柜，而应先挂在通风处，待衣服完全干透之后再挂进衣柜，以免衣物发霉。

2. 不同布料衣物的熨烫方法

（1）棉麻衣物的熨烫方法

熨烫温度：160℃～200℃。

熨烫手法：①动作敏捷，但不能过快；②往返不宜过多；③用力不宜过猛；④熨烫淡色棉麻织品时应保持匀速，以免衣料发黄。

（2）丝质衣物的熨烫方法

熨烫温度：110℃～120℃。丝质衣物需低温熨烫，过高的温度容易导致衣物褪色、收缩、软化、变形，严重时还会损坏衣物。

熨烫手法：①垫布熨烫，或熨烫衣物反面；②熨烫时熨烫机要不断移动位置，不能在一个地方停留时间过久，以免产生烙印水渍，影响衣物的美观。

（3）皮衣的熨烫方法

熨烫温度：80℃以下。

熨烫手法：①垫干燥的薄棉布进行熨烫；②熨烫时用力要轻，以防烫损皮革。

（4）毛织衣物的熨烫方法

熨烫温度：薄款 150℃以下，厚款 200℃以下。

熨烫手法：①先将湿布盖在布料上，再熨烫；②熨烫时，熨烫机应平稳地在衣服上移动，不宜移动过快。

（5）合成纤维衣物的熨烫方法

合成纤维种类繁多，不同的合成纤维衣物的耐热程度各不相同。初次熨烫前可先找衣物里面不明显的部位试熨，在掌握了适合的熨烫温度后再进行大面积熨烫。

（三）针线拿手绝活

做好针线活的前提是要学会常用的针法。缝制衣物使用的针法有平针法、锁边缝、藏针法、包边缝、扣眼缝、缩缝法等。

（1）平针法是最基础的针法，也是最常用的针法。这种针法主要用于拼接布料和缝制布料的轮廓。缝制时要注意针脚间隔均匀，间隔一般为 3 mm 左右，也可根据实际情况调整。

（2）锁边缝一般用于缝制织物的毛边，以防织物的毛边散开。

（3）藏针法一般用于两块布料的缝合。这是一种很实用的针法，能够有效隐藏线迹，常用于衣服上不易在反面缝合的区域。

二、整理类家务劳动

整理家庭环境是家务劳动的一部分。这包括整理房间、收拾杂物、整理文件等。整理可以使家庭环境更加整洁、有序。

（一）空间整理与收纳

1. 客厅整理与收纳

（1）茶几一般摆放茶具、果盘、遥控器等，还可以根据需要整理收纳一些坐在沙发上时常用到的物品，如书籍、游戏机等。

（2）如果客厅空间允许，可以在沙发旁边放置一个稍大的整理收纳筐，将沙发被、多余的靠垫、临时外套等放进去，保持沙发区域的整洁。

（3）组合柜。电视柜可以由组合柜组成。通体式长柜可以储存一些较高的物件，如立式风扇、手持立式吸尘器等；电视机上方的柜子可以储存纸巾、利用率不高的包等；电视机下方的柜子可以储存针线盒、电器说明书、游戏机等。

（4）在电视墙上方或者沙发墙上方可以设置隔板架，整理收纳画册、书、摆件等。这些架子不能承受过重的物品，摆放物品时要充分考虑安全性。

（5）楼梯下部空间比较特殊，可以用于储物，低矮处可做成抽屉，较高处可以做成衣柜；也可以根据家庭需要做成展示柜、鞋柜等。

2. 厨房整理与收纳

（1）对刀叉、封口夹、勺子等小物品进行分类，并放在有隔断的抽屉或抽屉盒中，不仅一目了然，而且便于取用。

（2）在墙面上安装横杆、挂钩，放置可挂式物品和工具，如铲子、洗碗布等，既干净整洁，又充分利用了空间。把刀具等利器放在专门的刀架或抽屉中。

（3）利用下柜门的内侧面，安装尺寸适宜的挂架，用于挂置各种锅盖。

（4）台面下可以是带有分隔的抽屉，将平底锅横向放入；也可以是开放式层架，将锅具、锅盖一同整理收纳，兼顾通风干燥。

（5）利用可移动隔层有效利用"鸡肋"空间。例如，洗手池下方的排水管一般位于该空间的中央，导致下方的收纳空间很"鸡肋"，竖向空间很大，但是横向空间被阻挡，此时可移动隔层就发挥了大作用，巧妙地避开下水管道，充分利用其余空间。

（6）利用旋转置物架整理收纳厨房的各种调味料，轻轻转动置物架，即可轻松拿取所需的调味料。

3. 书房整理与收纳

(1)较厚的精装典籍可以装进书套中，书脊朝外，既能防止书的变形，又能防尘，也不影响侧面外观。

(2)较薄或没有书脊的书，在书柜中立着摆放后不容易查找。可将同一种类或同一系列的薄册图书合装在一个书套里，在书套上贴上对应的书名。

(3)年代久远的破旧书，其收藏价值远远大于使用价值，应保持好现状并进行修整，可单独包书皮。

(4)家电保修卡、发票、荣誉证书等单页类文件，可以根据不同的类别用透明单片夹收纳，每个单片夹对应同类文件，不容易遗失，也能透过透明单片夹轻松找到想要的文件。

(5)手机支付、电子会员卡日益普及，人们基本不会再随身携带实体银行卡、会员卡等，可以将实体卡片统一收纳于卡包中，集中存放，便于查找。

4. 卧室整理与收纳

(1)自带储物柜的床下方可以收纳很多物品，注意按照使用频率放置物品，把不常用的被褥、衣物等放置在里面，但要做好防护，最好先用收纳工具装好。

(2)不带储物柜的床下方有一定的空间，可以利用整理收纳箱将物件分类存放，整齐地排放在床底下。选购整理收纳箱前，一定要测量好床下空间尺寸，选购时可以挑选便于清洁床底卫生的带滑轮的整理收纳箱。

(3)床头边基本都会有一组床头柜，可以用来放置书籍、电子产品等，还可以在台面上放一盏小夜灯，用于起夜时的照明，也起到点缀整体空间的效果。

(4)梳妆台一般都会有抽屉，可以把化妆品和物件收纳在其中，收纳时可参考"三字法"——竖、立、躺。

5. 卫浴室整理与收纳

(1)充分利用门后空间。门后如果有一定的宽度，可在门背后放一个尺寸适合的多层小筐，分类放置洗漱用品、睡衣、毛巾等；也可以利用门后墙壁，设置一个置物架，置物架的厚度以不影响开关门为宜。

(2)尽量保持洗手池台面的整洁。洗手池台面上的东西越少，台面显得越整洁，空间越大；一般可以放一个托盘或置物架，收纳梳子、牙具等；尽可能把瓶瓶罐罐都收纳进洗手池上方的柜子中，既整洁，也方便打扫清洁。

(3)洗手池台面下方可能是镂空的，也可能是打满柜子的。镂空空间可以放脏衣篮、洗脸盆、塑料矮凳等；封闭式储物柜可以收纳洗浴用品、厕纸、毛巾等。

(4)利用淋浴房墙面转角安置各种整理收纳工具是常见的整理收纳方式，如玻璃板、金属挂架等，把洗护用品归类放置。建议洗发护发用品放最高层，洗浴用品放第二层，最下层放搓澡类用具。

(5)利用沐浴区横向空间，将临时的衣物和毛巾置于此处。

(6)利用坐便器周边空间。可以在坐便器抽水盖上方放置多层置物架，把浴巾、睡衣、香氛等摆在上面，也可以在坐便器边侧放置立式边柜收纳物品。

(二)物品整理与收纳

1. 衣物整理与收纳

为了更好地利用衣柜空间，很多家庭选择使用整理收纳工具，如利用挂衣杆、拉篮、分隔板、储物筐等分别放置不同的衣物，起到分隔衣柜内部空间的作用。

(1)在抽屉中放入尺寸适宜的收纳格，分类放置皮带、丝巾、领带、内衣、袜子等物品。收纳格有不同的尺寸，可搭配使用。

(2)如果衣柜内的空间较大，可以自行添加分隔板。在较窄但是有一定高度的空间，可以选用悬挂式收纳格，将空间划分成多个小格，储放薄款衣物、围巾、浴巾等。

(3)衣物收纳时，卷放和叠放是最为常见的整理方法，它们是将衣物按照相同规格整理堆放排列。卷叠衣物时尽量把某件衣物的典型特征翻在外面并折到最上方，如服饰的标志性图案等，方便识别。一般放在抽屉的易皱的衣物用卷，放在衣柜隔板上的较挺括的衣物用叠。

(4)在衣柜旁边设计一排挂钩，临时悬挂可以穿着多次的衣服。

(5)收纳过季衣物时，方便折叠的衣物用储物箱装起来放置，在储物箱外贴上标签，注明衣物种类；需要悬挂的衣物用防尘袋装好，可以防潮、防灰尘；方便折叠的大件衣物可以储存于大型储物袋内，储物袋建议选用布艺的半透明款式，方便查看。

(6)帽子、手套等可以用闲置盒子装好，摆在衣柜上层或顶端，既防尘又美观。

2. 床上用品整理与收纳

(1)传统棉被和化纤被

传统棉被和化纤被的整理收纳相对简单，除不能收纳于潮湿的环境以外，没有其他苛刻条件。传统棉被和化纤被均不能水洗，在收纳之前要暴晒，并用藤拍充分拍打，可以用真空压缩袋进行收纳。

(2)羽绒被和蚕丝被

羽绒被和蚕丝被价格较高，保暖性好，并具有良好的吸湿性、透气性，还具有轻、柔、软等特点。但羽绒被和蚕丝被比较"娇气"，不能水洗，也不可暴晒，怕挤压。整理收纳之前可以将被芯放在避光通风的地方晾晒，然后用干爽洁净的被罩套起来，收纳于有一定支撑力的箱子中，不可过度挤压。

3. 饰品整理与收纳

(1)通常用首饰盒来整理收纳项链、耳环、戒指、胸针、丝巾扣等小饰品。首饰盒有非常合理的分区，可以让每一个小物件都有自己的位置。

(2)除了把首饰放在首饰盒里，也可以把各种漂亮的首饰展示出来，项链、耳环等饰物都能挂在首饰架上，在整理收纳的同时还增添了美观性。

（3）可以采用软木板作为耳饰收纳架，耳钉可以收纳在红酒橡木塞上，有些闲置的杯子可以作为饰品的收纳盒，将耳钉、项链等挂在杯沿处。

（4）如果耳饰较多，可以购置透明耳饰收纳盒，将耳饰按照不同风格进行分区收纳。

（5）将领带、发箍、领结等按颜色深浅、图案等进行排列，放进分隔盒里整理收纳。

▸▸ 劳动贴士

收纳整理神器

（1）可折叠收纳晾衣架。无论是用来晾衣服，还是存放，都非常节省空间，方便收纳。

（2）真空压缩袋。这是通过抽走空气，进而借助大气压对物体造成自然压缩的一种袋子，适用于棉被、各种服装的收纳。真空压缩袋可以极大地节省空间，还具有防潮、防霉、防蛀、防异味等特点。

（3）桌面收纳盒。有时候，办公桌、书桌或电脑桌的桌面杂物较多，可以利用组合的桌面收纳盒，对不同的物品进行分开放置，便于使用。

三、维修类家务劳动

随着现代家庭设备日益增多，家庭中的各种设施和设备需要维护和修理，维修类家务劳动成为日常生活中不可或缺的一部分。大学生作为家庭的一员，积极参与维修类家务劳动不仅有助于提升个人技能，还能为家庭和谐作出贡献。

（一）微波炉的使用与维护

（1）微波炉要放置在通风的地方，附近不要有磁性物质，以免干扰炉腔内磁场的均匀状态，使工作效率下降。微波炉应该平放，远离炉火及水龙头。炉后或两侧通风之处切勿盖住，最好与墙壁有5厘米以上的距离，使热气易于散发，且要和电视机、收音机保持一定的距离，否则会影响视听效果。

（2）微波炉内如无物品，切勿使用。因为发出的微波无法被吸收，会反弹回磁控管而造成损坏。

（3）在使用转盘式微波炉时，盛装食材的容器一定要放在微波炉专用的盘子中，不能直接放在炉腔内。

（4）微波炉关掉后，不宜立即取出食物，此时炉内尚有余热，食物还可继续烹调，应过 1 分钟后再取出为好。

(5)如微波炉门有凹痕或者有任何损坏导致关不牢，不应使用。定期检查炉门四周和门锁，如有损坏、闭合不良，应停止使用，以防微波泄漏。若发现门铰不妥，立即修理。

(6)大部分微波炉在炉腔内的右侧有微波反馈入口，一般用云母或塑料片遮挡，必须定期(建议使用微波炉 10 次左右)用湿布擦洗干净，否则溅在上面的油污或食物残渣易被炭化，引起微波反射，烧坏磁控管。在加热食物的过程中，最好能顺手在食物的上面盖个陶瓷或玻璃的碟子，既可防止油烟或食物碎屑飞溅及减少水汽附着到内壁上，还能避免微波炉安全隐患，同时也减轻了清洁工作量。

(7)微波炉宜常保持清洁及干爽，炉内如有水汽会减低效能，应尽量拭干。

(8)微波炉若因意外着火，勿打开炉门，应先把炉关掉，再将插头拉出，炉内之火便会慢慢熄灭。

(9)在煎煮带壳食物(如整个鸡蛋，它会因压力在炉内爆开四射)时，要事先用针或筷子将壳刺破，以免加热后引起爆裂、飞溅弄脏炉壁，或者溅出伤人。整个带皮的蔬果如土豆、瓜类、番茄及梅子等，应先将皮戳破疏气以避免爆炸。香肠、鸡肝、蛋黄、鲜鱼等，亦应戳破。加热牛奶或汤水时，最好中途搅拌一下，以免溢泻。如果要在微波炉内煮面食，切勿在煮面的水内加油，因为浮在水面的油，遇热会四溅，将导致危险。

(二)电视机的使用与维护

(1)电视机放置要稳定，要放在干燥、洁净、通风且能避免阳光直射的地方，因为潮湿和积灰容易引起机内打火，而显像管受到阳光或强光直射会加速老化。

(2)收看电视节目的房间光线要适度，太暗易使眼睛疲劳；过亮，显像管亮度增大，易使显像管衰老，一般可在电视机旁开置 8 W 的日光灯。

(3)避免长时间连续使用电视，因为长时间使用会使电视内部产生高温从而烧坏内部零件或加速零件的老化。长时间停留在同一个画面，会导致部分像素过热，从而导致屏幕没有画面。

(4)禁止尖锐物品碰撞电视机的屏幕，它十分脆弱，无法承受较大撞击和频繁的震动。如果撞击严重，屏内的零件会脱离自己的区域，从而影响别的部分零件正常工作，甚至会出现屏幕裂口、花屏等。

(5)注意保持电视机的干燥，即使使用频率不高，也要适时给电视通一下电，让里面的零件热起来从而驱赶内部的潮湿。

(6)电视机出现故障，非专业人员切忌盲目拆解。电视机即使是在断电的时候，其内部电压也会对人体产生致命危害。错误的处理轻则使电视出现更大问题，重则使电视报废。

（三）空调的使用与维护

（1）首次使用空调时应详细阅读说明书，并按照上面介绍的方法进行操作。

（2）设定合适的温度：一般设定在26℃～27℃给人的感觉比较适合，由于现在许多空调都具有经济睡眠功能，所以睡觉前最好启动该功能，以保证睡着和醒来时不会觉得太凉。

（3）选择合适的出风口角度，尽量避免对准人体，特别是人在睡眠中直接吹冷风容易得病，可以自动设定制冷时角度朝上，制热时角度朝下。

（4）经常清洁空气过滤网，过滤网被堵塞会降低运转性能，从而导致耗电量增加，应半个月左右清洁一次。

（5）不要让阳光和热风进入房间，在冷气开放时最好用窗帘遮挡阳光，同时开启空调后尽量少开门窗，减少冷量的损耗，节约用电。

（6）不要有物体挡住室内外的进出风口，否则会降低制冷制热效果，浪费电力，严重的会导致空调器无法正常工作。

（7）在开机时首先将制冷或制热开在强劲挡，当温度适宜时再将设置改到中挡或低挡，减少能耗，降低噪声。

（8）开空调时室内要保持一定的新鲜空气，可以避免人在空调房间患空调病。如果空调没有换气功能，可以将门窗开个小缝，让新风从门窗缝自然渗入。

（9）空调器的停、开操作时间，应间隔3分钟以上，不能连续停、开。室内空调运转时，勿将手指或木棍等物品插入空调的进出风口，因为空调内的风扇在高速运转，有可能引起伤害事故。

（10）空调器应该使用专用的电源插座，勿将电源连接到中间插座上，禁止使用加长线或与其他电器共用，否则可能引起触电、发热或火灾事故。

（11）空调器换季不用时，应拔掉电源插头，取出遥控器里的电池，以防意外损坏，室内外机清洗完并干燥后，应盖上保护罩。

（四）洗衣机的使用与维护

1. 使用维护常识

（1）洗衣机使用前应先仔细阅读产品说明书。使用时洗衣机应放在平坦的地面上，且与墙和其他物品必须保持5厘米以上的距离。

（2）洗涤物应按材质、颜色、脏污程度分类、分批洗涤。

（3）洗衣前，要先清除衣袋内的杂物，防止铁钉、硬币、发卡等硬物进入洗衣桶；有泥沙的衣物应清除泥沙后再放入洗衣桶；毛线等要放在纱袋内洗涤。

2. 保养润滑

为使洗衣机长期运转正常，必须按时进行正确的润滑维护保养，需要润滑的地方主要是轴承和齿轮，轴承需由注油孔注入抗磨性和抗氧化安定性好的防锈抗氧化润滑油，一般2～3年加油一次，如用一般机械油则需每年加油一次。齿轮则应用黏附性好的极压锂基润滑脂，或油性好的、加质量分数为1%的二烷基二硫代磷酸锌，或质量分数为3%的中等极压抗磨齿轮油进行润滑。脱水机的轴承和齿轮都应每年或每半年加入抗氧化防锈耐磨性好的润滑油。用密封滚动轴承的，则应由轴承厂封入使用寿命在1000小时以上的聚脲基稠化精制石油润滑油，并加防锈抗氧化剂的润滑脂。

‣‣ 劳动贴士

常用家用工具

(1)家用电工工具箱。家用电工工具箱可以用极少的空间容纳家用维修所必需的多数工具，通常包括老虎钳、手工锯、刀片、尖嘴钳、剥线钳、美工刀、冲击钻、水管钳、活动扳手、卷尺、焊锡条、电烙铁、螺丝刀组合、电笔、万用表、胶枪、电胶布、羊角锤等。

(2)玻璃胶枪。玻璃胶枪是一种常用的维修工具，可以用于橱柜固定、瓷砖与画框固定、缝隙修补、马桶安装、漏洞封堵等。不同的地方要使用不同性能的玻璃胶。其中，中性玻璃胶黏结强度较弱，常用于卫生间里的镜子这种不需要很强黏结力的物体，它不会腐蚀物体。而酸性玻璃胶的黏结力强、黏结范围广，对大部分建筑材料如玻璃、铝材、不含油质的木材等具有优异的黏结性，但是不能用于黏结陶瓷、大理石等，具有卓越的耐候性和极强的抗紫外线、风雪、大气污染等自然侵蚀的性能。

四、烹饪类家务劳动

烹饪是家务劳动中必不可少的一部分。

(一)热菜烹调方法——烧

中国的烹调技法繁多，并且复杂多变。烧是最常见的烹调方法之一。它以水作为主要导热体，经旺火—中小火—旺火三个加热阶段，成菜具有熟嫩的质感。

烧是将经过初步熟处理(炸、煎、煸、煮或焯水)的原料加适量汤(或水)和调料，先用旺火加热至沸腾，改中小火加热至熟透入味，然后再用旺火收汁成菜的烹调方法。根据工艺特点和成菜风味的不同，烧可分为红烧、白烧和干烧三种。

1. 红烧

红烧是指将加工切配后的原料经过初步熟处理，放入锅内，掺入鲜汤、有色调味品等，先用大火烧开，再改用中火或小火加热至熟，直接或勾芡收汁成菜的烹调方法。

(1)成菜特点。色泽红亮，质地细嫩或熟软，鲜香味厚。

（2）工艺流程。原料选择→切配→直接或初步熟处理→炝锅→调味烧制→收汁→装盘成菜。

（3）代表菜品。"红烧牛肉""豆瓣鲜鱼""麻婆豆腐""红烧牛尾""红烧鲍鱼"等。

（4）关键点。

◆ 选料及加工。原料选用要求新鲜、无变质、无异味。加工时应根据原料特点，可以整只，也可切片（红烧肉）、切块（红烧鱼块）、切段（红烧海参）、切蓉（红烧丸子），但一般不宜切得过小、过薄，否则因长时间加热，原料易碎。总的要求是整齐划一，大小一致，长短相等，厚薄均匀，便于烹调入味。

◆ 原料需煸透、炸香。红烧类菜肴大多以鱼类、畜类、禽类等为主料，在操作过程中都需要将其煸透、炸香。所谓煸透，就是指将锅内所有的肉块煸炒变色，肥肉冒油，见有亮光。一般市场上买的肉，最好先用水焯一下，再煸炒。如果是红烧鱼，一定要选用新鲜鱼，待煎或炸至两面金黄，表面有一层薄薄的硬皮时方可出锅再烧。这一步是红烧菜形成光泽的关键，否则成菜暗淡无光，支离破碎。

◆ 汤水要一次放足，中途不要续水。汤一次要放足，烧肉最好汤淹过原料，烧鱼可以少些。如果汤多，难以收浓卤汁；汤少，中途加水会影响菜肴的口味和颜色。

◆ 调色、调味要有度。调色时，应注意糖色和酱油的用量。糖色过多，成菜色暗，味苦；糖色太少，成菜乏色。酱油过多，成菜色偏黑，味不佳；酱油太少，成菜乏色欠味。调色与调味，两者是不可分割的。调色有调味的作用，调味也有调色的作用。这就要求在菜肴成菜阶段，下酱油、糖色时不宜过多，以免汤汁颜色过深，影响口味和色泽。原则是宜浅不宜深。

2. 白烧

白烧是指成菜汤汁为白色的烧制法。白烧的做法与红烧基本相同，不同的是白烧不加糖色、酱油等有色调味品，以保持原料自身的颜色，用芡宜薄，以既能使原料入味又不掩盖其本色为好。

（1）成菜特点。色泽自然或洁白，咸鲜醇厚，质感鲜嫩或软糯。

（2）工艺流程。原料选择→切配→直接或初步熟处理→炝锅→调味烧制→收汁→装盘成菜。

（3）代表菜品。"干贝菜心""冬笋烧鸡""白汁鱼肚"等。

（4）关键点。

◆ 原料要求新鲜无异味、滋味鲜美。调味品要求无色，忌用酱油或其他有色调味品或辅料。菜肴的复合味主要是咸鲜味、咸甜味等。烧制时咸味不能过重，要突出白烧原料本身的滋味，味感要求醇厚、清淡、爽口。白烧原料熟处理常采用焯水、滑油、汽蒸等方法，以保证原料在保色、鲜香度、质感等方面起到有效作用。芡汁多数勾清而流芡，芡汁稀薄。

3. 干烧

干烧是指将加工切配后的原料，经过初步熟处理后，用中小火加热将汤汁收干晾油，使滋味渗入原料内部的烹调方法。

(1)成菜特点。色泽金黄或棕褐，质地细嫩，鲜香亮油。

(2)工艺流程。原料选择→初步加工→切配→熟处理→调味烧制→收汁亮油→装盘成菜。

(3)代表菜品。"干烧岩鲤""太白鸡""干烧牛筋""干烧大虾"等。

(4)关键点。

◆ 选料。选料大多为中高档食材，像肉质细嫩的对虾、鲜贝、岩鲤及富含胶质的鱼翅、鹿筋、牛筋等。这些原料在规格上都应新鲜质优，无异味，无霉烂。

◆ 刀工处理。干烧原料的刀工规格要根据菜肴的要求、质地的老嫩、炸制时失水的多少来适当掌握。含水量大、肉质细嫩的原料，炸制时体积缩小很多，成形要采用条、块、片等；质地粗韧、含水量少的原料，改成丁、条、丝为好。另外，刀工处理后的原料要大小均匀，规格一致，否则，烧制时易导致生熟不均，大大影响成菜的速度和质量。

◆ 码味。干烧菜码味时，时间要把握得当，大多在半小时左右，这样才可使码味调料充分渗透到原料中去，以达到去腥除异、里外有味之目的；其次是码味咸度要够，码味的咸度不但关系到成菜的味感，还与炸制后原料的老嫩密切相关。

◆ 熟处理。炸制时应采用"旺火热油"。干烧菜肴的原料经切配后如块形较大，油温过低，火力太弱，极易造成原料出水，难以实现"皮紧定型，皮无破裂，皮肉不离"的炸制要求。故通常以旺火、八成热的油温炸制效果最好。另外，需采用重油复炸，防止原料出水。

◆ 收汁：干烧进入收汁阶段时，川菜厨师形象地称其为"火中抢宝"，极言其灵活多变，火候第一，不及则生，稍过则老，真可谓"争之于俄顷，失之于须臾"，非言语所能说其妙，非笔墨所能尽其奥，只有多钻研、常实践才可得心应手，熟练掌握。

(二)面食制作——饺子

在中国，饺子是一种受欢迎的传统面食。包饺子是一项传统的家庭活动，也是中国饮食文化的重要组成部分。包饺子是一个有趣和实用的技能。

1. 和面

在面粉里加入少许盐，饺子粉或普通面粉都行；再放入一个鸡蛋清；用凉水开始和面，先加入少量水，将面粉和成面疙瘩；再将面疙瘩按压在一起，揉面要用力；将面揉成一个面团，再在面团上面用手蘸点水，再继续揉；反复2～3次后，面团就没有干面疙瘩了；用锅盖盖住，防止水分蒸发，醒30分钟左右。

2. 擀皮

把面团搓成长条，分割成小剂子。按扁，然后擀制，左手大拇指、食指和中指捏住饺子皮，向左转动，右手按住擀面杖，上下滚动。左手每转一下，右手上下滚动一次，依次循环。擀到合适的大小，自己满意的薄厚就完成了。

3.包饺子技法

第一种方法：快速法。这种方法是最简单、最快捷的方法。将饺子皮放在手心，取适量馅料放在饺子皮的中央，然后将饺子皮对折，将饺子边捏紧即可。

第二种方法：挤捏法。将饺子皮放在手心，取适量馅料放在饺子皮的中央，将饺子皮对折，用手指捏紧饺子皮的边缘，最后用拇指和食指将饺子边向内挤捏成弧形即可。

第三种方法：元宝法。将饺子皮放在手心，取适量馅料放在饺子皮的中央，然后将饺子皮对折成半圆形，将饺子边捏紧后用双手将饺子的两边向内推成元宝形状即可。

第四种方法：花边法。将饺子皮放在手心，取适量馅料放在饺子皮的中央，将饺子皮对折后用手指捏紧饺子皮的边缘，最后用拇指和食指将饺子皮边缘捏成小花边即可。

劳动实践打卡记录

劳动时间		劳动地点	
劳动主题			
劳动内容及步骤			
感想和收获			

第二节　我爱我校劳动

　　一个美丽、整洁、安静的校园环境可以为学生提供良好的学习条件。在这样的环境中，学生可以更加专注地投入学习中，提高学习效率。校园的建设不仅包括物质环境的改善，还包括文化、精神层面的提升。这样的环境有助于塑造学生积极向上的心态，激发他们的创造力和创新精神，促进他们的全面发展。美丽校园的建设需要学生的共同参与和努力。校园劳动是学生在校园环境中参与的一系列体力劳动和实践活动，旨在培养他们的劳动技能、劳动态度和团队合作精神。这些活动不仅丰富了校园生活，也为学生提供了宝贵的成长机会，为未来的学习和生活奠定坚实的基础。同时，校园劳动也促进了校园环境的改善和和谐校园的建设。

学习目标

知识目标：明确校园劳动的基本内涵和意义，了解各类学校劳动实践的相关知识，掌握在校日常生活劳动技巧。

素质目标：在校园生活中做好绿色环保的践行者、垃圾分类的倡导者、寝室美化的行动者和公共区域环境的维护者，自觉维护校园环境，培养对学校的热爱之情。

实践目标：掌握植树、清扫等校园劳动技能，学会倡议书的写作，号召全校师生一起做美化校园的劳动者。

学习重点、难点

重点：了解各类校园劳动实践的相关知识和技能。

难点：能够利用知识、技能为校园提供服务。

一、美化校园环境

▸▸ 案例分享

学习雷锋精神共建美丽校园

　　三月春回大地，万物复苏。志愿者们辛勤劳动，共建美丽校园。为进一步弘扬雷锋精神，引导学生将"为人民服务"内化于心，外化于行，3月5日下午，各志愿者开展了传承雷锋精神，净化校园环境——"雷锋日"志愿清扫活动，对校园卫生死角、绿化带等地方进行了清扫。

大连艺术学院服装学院团委学生会成员、党员、预备党员们，手拿扫帚、簸箕等各种清扫工具在主干道集合，听从负责人安排，分好小组后迅速投入工作中。志愿者们发扬不怕苦、不怕累、不怕脏的志愿精神：有的拿着扫帚认真细致地清扫地面，对各种卫生死角的垃圾、杂物进行了彻底清理；有的拿着抹布对宣传栏、扶手、校史馆门前标语、桌椅等进行了擦拭；有的在水房里为其他同学接换水、交替换洗清扫工具；有的俯身钻进绿化带中，将散落在草丛中的垃圾逐一捡拾出来。

此次志愿服务活动，加强了学校精神文明建设，体现了党建带团建的重要作用。志愿者在活动中不怕脏、不怕累，得到了极好的劳动锻炼。

（一）校园净化劳动

校园净化劳动指的是学生在校园内进行的各类清洁、整理和环保活动，是开展校园劳动实践的重要内容之一。通过参与校园净化劳动，学生们能够深刻体会到劳动的价值和意义，学会珍惜他人的劳动成果。同时，在劳动中还能培养自己的责任感和使命感，学会为公共利益付出努力，为构建美丽校园贡献自己的力量。

校园净化劳动的具体内容包括以下方面。

1. 垃圾分类与回收

垃圾分类是校园净化劳动的重要组成部分。学校应在校园内设置明显的垃圾分类标识和回收站，引导学生们正确分类投放垃圾。此外，可以定期组织垃圾回收活动，如废旧书籍、衣物、电子产品的回收等，促进资源的循环利用。通过这些活动，学生们不仅能够养成良好的垃圾分类习惯，还能增强环保意识，促进可持续发展。

2. 清洁教学设施

教学设施是校园内使用频率最高的公共设施之一。为了确保教学设施的正常使用和延长使用寿命，需要定期对其进行清洁和维护。学生们可以参与教室、实验室、图书馆等场所的清洁工作，如擦拭桌椅、清洁黑板、整理书架等。这不仅有助于提升教学质量，还能培养学生的劳动意识和责任感。

3. 清洁公共区域

公共区域的清洁是校园净化劳动中不可忽视的一部分。学生们需要定期清洁校园内的道路、广场、操场等公共区域，确保这些区域的整洁和卫生。此外，公共卫生间、垃圾桶等区域的清洁也是必不可少的。通过这些活动，学生们能够学会尊重公共环境，培养良好的卫生习惯。

4. 维护校园公共设施

校园内的公共设施如座椅、栏杆、照明设备等也是校园净化劳动的关注点。学生们需要定期检查这些设施的使用情况，及时报修损坏设施，确保设施的正常运行。同时，学生们还可以通过创意改造等方式提升设施的使用体验和美观度。

在进行校园净化劳动时，需要注意以下事项。

(1)安全第一。在进行任何劳动前，都要确保自身的安全。遵守劳动纪律，正确使用劳动工具，避免发生意外。

(2)分工明确。根据参与劳动的人数和任务量，合理分配劳动任务。确保每个人都清楚自己的职责，以便更好地完成任务。

(3)保持卫生。在进行劳动时，要注意保持个人卫生和环境卫生。避免随地吐痰、乱扔垃圾等行为，确保劳动成果得到保持。

(4)爱护公物。在劳动过程中，要爱护学校的公共设施和绿化植物。不要随意损坏或破坏学校的财产，保持良好的校园环境。

(5)团结协作。校园净化劳动需要大家团结协作，共同完成任务。在劳动过程中，要互相帮助、互相支持，共同营造一个和谐的劳动氛围。

(6)合理安排时间。根据学校的课程安排和作息时间，合理安排劳动时间。避免在上课时间或休息时间进行劳动，以免影响学生的学习和生活。

(7)做好总结反馈。在劳动结束后，要及时总结劳动成果和经验教训。对于存在的问题和不足，要及时进行改进和完善，以便更好地提高校园净化劳动的效果。

总之，校园净化劳动是一项重要的工作，需要大家共同努力。只有大家齐心协力、认真负责地完成任务，才能创造出一个整洁、美观、舒适的校园环境。

▶▶ 劳动贴士

垃圾分类的种类

可回收物：包括废纸、废塑料、废玻璃、废金属等可以回收利用的垃圾。这些垃圾经过处理后可以重新制成新的产品，减少了对自然资源的消耗。

有害垃圾：包括废电池、废灯管、废药品等对人体健康或环境有害的垃圾。这些垃圾需要特殊处理，以防止其对环境和人体造成危害。

湿垃圾(厨余垃圾)：包括剩菜剩饭、果皮果核等易腐烂的垃圾。这些垃圾可以进行堆肥或生物发酵处理，转化为有机肥料或生物燃气等资源。

干垃圾(其他垃圾)：包括除以上三类垃圾以外的其他生活垃圾。这些垃圾一般无法回收或利用，需要进行填埋或焚烧等处理。

(二)校园绿化劳动

校园绿化具有美化校园、净化空气、调节气温、促进身体健康等多方面的功能。

大学生积极参与校园绿化工作，全面实施精细化管护，能够不断提升校园绿化品质和景观效果，为师生创建优美舒适的校园环境，切实提升师生的幸福感和获得感。通过亲手种植、养护植物，学生们能更加珍惜劳动成果，懂得劳动的艰辛与快乐。

1. 校园绿化劳动的实践内容

(1)植树造林。学校可以组织学生在校园内进行植树活动，选择适宜的树种进行栽植，增加校园的绿化面积。

植树的技术要点主要包括以下几个方面。

选择合适的树种：根据植树地区的气候、土壤条件和用途选择适合的树种。例如，榉树、杨树和松树等都是常见的树种。

确定合适的植树季节：一般来说，春季和秋季是植树的最佳时期，因为这两个季节的土壤湿度和温度适宜树木的生长。

准备植树地点：清除植树地点上的杂草、石块和其他障碍物，确保树木有足够的空间生长，并且能够得到充足的阳光和水分。

挖掘合适的树坑：树坑的尺寸应该适合树木的根系。通常情况下，树坑的直径应该是树木冠幅的两倍，深度应该足够容纳树木的根系，一般比原树根的深度多出20～30厘米。挖树坑四周要垂直向下，直到预定深度，不要挖成上面大下面小的锅底形。

栽树：按照"三埋两踩一提苗"的方法栽植。先往树坑里埋填一些细碎土壤，放入树苗，再埋填一些土壤，土量要没过树根，然后上提一下苗木，使树根舒展开来，保持树的原深度线和地面相平，踩实土壤，再埋入土壤至和地面相平，踩实即可。如果是带土球的树，先埋填少量细碎土壤，放入土球，土球上部略低于地面即可，然后埋土，边埋边捣实土球四周缝隙，注意不要弄碎了土球。

修围堰：树栽好以后，要贴近树坑四周修一条高20～40厘米的围堰，边培土边拍实。用铁锹将土均匀地从树苗四周逐步填上，填过坑的一般高度，一定要用脚踩实。

浇水：围堰修好后即可浇水，往围堰中先加入水，待水渗下后，对歪斜树扶正填实，二次把水加满围堰即可。给树苗浇水，将所填土浇透。栽后应立即灌水，无雨天不要超过一昼夜就应浇上头遍水。

(2)花坛设计与管理。学生可以参与花坛的设计和管理工作，选择合适的花卉进行种植，并负责日常的浇水、修剪等养护工作。主要包括以下几个方面。

规划与设计：首先，学生需要确定花坛的位置、大小和形状，考虑光照、土壤、水源等环境因素。然后，根据这些条件选择合适的植物种类和配置方式，设计出美观且具有生态价值的花坛。

植物选择：学生需要了解各种植物的生长习性、花期、耐寒性等特点，以便选择适合当地气候和土壤条件的植物。同时，他们还需要考虑植物的色彩、形态和高度等因素，以创造出丰富的视觉效果。

布局与配置：在设计过程中，学生需要运用美学原理，如对比、对称、重复等，合理安排植物的位置和数量。同时，他们还需要考虑植物的生长速度和空间需求，以确保花坛在不同季节都能保持美观。

种植与养护：学生需要掌握植物的种植技巧和养护方法，如浇水、施肥、修剪等。他们还需要定期检查花坛中的植物生长情况，及时处理病虫害等问题。

观察与记录：在管理过程中，学生需要密切观察植物的生长状况，记录它们的生长速度、开花时间等信息。这些数据可以用于评估花坛的设计效果和优化植物配置。

环境监测：学生还需要关注花坛周围的环境变化，如气温、湿度、降雨量等。这些因素会影响植物的生长和开花情况，因此需要及时调整管理措施以应对环境变化。

（3）植被养护。植被养护是确保校园绿化环境持续美观、健康的重要工作。大学生可根据季节时令，参与校园树木花草的日常养护管理工作，包括苗木修剪、抗旱补水、松土施肥、补植、冬季涂白、防寒包裹、病虫害防治等工作；如果遭遇雨雪、台风等恶劣天气，需要及时扶正倒伏苗木。

校园植被绿化养护的建议和步骤如下。

一是定期对校园内的植被进行检查，观察它们的生长状况，是否有病虫害等问题。这有助于及时发现并解决问题，确保植被的健康生长。

二是根据植被的生长需要和季节变化，合理安排浇水和施肥的时间。在干旱季节，要增加浇水次数，保持土壤湿润；在生长旺季，要适时施肥，为植被提供充足的营养。

三是一旦发现病虫害，要及时采取措施进行防治。可以使用生物防治、化学防治等方法，但要注意选择对环境和人体无害的方法，避免对校园环境和师生健康造成影响。

四是定期对植被进行修剪和整理，保持它们的形态美观，去除病弱部分，促进健康生长。同时，也可以防止病虫害的扩散。

五是对校园内的绿化设施进行定期维护和保养，如清理落叶、修剪枝条等。这有助于保持绿化环境的整洁和美观。

（4）绿化设施维护。学生可以参与校园绿化设施的维护工作，如清洁绿化带、修剪绿篱等，确保绿化设施的正常使用和美观度。在高校绿化管理中，许多树篱、灌木和大面积绿地需要系统灌溉。校园土壤相对贫瘠的地方，更需要大面积灌溉以保证植被正常生长。大学生在校期间，可以利用课余时间，及时观察绿化供水设施，查找供水系统是否存在自动喷水点数量不足、分布不均、喷头角度不好、喷头破损等问题，以便及时维护灌溉设施，为校园绿化提供正常用水。

2. 校园绿化劳动的注意事项

校园绿化劳动是一项有益的实践活动，但在进行过程中需要注意一些事项，以确保安全和环境保护。以下是一些校园绿化劳动注意事项。

(1)安全第一。在进行校园绿化劳动时，首先要确保自己的安全。避免使用过于锋利或危险的工具，如剪刀、铲子等，以免造成伤害。同时，要穿着合适的防护装备，如手套、鞋子等，以防止意外事故发生。

(2)合理规划。在进行校园绿化劳动前，应该合理规划绿化区域和植物种类。要了解校园环境和土壤条件，选择适合当地气候和土壤的植物，以提高绿化效果。要科学规划每个区域的绿化工作，制订出合理的实施方案。校园绿化整体设计和规划要结合学校的地理位置和区域特点，要符合学校的人文特点，结合学校的校风、教风和学风，凸显学校的特色风貌。还要根据校园地形、气候、土壤等因素，选择合适的植物种类和布局方式。同时要考虑绿化的可持续性，确保植物能够长期生长、繁衍。同时，要避免过度种植或砍伐树木，以免对校园环境造成负面影响。

(3)团队合作。校园绿化劳动通常需要多人合作完成，因此要注重团队合作和协调。要落实责任，分工明确，互相配合，共同完成绿化任务。同时，要保持积极的心态和乐观的情绪，以提高工作效率和质量。

(4)爱护植物。在进行校园绿化劳动时，要爱护植物，避免损坏或破坏植物的生长环境。要定期浇水、修剪、施肥等，以保证植物健康生长。同时，要避免在植物周围乱扔垃圾或进行其他破坏性行为。

(5)环保意识。校园绿化劳动旨在增强环保意识和绿色生活观念，因此在劳动过程中要注重环保。要避免使用过多的化肥、农药等有害物质，以减少对环境的污染。同时，要积极参与环保宣传和教育活动，增强环保意识和责任感。

总之，校园绿化劳动是一项有益的活动，但在进行过程中需要注意安全、合理规划、团队合作、爱护植物等，只有这样，才能确保绿化劳动的效果和意义。

二、美化寝室

(一)做寝室美化的行动者

1. 文明寝室建设要求

寝室是大学生学习、生活、休息的重要场所，寝室文明环境建设直接体现大学生的精神面貌和个人素质，直接关系其身心健康。大学生应将维护整洁文明的寝室环境内化为自觉追求，外化为自觉行动。具体来说，应达到以下要求。

(1)文明寝室的环境总体应达到"六净""六无""六整齐"的目标。"六净"：地面干净、墙面干净、门窗干净、玻璃干净、桌椅橱干净、其他物品整洁干净。"六无"：无杂物、无烟蒂、无乱挂现象、无蛛网、无酒瓶、无异味。"六整齐"：桌椅摆放整齐，被褥折叠整齐，毛巾挂放整齐，书籍叠放整齐，鞋子摆放整齐，用具置放整齐。

(2)每天应自觉做到"六个一"、自觉遵守"六个不"，维护寝室良好生活环境。"六个一"：叠一叠被子、扫一扫地面、擦一擦地面、整一整柜子、理一理书架、倒一倒垃圾。"六个不"：异性寝室不进出，外人来访不留宿，危险物品不能留，违规电器不使用，公共设施不损坏，果皮、纸屑不乱扔。

(3)在寝室应杜绝不文明行为，不养宠物、不在寝室楼内抽烟、不在门口丢放垃圾、不乱用公用洗衣机等。

2. 特色寝室建设标准

特色寝室宣扬的是一种文化，是一种相互影响、彼此照应、和谐共进的良好氛围，对大学生的文化修养、综合素质等各方面的提高有着很大的促进作用。要建设特色寝室，首先要考虑寝室大部分人的个性、喜好、价值观等，然后再以此为方向营造出别具一格的"特色"文化。如果寝室大多数人都喜欢学习，便可以考虑建设学习型寝室；如果寝室大多数人都喜欢运动，便可以考虑建设运动型寝室；如果寝室大多数人都对环保有一定兴趣，便可以考虑建设环保型寝室。与此类似的还有创业型寝室、自强型寝室、友爱型寝室、逐梦型寝室、音乐型寝室等。

在建设特色寝室时，可参考以下标准。

(1)全体寝室成员共同参与特色寝室建设，共同商议并确定特色寝室建设方向。

(2)按照主题特色布置寝室，呈现出的效果要符合指定特色，传递寝室文化，简单、大方、美观，别具匠心、新颖独特，让人眼前一亮。

(3)有与寝室文化相对应的"行为习惯养成计划""寝室团建活动安排"等。

3. 寝室美化设计与创意

(1)美化原则

简单、大方：寝室通常面积不大，没有必要摆放过多装饰品，否则会显得杂乱。

温馨、舒适：寝室是放松休息的地方，在美化时要考虑烘托一种温馨、舒适的氛围，让寝室充满家的温暖气息。

营造学习氛围：寝室除了是放松休息的地方，也是学习的场所，在美化时，要从色彩、风格上出发，营造一个安静、适宜学习的空间。

(2)美化技巧

①衣柜整理

寝室里的衣柜大多是直筒式的，几乎没有隔断，在放置衣物时往往浪费了很多空间。可考虑使用衣柜隔板在衣柜中划分出合适的区域，充分利用空间。此外，还可以在衣柜中放一些多层收纳挂筐，这样既充分利用了立体空间，又能将贴身衣物、帽子、包分类收纳。如果寝室的衣柜里没有挂衣杆，可以用"伸缩棒"代替。

②桌面美化

如何让桌上拥有更多收纳空间？

网格板收纳：网格板是一种轻便又实用的收纳工具，而且价格便宜。将网格板放置在桌面旁边的墙上，不仅能够收纳桌面上的小东西，而且能够很好地装饰空间。

桌下挂篮：桌下挂篮能创造隐形的收纳空间，可用于放置各种小物件。

③床边装饰

床边挂篮和床边挂袋是非常实用的收纳工具，不仅能够放水杯、纸巾、书籍等，避免了爬上爬下拿东西，还可以保证床铺的整洁。

（3）创意要点

彰显寝室文化：每个寝室都有不同的文化，在美化时要充分考虑自己的寝室文化，做出别出心裁的美化设计。

用材节约，变废为宝：低碳、绿色不仅是当下流行的概念，更应是我们践行的生活方式。在美化寝室时可充分利用易拉罐、雪糕棍、牛奶盒、饮料瓶、废纸箱等被忽略的生活垃圾和旧物，发挥聪明才智将其做成各种实用的生活用品，不仅美观，更能向周围的人传达一种绿色的生活态度。

彰显个性：寝室由多个小空间组成，每个小空间都是使用者的"家"。在美化时，每个人应在兼顾整体风格统一的基础上，充分考虑使用需求和审美偏好，打造属于自己的"私密空间"，彰显自己的个性。

（二）养护绿植

绿植不仅能美化寝室，让寝室空间充满生机与活力，还能净化空气，让室内的空气更加清新。更重要的是，养护绿植的过程能让我们的身心更加健康，让我们的生活更加快乐。

1. 室内绿植的选择原则

在选择室内绿植时，我们不仅要考虑自己的喜好，还要考虑绿植与居室环境的搭配。具体来说，要遵循以下三个原则。

（1）兼顾观赏性和实用性

我们在布置室内绿植时，应该以不妨碍室内功能为前提，使得室内美化与生活功能相互协调，让绿植具有观赏性又不影响日常生活。选择绿植时需因地制宜，根据室内光照情况，选择适合在室内生长、可改善室内环境的植物，一般以观叶植物为主、观花植物为辅。

（2）绿植面积与房屋空间相协调

室内的绿化面积最多不得超过居室面积的 10%，这样室内才会有一种扩大感，否则会使人觉得压抑。而且植物过多会与我们"争夺"氧气，不利于我们的身体健康。

（3）植物色彩与室内色彩和谐

摆放绿植时，将绿植色彩和室内色彩搭配和谐，才能使人更加轻松愉快。在布置时常用对比的手法，如环境的背景为亮色调时，选择植物时应用颜色深沉的观叶植物；环境的背景色为浅色调时，可用鲜丽的花卉，以突出整个环境的立体感。

2. 室内植物的养护

（1）选择合适的花盆

选择花盆是一个看似简单实则大有学问的"技术活"。通常，我们需要根据绿植的植株造型、大小、习性、颜色等特点来选择合适的花盆。

根据植株造型选择：悬垂式花木，如紫藤、吊兰、常春藤等，通常选用高筒型的花盆，这类花盆盆口较小，盆体较深，与垂下的枝蔓相衬，饶有一番情趣；而丛生状花木，如杜鹃、水兰、海棠、石榴、瓜叶菊等，其枝叶伸展面积比较大，适合用大口径花盆。

根据植株大小选择：花盆过小时，植株显得头重脚轻，根系难以舒展成长；花盆过大时，盆土的持水量过多，但植株叶面较小，水分蒸发少，土壤不容易干燥，会影响植株的根系呼吸，严重的会导致植株烂根。

根据植株生长习性选择：喜湿花卉如龟背竹、旱伞草、吊兰、蕨类、绿萝、散尾葵等可用塑料花盆种植，兰花、梅花、树桩盆景等对透气性、排水性有较高需求的，可选用瓦盆种植。

根据花卉颜色选择：通常来说，枝叶颜色较淡的花卉适合搭配深色花盆，而枝叶颜色较深的花卉搭配淡色花盆，可达到深浅映衬的效果。

（2）合理浇灌

室内植物的养护中最重要的一环就是对植物进行浇水管理。浇水过多会使植物萎蔫、茎叶腐烂、生长不良或者在土基表面长出苔藓，浇水不足会造成植物萎蔫、叶片下垂、花朵褪色和凋谢。一般给室内植物浇水都应该遵循宁干毋湿的原则，平时需要浇水时应一次性浇透，切勿时时浇水。另外，还要根据植物的生长时期来决定浇水量，如处于生长期就需大量浇水，处于休眠期就应该少浇水。仙人球、芦荟等植物自身水分充足，无论哪一生长时期都应该少浇水。

季节不同，植物的需水量也要有所不同。一般来说，春、夏、秋季补充水分要充分、及时。夏季气温高，最好能做到每天早晚各浇一次水。而冬季气温低，要严格控制土壤中的水分，以提高植物的抗寒能力。

（3）合理施肥

施肥是植物栽培管理中一项极为重要的工作。室内观叶植物以赏叶为主要目的，特别需要氮肥；水培植物多用营养液补充植物生长所需营养。

（4）选择合适的摆放位置

室内植物如何摆放关键在于能否满足其自身对光照的要求。每一种植物都有自己的生态习性，我们应根据植物喜阳或是喜阴，选择将其放置在阳光下或是遮阴处。

（5）遵循"防重于治"的方针

室内植物都应注重病虫害的防治，及时清除花盆内的杂草和病枝枯叶，定期喷药和疏松土壤。要做到防患于未然，预防病虫害的发生。

劳动实践打卡记录

劳动时间		劳动地点	
劳动主题			
劳动内容及步骤			
感想和收获			

第三节　我爱社区劳动

随着社会的发展和进步，社区作为社会的基本单元，其重要性日益凸显。大学生作为新时代的青年力量，他们的参与和贡献对于社区的发展具有不可替代的作用。近年来，越来越多的高校开始重视大学生的社区劳动，将其纳入劳动实践活动中。参与社区劳动，大学生可以培养劳动意识、提升劳动技能、增强社会责任感，并促进全面发展。大学生社区劳动教育必将在劳动教育中发挥更加重要的作用。通过这一教育模式的培养和熏陶，未来的大学生们将更加具备劳动精神、实践能力和社会责任感，为社会的繁荣和发展贡献自己的力量。

学习目标

知识目标：了解养老护理、心理护理和急救的相关知识；掌握调查社区居民的服务需求和策划社区服务活动的方法。

素质目标：领悟社区劳动的意义和价值，增强服务意识和奉献精神，增强社会责任感。

实践目标：能够依据自己所学专业，发挥知识、技能特长，积极参与社区劳动，为社区居民送上暖心服务。

学习重点、难点

重点：了解各类社区服务劳动实践的相关知识。

难点：掌握社区服务劳动的实践技能，能够利用知识、技能等为他人和社会提供服务。

一、积极参与社区劳动的意义

大学生参与社区劳动具有深远的价值和意义，这不仅是对大学生个人成长的有力推动，也是对社区和社会的积极贡献。

（一）个人成长与进步

1. 培养社会责任感。参与社区劳动，大学生能够更深入地了解社区的需求和问题，从而培养起强烈的社会责任感。他们意识到自己的行动能够直接影响到社区的发展和居民的生活，这种责任感将促使他们在未来的学习和工作中更加关注社会，积极为社会作贡献。

2. 提升实践能力。社区劳动为大学生提供了一个实践的平台，使他们能够将所学理论知识应用于实际中。通过参与社区活动、组织志愿服务等，大学生的组织协调能力、沟通能力和解决问题的能力都得到了锻炼和提升。

3. 促进团队合作与人际交往。在社区劳动中，大学生需要与不同背景、不同专业的人一起合作，这不仅能够培养他们的团队合作精神，还能够拓宽他们的人际交往圈。通过与不同人的交流，大学生学会了如何与人相处，如何处理人际关系，这对于他们未来的职业生涯和人生发展都大有裨益。

4. 传承和弘扬劳动精神。通过参与社区劳动，大学生不仅身体力行地践行了劳动精神，还通过自身的行动影响和带动了周围的人。这种精神的传承和弘扬对于社会的和谐稳定和持续发展具有重要意义。

（二）推动社区发展与进步

大学生的参与为社区注入了新的活力和创意。他们通过参与社区建设、环境整治等活动，直接推动了社区的发展。

1. 改善社区环境。大学生通过参与社区服务劳动，如环境整治、绿化美化等，能够直接改善社区环境，提升居民的生活质量。

2. 提供实际帮助。大学生可以为社区居民提供诸如义务教育、健康咨询等实际帮助，解决他们在生活中遇到的实际问题。这种帮助不仅能够增进大学生与社区居民之间的感情，还能促进社区的和谐与稳定。

然而，值得注意的是，虽然大学生在社区劳动中能够学到很多知识和技能，但在实践中也存在一些挑战和问题。例如，大学生在社区劳动中可能会遇到与社区居民沟通不畅、劳动成果不被认可等问题。因此，大学生在参与社区劳动时，需要注重与社区居民的沟通和合作，尊重他们的意见和需求，同时也需要不断学习和提升自己的实践能力和沟通技巧。

对于大学生而言，了解劳动法律知识也是非常重要的。虽然大学阶段开设了相关的法治教育课程，但劳动法治教育仍然是缺失的一部分。因此，大学生需要主动学习和了解劳动法和劳动合同法的内容，包括劳动者的权利和义务、劳动合同的签订和履行、劳动争议的处理等方面。这有助于大学生在参与社区劳动时保护自己的合法权益，避免发生劳动纠纷。

二、社区劳动的内容与策划

▶▶ 案例分享

大连艺术学院服装学院党员先锋队的同学们于 6 月 30 日来到润安社区的国学堂幼儿园开展"闪耀红星'艺'心向党"的主题党日宣讲活动。服装学院学生、退伍军人张硕同志向孩子们讲述了他当兵的事迹，并为孩子们示范了齐步走、正步走、跑步走、敬礼等动作。小朋友们反响强烈，眼中饱含崇拜之情。服装学院赖思颖同学为各位小朋友讲述辽宁人民长子情怀、忠诚担当、创新实干、奋斗自强的故事，凝聚起实现中国梦的强大力量。讲完历史英雄事迹，她又讲回当代为人民解决吃饱问题的人民英雄——袁隆平爷爷，通过宣讲袁隆平爷爷的故事告诉小朋友们要懂得珍惜粮食，吃饭的时候不掉米粒，吃多少盛多少，去饭店用餐时点菜要适量，吃不完的菜可以打包。小朋友们表示一定不会浪费食物，一定会珍惜粮食的。

本次宣讲活动加强了幼儿园小朋友们的理想信念教育，弘扬了革命先烈的丰功伟绩，引导小朋友们树立正确的世界观、人生观、价值观，明确肩负使命。本次活动的开展，进一步凸显了服装学院的红色教育特色，为学子们搭建了一个展示自己的平台，锻炼了他们的语言表达能力，提升了综合素质。

社区是比家和学校大一个层次的社会单位，是我们引导大学生运用知识、施展才华、实践成才的好课堂，也是大学生"服务他人、奉献社会"的一个起点。社区劳动是指大学生积极参与社区建设、环境改善和公共服务等活动，将所学的知识和技能应用于实践中，为社区发展作出贡献。

（一）大学生社区劳动实践的具体内容

1. 社区清洁与绿化：塑造宜居环境

社区清洁与绿化是大学生参与社区服务劳动的常见形式之一。大学生们通过此项劳动不仅为社区居民创造了宜居的环境，培养了自身的环保意识和劳动习惯，也提高了社会责任感和集体荣誉感。社区清洁与绿化劳动的内容包括以下方面。

清洁社区：大学生们可能会参与社区的清洁工作，包括清扫街道、人行道、公共广场等区域，捡拾垃圾，清理杂草等。

绿化社区：参与社区的绿化工作。他们种植树木、花草等植物，为社区增添绿色元素。此外，他们还可能负责修剪树枝、浇水、施肥等工作，确保植物的健康生长。

宣传环保：在进行清洁和绿化工作的同时，大学生们还可以向社区居民宣传环保知识和意识。通过制作宣传海报、发放宣传单页、组织环保讲座等活动，提高社区居民对环保的认识和重视程度。

组织活动：大学生们还可以组织各种社区活动，如环保主题的义卖、植树节活动等，以吸引更多社区居民参与环保和社区建设。

2. 社区文化服务：丰富精神生活

社区文化服务是指由大学生群体提供的，针对社区居民的各种文化服务和活动。社区文化服务是大学生发挥创造力和才华的舞台，他们通过组织和参与各种文化活动，如音乐会、戏剧表演、艺术展览等，为社区居民带来丰富多彩的精神享受。这些服务和活动旨在促进社区居民的文化交流、提升文化素养、丰富文化生活。同时这也为大学生提供了实践机会，帮助他们更好地融入社会。大学生社区文化服务可以涵盖多个方面，主要包括以下方面。

文化教育：组织各种讲座、研讨会、培训课程等，帮助社区居民了解和学习各种文化知识，如历史、艺术、科学等。

文化活动：策划和组织各种文化活动，如音乐会、戏剧表演、美术展览等，让社区居民能够欣赏和参与各种形式的艺术表演。

文化交流：搭建平台，促进社区居民之间的文化交流，如举办文化节、社区嘉年华等，增进彼此的理解和友谊。

文化传承：通过推广传统文化、民间艺术等形式，帮助社区居民了解和传承本地的文化遗产。

大学生社区文化服务不仅可以为社区居民带来丰富的文化体验，也有助于提升大学生的社会责任感和实践能力。同时，这种服务还有助于推动社区的文化发展，营造和谐、文明的社区氛围。

3. 社区教育与培训：传承知识与技能

社区教育与培训是大学生发挥专业知识和技能的重要途径。他们通过为社区居民提供教育辅导、技能培训等服务，帮助居民提升自身素质和就业能力。例如为社区内的孩子们提供课外辅导，帮助他们提高学习成绩，培养学习兴趣和学习习惯。这些教育和培训活动不仅为社区居民带来了实际帮助，也促进了大学生与社区居民之间的互动与交流。通过这一过程，大学生们不仅传递了知识与技能，也收获了成长与感动。

4. 社区老年人服务：传递爱与温暖

大学生参与为社区老年人提供的各种服务活动。这些服务旨在满足老年人在衣、食、住、行、医、学、乐等方面的需求，帮助他们提高生活质量，增强社会归属感和幸福感。社区老年人服务是大学生展现爱心和社会责任感的重要方式。他们通过为老年人提供日常生活帮助，传递了关爱与温暖。这些活动不仅解决了社区居民的实际困难，也提高了大学生的社会适应能力和人际交往能力。社区老年人服务的具体内容可能因服务对象不同而有所不同，但通常包括以下几个方面。

生活照顾服务：为老年人提供日常生活照顾，如帮助老人洗衣、做饭、打扫卫生、购物等，以及提供个人护理，如洗澡、理发、修剪指甲等。

健康管理服务：协助老年人进行健康管理，如定期测量血压、血糖、心率等生理指标，提供健康咨询和建议，以及帮助老年人预约和前往医疗机构进行体检或治疗。

文化娱乐服务：组织各种文化娱乐活动，如读书会、书法班、音乐班、舞蹈班等，让老年人在娱乐中享受生活的乐趣，同时也可以促进他们的社交。

心理咨询服务：为老年人提供心理咨询服务，帮助他们解决生活中的困惑和烦恼，缓解压力和焦虑，提高他们的心理健康水平。

安全保障服务：为老年人提供安全保障服务，如定期检查家中的安全设施，提供防火、防盗、防骗等安全知识的宣传和培训，确保老年人的生活安全。

大学生也可以发挥自身的专业知识和技能，为老年人提供专业化的服务。例如，法律专业的大学生可以为老年人提供法律咨询和援助，财经专业的大学生可以为老年人普及防金融诈骗的相关知识。这种服务模式不仅解决了服务不专业的问题，还让大学生在助老参加公益的同时，能够运用相关知识，提升自己的社会实践能力。

5. 社区调研：探索社区发展之路

社区调研是大学生发挥研究能力和创新思维的重要方式。他们通过深入社区进行调研，了解社区居民的生活状况、需求和问题，为社区的发展和改进提供科学依据和建议。这些调研活动不仅提高了大学生的研究能力和创新能力，也为社区的发展提供了有力支持。通过调研，大学生们为社区带来了实质性的改变和发展机遇。

综上所述，大学生参与社区服务劳动具有多种形式。通过清洁与绿化、文化活动、教育与培训、服务与志愿活动以及调研等多种形式的劳动参与，大学生们不仅能够为社区带来实质性的帮助和改善，还能够锻炼自身的实践能力、增强社会责任感、促进个人成长和发展。

（二）社区服务劳动的策划

策划社区服务劳动是一个涉及多个步骤的过程，旨在组织、管理和执行一项对社区有益的服务活动。参与社区服务的形式主要有个人参与和团队小组参与两种。以个人名义参加的社区服务只需要联系社区工作人员申请，确定时间和工作内容即可；如果想以团队小组名义进社区提供服务，除了要跟社区工作人员沟通外，还需要提前策划社区服务活动。这种社区服务的前期准备工作很多，如撰写计划书、招募人员、安排场地、准备物资等。

1. 策划阶段

（1）确定目标与主题

在策划社区服务活动之初，首先要明确活动的目标和主题。这需要深入了解社区居民的需求和期望，同时结合大学生的实际情况，制订出切实可行的活动方案。社区服务需求调查，是开展社区服务最重要的前期工作。一般来说，可以直接和社区工作者沟通或通过发放调查问卷来了解社区的需求，然后再结合自己的能力和专业优势确定服务项目。

（2）制订详细计划

确定目标和主题后，需要制订详细的计划，包括活动时间、地点、人员分工、物资准备等。要确保每个环节都有明确的责任人，确保活动的顺利进行。同时，还要考虑到可能出现的意外情况，制定应急预案，确保活动的安全。

（3）组建团队与分工

一个成功的社区服务活动离不开一支高效的团队。需要招募志同道合的同学，根据他们的特长和兴趣进行分工。例如，有的同学擅长组织协调，可以负责活动的整体安排；有的同学善于沟通交流，可以负责与社区居民的沟通等。明确的分工和协作，可以确保活动的顺利进行。

2. 实施阶段

（1）开展宣传与推广

在活动实施阶段，需要通过各种渠道对活动进行宣传和推广，吸引更多的社区居民参与。可以利用社交媒体、宣传海报等方式，向社区居民传达活动的意义和价值，激发他们的参与热情。

（2）组织实施活动

在活动当天，要确保所有环节都按照计划进行。引导社区居民有序参与活动，确保活动的顺利进行。同时，还要关注活动过程中可能出现的问题，及时采取措施进行解决。

（3）反馈与调整

在活动实施过程中，要注意收集社区居民的反馈意见，了解他们对活动的看法和建议。这有助于及时发现并改正活动中的不足之处，提高活动的效果和质量。

3. 总结与反思阶段

（1）活动总结

活动结束后，要对整个过程进行总结，梳理活动的成果和不足。这有助于更好地了解活动的实际效果，为今后的类似活动提供借鉴和参考。

（2）反思与改进

在总结的基础上，要进行深入的反思和改进。分析活动中出现的问题和不足，找出原因并提出改进措施。例如，可以优化活动流程、提高团队协作效率等。通过不断的反思和改进，可以提高策划和组织社区服务活动的能力，为社会作出更大的贡献。

策划和组织社区服务活动是一项富有意义和挑战性的工作。通过明确的目标与主题、详细的计划、高效的团队以及有效的实施与反馈机制，可以确保活动的顺利进行并取得预期的效果。此外，还要不断反思和改进自己的策划和组织能力，为今后的社区服务活动积累更多的经验和智慧。新时代的大学生要积极参与社区服务劳动，为社会的繁荣和发展贡献自己的力量。

急救护理常识

（一）烫伤急救

一旦家人被烫伤，应立即用流动的冷水冲洗或用凉毛巾冷敷被烫部位，以冷却局部并减轻疼痛。

在穿着衣服被热水、热汤烫伤时，切勿立即脱下衣服，应先用冷水直接浇在衣服上降温，充分泡湿伤口后再小心除去衣物。如果衣服和皮肤粘连在一起，切勿撕拉，正确的做法应该是将未粘连部分剪去，把粘连部分留在皮肤上，然后用清洁纱布覆盖，以防污染，并尽快送医。

（二）中暑急救

当家人中暑时，应第一时间将其转移到阴凉通风处，让其平卧，同时喂其服用一些含盐分的清凉饮料（不可大量补充水分，否则会引起呕吐、腹痛、恶心等症状），然后用扇子或电扇吹风，加速散热。若中暑情况较为严重，必须立即送往医院诊治。

（三）触电急救

当家人不小心触电时，应迅速断开电源或用干木棍、干竹竿等挑开电线，注意不能直接用手拉开触电者，然后立即检查触电者的心跳和呼吸情况。若触电者已停止呼吸，则应立即对其进行胸外按压和人工呼吸，同时拨打急救电话，寻求专业急救人员的救治。

（四）意外受伤急救

遇到家人因受伤大出血时，应保持冷静，并迅速评估伤口的大小和出血情况，然后找一个能完全覆盖伤口的干净敷料（如毛巾、纱布等）按住伤口进行止血。需要注意的是，按压伤口时一定要对伤口施加足够的压力，不能轻轻覆盖，否则无法达到止血的目的。

（五）心脏骤停急救

心脏骤停是医学领域最危急的情况之一，若得不到及时有效的救治，4～6分钟后会对患者的脑部和其他人体重要器官、组织造成不可逆的损害，甚至致其死亡。心脏骤停有宝贵的4分钟黄金抢救时间，学习心脏骤停的急救方法在关键时刻能救命。

1. 判断心脏骤停的方法

心脏骤停起病骤急、死亡率高，第一时间识别心脏骤停尤为重要。在确保周围环境安全的前提下，应识别心脏骤停的关键点，即"三停"。

（1）意识停止：判断患者的意识状态，可用力拍打患者双肩并大声询问"喂，你怎么啦?"以看其是否有反应。

(2)呼吸停止:如患者意识停止,迅速判断患者是否有呼吸,一般是侧脸于患者鼻前感受是否有气流,同时侧头平视患者胸廓,看是否有起伏变化。

(3)心跳停止:主要判断有无颈动脉搏动,常用方法为一手食指与中指并拢伸直,置于患者喉结旁开两指的凹陷处,用指腹感受是否有搏动,判断时间 6~10 秒。若确定"三停",须拨打 120 求救(建议充分利用手机免提功能)。

2. 心脏骤停急救方法——心肺复苏

心肺复苏包括三个步骤,即胸外按压、开放气道和口对口人工呼吸。

(1)胸外按压时,应让患者平躺于硬质平面上,解开衣扣及裤带,充分暴露胸口,按压两乳头连线的中点。双手十指相扣,双臂伸直,上身前倾,垂直向下用力按压,每次按压 30 次。频率为 100~120 次每分钟,深度为胸骨下陷 5~6 厘米,按压过程中应最大限度减少中断。

(2)开放气道主要是使患者下巴与耳垂的连线垂直于地面,呈"鼻孔朝天"状态,但要注意,开放气道前应该检查口腔内有无分泌物及假牙,有则应先将头偏向一侧,取出分泌物及假牙。

(3)口对口人工呼吸时,要保证缓慢用力,将气体吹入患者口中,同时用余光观察患者的呼吸情况,吹气以胸廓明显上抬为准,然后放开病人的口鼻,使气体流畅排出。

30 次按压后,开放患者气道并进行 2 次人工呼吸,以上为一组心肺复苏操作,连续五组(约 2 分钟)以后再检查病人情况,判断意识、呼吸、心跳等是否恢复。现在也有研究认为,不进行人工呼吸,仅进行按压,也能起到抢救效果。

(六)气道阻塞急救

海姆利希急救法是为气道阻塞(如食物嵌塞或窒息)者进行现场急救的有效方法。主要姿势是急救者先以前腿弓、后腿蹬的姿势站稳,然后让患者坐在弓起的大腿上,身体略前倾,将双臂分别从患者两腋下前伸环抱,左手握拳,右手从前方握住左手手腕,左拳虎口贴在患者胸部下方、肚脐上方的上腹部中央,形成"合围"之势,然后突然用力收紧双臂,用左拳虎口向患者上腹部内上方猛烈施压,迫使其上腹部下陷。儿童因误吸导致窒息时,大多采用这一方法。

劳动实践打卡记录

劳动时间		劳动地点	
劳动主题			
劳动内容及步骤			
感想和收获			

第七章　九棵槐大学生农耕园农耕体验

新时代，农村是充满希望的田野，是干事创业的广阔舞台，我国高等农林教育大有可为！

第一节　农业与农业劳动

"昼出耘田夜绩麻，村庄儿女各当家。童孙未解供耕织，也傍桑阴学种瓜。"这首诗抒发的是诗人对田园劳作之乐的向往，传达出的是中华民族坚持不懈、敬业乐业、吃苦耐劳、自强不息的精神品格。青年们要深刻把握农业劳动精神的当代价值与崭新底蕴，通过参加丰富的农业劳动实践，感知农业劳动乐趣，爱惜农业劳动成果，体会农业劳动光荣，用劳动之手创造幸福生活，成为德智体美劳全面发展的社会主义建设者和接班人。

学习目标

知识目标：认识农业的含义、特点、功能以及中国农业发展的现状和展望；认识农业
劳动概念和中国农业劳动的发展历史；理解我国优秀农业劳动模范的品质。
素质目标：体会农业劳动价值，培养勤俭、奋斗、奉献的农业劳动精神。
实践目标：在农业劳动实践中发扬劳动精神，提高劳动素养，争做新时代优秀大学生。

学习重点、难点

重点：在劳动教育的理论知识学习之外，接受实践教育，参加日常农业劳动，动手实
践、出力流汗，接受锻炼、磨炼意志，培养正确劳动价值观和良好劳动品质。

难点： 理解劳动内涵，树立正确的劳动观，体会劳动价值，养成良好的劳动习惯和品质，培育积极的劳动精神。

一、认识农业

（一）农业及其特点

农业是指国民经济中一个重要产业部门，是以土地资源为生产对象的部门，是通过培育动植物生产食品及工业原材料的产业。农业的劳动对象是有生命的动植物，获得的产品是动植物本身。广义的农业包括种植业、林业、畜牧业、渔业和副业。狭义的农业指种植业。

农业的特点主要可以概括为以下几个方面。

1. 地域性。农业是人类利用生物机体的自然力，通过自身劳动去强化和控制生物的生命过程，以获得符合社会需要的产品。这种生产过程依赖于特定的地理环境，包括土壤、气候、水资源等自然条件。因此，农业具有明显的地域性特点，不同地区的农业类型和农业生产方式往往因自然条件的差异而有所不同。

2. 季节性。农业生产与自然环境密切相关，而自然环境的变化具有明显的季节性。因此，农业生产活动也呈现出明显的季节性特点。例如，种植作物的生长周期、收获时间等都受到季节的影响。

3. 周期性。农业生产过程往往具有较长的周期性。一个完整的农业生产周期可能包括播种、生长、开花、结果、收获等多个阶段，这些阶段需要经历一定的时间才能完成。同时，农业生产还受到市场需求、价格波动等因素的影响，使得农业生产周期更加复杂。

4. 综合性。农业生产涉及多个领域和方面，包括作物种植、畜牧业、渔业、林业等。这些领域之间相互关联、相互影响，形成一个复杂的农业生态系统。因此，农业生产需要综合考虑多个因素，包括生态平衡、经济效益、社会需求等。

5. 风险性。农业生产面临着多种风险，包括自然灾害、病虫害、市场风险等。这些风险可能导致农业生产减产甚至亏损，给农民带来经济损失和生活困难。因此，农业生产需要采取多种措施来降低风险，保障农民的利益。

（二）农业的功能

农业作为人类生存和发展的基石，具有多重功能，不仅满足基本生活需求，而且对社会、经济和环境产生深远影响。以下是农业的主要功能。

1. 保障食物安全。农业为人类提供了丰富的食物资源，确保了人们的基本饮食需求得到满足。通过种植和养殖，农业为人们提供了多样化的食物来源，从而保障了食物安全。

2. 促进经济增长。农业是许多国家经济的重要组成部分。农产品的生产、加工和销售创造了大量就业机会，并为国家提供了税收。同时，农业也带动了相关产业的发展，如农业机械制造、农产品加工和农业旅游等，进一步促进了经济增长。

3. 维护生态平衡。农业在维护生态平衡方面发挥着重要作用。通过合理的土地利用、水资源管理和生态保护措施，农业可以减少对自然资源的破坏和污染，保护生态系统的稳定性和多样性。这有助于维护生态平衡，促进可持续发展。

4. 传承和发展文化。农业与人类文化紧密相连，是许多传统文化和习俗的重要组成部分。通过参与农业活动，人们可以传承和发扬农业文化，增进对农业的认识和尊重。同时，农业也为人们提供了与自然亲近的机会，培养了人们对自然的敬畏和感恩之心。

5. 提供原材料。农业还为其他产业提供了大量原材料，如木材、棉花、油料作物等。这些原材料对于工业、纺织业、制药业等行业的发展至关重要，为整个经济体系的运转提供了重要支撑。

总之，农业是人类衣食之源、生存之本，是一切生产的首要条件。农业提供了生产生活所必需的食物和原材料，是经济发展的支柱，是国家经济体系的支柱。如果农业不能提供粮食和必需的食物，那么人民的生活就不会安定，生产就不能发展，国家将失去自立的基础。农业、农村、农民问题是关系国计民生的根本性问题，只有立足自身抓好农业生产，来应对外部环境的不确定性，才能从容不迫。

（三）中国农业现状与展望

中国农业，作为中华民族悠久历史和文化的重要组成部分，承载着保障国家粮食安全和民生福祉的重大责任。随着时代的进步和科技的发展，中国农业正迎来前所未有的发展机遇。

1. 农业经济稳步增长

近年来，中国农业经济持续保持稳步增长态势。农业总产值持续增长，对国民经济的贡献也在稳步提高。这主要得益于农业科技进步、农业产业结构调整以及国家政策的扶持。同时，随着农业现代化的推进，农业生产效率不断提高，农产品质量也得到了显著提升。农业经济的发展基础稳固，对经济社会稳定发展起到了重要作用。农村居民收入持续稳定增长，增速继续快于城镇居民。同时，城乡居民人均可支配收入之比逐年减少，表明城乡居民收入差距正在缩小。全国粮食产量已经实现了"二十连丰"，大豆油料扩种行动也在稳步推进，这为保障重要农产品供给提供了有力支撑。

2. 农业产业结构调整与优化

中国农业结构也经历了从单一向多元、从粗放向精细、从低端向高端的转变。中国农业结构正在逐步优化，向多元化、精细化和高端化发展。一方面，传统粮食作物种植面积保持稳定，同时注重提高单产和品质；经济作物和特色农产品的种植面积不断扩大，如蔬菜、水果、茶叶等。畜牧业和水产业也在快速发展，成为农业经济增长的重要动力。另一方面，发展特色农产品、绿色有机农业和乡村旅游等新兴产业，促进农村经济多元化发展。这些举措将推动农业与第二、第三产业的深度融合，为农民创造更多就业机会和收入来源。

3. 农业科技创新与应用

从科技角度来看，中国农业科技取得了重大突破和创新成果。例如，超级稻、抗虫棉、无公害蔬菜、疫苗、养殖技术等一批重要科技成果的推广应用，为农业生产提供了强大的技术支撑。为了推动农业科技创新，中国政府和企业也在加大投入力度，加强农业科技创新体系建设，提高农业科技创新能力和水平。农业机器人、智能农业装备、精准农业等新技术在农业生产中得到广泛应用，极大地提高了农业生产效率和质量。同时，农业科研机构和高校也在不断加强农业科技创新研究，为农业发展提供技术支撑。互联网技术的快速发展也为农业带来了无限可能。通过互联网平台的搭建和应用，农产品可以实现线上销售，农业信息可以实时共享，农业服务可以实现在线化。这不仅提高了农业生产的透明度和可追溯性，也为农民提供了更多市场机会和销售渠道。

4. 农业生态环境保护

随着农业生产的快速发展，农业生态环境问题也日益突出。为了保护和改善农业生态环境，中国政府采取了一系列措施。在政策层面，中国已经采取了一系列措施来加强农业生态环境保护。例如，建立了农业产业准入负面清单、耕地休耕轮作、畜禽粪污资源化利用等制度，以推动工业和城镇污染向农业转移防控机制的形成。此外，还建立了以绿色生态为导向的农业补贴制度，以鼓励农民采用环保的农业生产方式。在技术应用方面，智能农业技术、生物防治技术、有机农业技术、精准灌溉技术和循环农业技术等都被广泛应用于农业生态环境保护中。这些技术的应用不仅可以提高农业生产效率，还可以有效减少对环境的污染和破坏，促进农业生态系统的稳定发展。

中国农业展望大会每年发布未来10年的农业展望报告，对未来农业发展趋势进行预测和分析。根据《中国农业展望报告（2024—2033）》，未来10年粮食等重要农产品综合生产能力将显著增强，农产品供给质量与市场竞争力将明显提升，农产品消费持续升级，食物消费结构不断优化，农产品贸易保持增长趋势。这表明中国农业将继续保持稳定增长，同时还将面临消费升级、结构优化和国际贸易等多方面的挑战和机遇。我们要大力实施乡村振兴战略，促进农业高质高效、乡村宜居宜业、农民富裕富足，为"两个确保"提供强有力支撑。作为大学生，应该积极参加农业劳动的实践，感受农业劳动的辛苦和价值，认真实践农业劳动吃苦耐劳、踏实肯干、艰苦朴素的精神，努力为社会作出贡献。

二、认识农业劳动

(一)农业劳动的概念

农业劳动是指在农业生产过程中，劳动力的使用和消费。它涵盖了人们直接和间接从事农、林、牧、副、渔业生产，创造使用价值的具体劳动。这个过程涉及人类按照一定的经济目的，通过自身的活动来引导、调节和控制生物有机体(如植物、动物、微生物)的生长、发育和繁殖。

农业劳动具有多方面的特点和价值。首先，农业劳动时间具有强烈的季节性，这要求农民在不同的季节里进行不同的农业生产活动。其次，农业劳动的周期长，劳动效益具有差异性，因为农作物的生长需要一定的时间，而且不同作物的生长周期和效益也不同。此外，农业劳动场所的分散性、农作物生长技术的"当即决断性"以及农业劳动内容的多样性，都是农业劳动的重要特征。

在农业劳动中，辛勤耕耘和耐心等待是必不可少的。农民需要精心管理农作物，包括土壤改良、病虫害防治、作物修剪等，这都需要细致入微的操作和管理。同时，农业劳动也强调资源的循环利用和生态平衡，如通过堆肥、轮作和间作等方法提高土壤肥力，减少对化肥和农药的依赖。

农业劳动不仅是生产活动，也是知识和文化传承的重要途径。农民在长期的农业生产实践中积累了丰富的知识和经验，这些知识和经验是农业劳动的重要组成部分，也是传承和发展农业文化的基础。

总之，农业劳动是农业生产的核心，它不仅是创造物质财富的重要手段，而且是传承和发展农业文化的重要途径。同时，农业劳动也给我们带来了许多启示，如辛勤耕耘、耐心等待、细致入微、循环利用、社区合作和传承知识等，这些都是我们在工作和生活中可以借鉴和学习的重要方面。

(二)中国农业劳动的历史

食为政首、农为邦本，以农立国。中国农业劳动的发展历史源远流长，其演变过程反映了中国农业技术的进步、生产方式的变革以及社会经济的发展。

1. 原始农业时期

原始农业时期是中国农业劳动的起始阶段。在这个时期，人们从采集和狩猎的生活方式逐渐转向农业生产。他们开始种植一些野生植物，如稻谷和小麦，并驯化一些野生动物，如猪、鸡和水牛。这个过程被称为"农业革命"，因为它彻底改变了人类社会的生产方式。

在原始农业时代，农业生产非常原始和粗糙。农民使用简单的工具，如木制犁和锄头，手工种植和收割庄稼。由于农业技术的落后，农业生产效率低下，农产品产量有限。然而，这个时期的人们已经开始意识到土地的重要性，并采取了一些保护土地的措施，如轮作和施肥。

2. 农耕文明时期

随着农业技术的不断发展，农耕文明逐渐兴起。在这个时期，中国农业的生产方式和社会组织发生了显著的变化。公元前5世纪的商朝，通过改良耕地、开发水利设施等手段发展农作物的育种技术，农业产生了阶段性发展。在黄河流域和江淮流域，当时的农民已经发展出了水稻栽培技术，他们利用这种技术，改造水库，开垦荒地，还设置了防洪、抢险等水利设施，这些农业技术大大增加了生产效率。除此之外，还有很多农业方面的技术发明，如耕地技术、种植技术、干燥技术等。铁器的使用使农业生产工具得到了改进，铁犁、铁锄和铁镐等铁制农具的出现大大提高了农民的工作效率。

在农耕文明时期，农村社区和农业部落开始形成。人们开始在定居点建立村庄，形成农村社区，农业生产成为主要的经济活动。这种定居的生活方式使人们能够更好地保护土地和水资源，促进了农业生产的持续发展。

3. 封建王朝时期的农业

在封建王朝时期，中国农业劳动得到了进一步的发展和改进。封建制度的建立使得土地成为私有财产，这种制度变革激发了农民的生产积极性，促进了农业生产的增长。

在这个时期，农业技术的进步也推动了农业生产的发展。例如，水车的发明和使用使得灌溉变得更加便捷高效；农作物的种植技术也得到了改进，出现了许多高产优质的农作物品种。此外，农业管理的完善也为农业生产提供了有力保障。政府设立了专门的农业管理机构，负责制定农业政策、推广农业技术、管理农田水利等。这些措施为农业生产的稳定发展提供了有力支持。到了明朝时期，朝廷推行了大规模的水田综合管理，大大地促进了中国的农业发展。明朝政府下令建造了大量的水库，尤其是拓宽了黄河和长江等大河周边的大型水库；同时也修建了更专业的水闸和灌溉系统，以确保各种水资源可以更加有效地被利用。这一系列的改革和发展，促进了中国农业的进一步成长。当时多种水利建设的发展奠定了农业更大规模发展的基础。

4. 近代以来的农业变革

近代以来，中国农业劳动经历了多次变革。在近代以来的农业变革历程中，中国农业经历了从传统到现代、从落后到先进的转变。这个过程不仅提高了农业的生产效率，也改善了农民的生活水平，为中国经济的发展奠定了坚实的基础。

半殖民地半封建社会农业阶段（1840—1949年）：这个阶段是中国近代史上的一个重要时期，农业也受到了很大的影响。由于外国列强的入侵和封建统治的腐败，农业生产受到了严重的破坏。但另一方面，西方农业技术的引入又为中国农业的发展带来了一定的机遇。辛亥革命以后，政府建立了农业部，宣布把农业提升为国家的生命，实施新农业政策，自此新农业的发展开创了新篇章。随着西方农业技术的引入和现代化进程的推进，中国农业劳动的生产方式和生产效率得到了显著提高。农业机械的广泛使用、化肥和农药的应用，以及农业科技的推广都极大地推动了农业生产的增长。同时，农业政策的调整也为农业劳动的发展提供了有力支持。

新中国成立后的农业合作化阶段（1949—1978年）：1949年新中国成立之后，政府更加重视农业的发展。在这个阶段，中国政府开始了大规模的农业合作化运动，推动农业集体化的发展。通过农业合作化，农民组织起来，共同进行农业生产，提高了生产效率。同时，政府还大力推广农业技术，提高了农业的科技水平。通过农业合作化运动，农业生产力得到了显著的提升。总的来说，新中国成立后的农业合作化阶段，农业劳动经历了从个体到集体、从分散到规模化的转变。这一转变不仅调整了生产关系，激发了农民的生产积极性，也提高了农业生产力，为农业的发展和农村的现代化奠定了基础。

农村改革阶段（1978年至今）：这个阶段是中国农业变革最为显著的时期。自改革开放以来，中国农业发展取得了举世瞩目的成就，其变革之广、速度之快、影响之深，堪称世界农业史上的奇迹。1978年，中国农村开始了一场以家庭联产承包责任制为核心的改革。这一改革打破了人民公社的体制，使农民个体重新获得了土地经营权，极大地提高了农业生产的积极性和效率。随后，农村改革不断深化，包括土地流转、农业社会化服务等方面的创新，为农业持续发展注入了新动力。中国政府一直高度重视农业发展，出台了一系列支农惠农政策。从取消农业税到实施农业补贴，从加强农村基础设施建设到推进农村产业融合发展，这些政策都为农业的发展提供了有力支持。同时，政府还加大了对农业的投入，推动了农业农村现代化进程。随着经济全球化的深入发展，中国农业也开始积极融入国际市场。农产品进出口贸易日益活跃，农业国际合作不断深化。这不仅为中国农业带来了机遇，也促进了全球农业的发展与进步。

（三）我国农业劳动模范的优秀品质

农业劳动模范对于农业的发展具有举足轻重的意义。他们是农业领域的杰出代表，是推动农业现代化进程的关键力量，是引领广大农民走向富裕与繁荣的领航者。在农业领域，劳动模范们恰似熠熠生辉的繁星，凭借其卓越的作为与高尚的品质，为农业发展的征程点亮明灯。农业劳动模范的优秀品质是多元且全面的，他们的坚韧、创新、奉献、责任和进取精神，不仅为农业发展注入了强劲的动力，也为整个社会树立了光辉璀璨的楷模。我们理当向他们学习，传承并发扬这些杰出品质，为推进农业现代化、达成乡村振兴的战略目标而不懈奋斗。

1. 艰苦奋斗

艰苦奋斗，意味着不畏艰难困苦，坚持不懈地努力。农业劳动模范们在条件艰苦的农村，面对种种挑战，展现出了非凡的毅力和决心：吃苦耐劳的精神、勤俭节约的作风、坚持不懈的毅力和乐观向上的态度。农业劳动模范在面对纷繁复杂的气候状况、繁重艰辛的体力劳作以及诸般难以预料的困境时，从未有过丝毫退缩，始终屹立于农田一线。他们以坚定不移的信念和百折不挠的意志，勤勉耕耘，为每一季的丰收默默奉献心力。这般毅力，促使他们能够在艰苦卓绝的环境中持之以恒，持续战胜艰难险阻，为农业生产的稳固立下汗马功劳。他们深知农业资源的来之不易，在生产和生活中注重节约，不浪费一滴水、一粒粮、一度电，善于充分利用有限的资源，精打细算，以最小的投入获取最大的产出。面对农业生产中的周期长、风险大、收益不稳定等问题，农业劳动模范始终保持坚定的信念，不轻易放弃。在遭遇自然灾害、市场波动、技术难题等挫折时，能够坚持不懈地努力，不断寻找解决办法，持续推动农业生产的发展。尽管农业劳动面临诸多困难和压力，但他们始终保持乐观积极的心态，以饱满的热情投入到工作中，相信通过自己的努力能够改变现状，创造更好的农业生产成果。

农业劳动模范们艰苦奋斗的品质，是农业发展的宝贵精神财富。他们用实际行动诠释了勤劳勇敢、坚韧不拔的精神内涵，激励着更多的人为农业现代化建设贡献力量。耿长锁的人生辉映着家乡，而其艰苦奋斗的精神更是在这片热土上薪火相传。这种精神一直传承至今，影响着一代又一代人。走进新时代，虽然我们生活越来越富裕，但是要铭记耿老艰苦奋斗的精神，不断进取。一代人有一代人的担当，一代人有一代人的责任，艰苦奋斗的精神时刻激励着新时代青年应该承担起时代赋予的责任与使命，做有理想、肯奋斗、顽强拼搏、奋勇前行的新时代好青年。

2. 开拓创新

开拓创新是农业劳动模范的突出特质。他们并不满足于沿袭传统的种植与养殖方式，而是积极探索新兴技术、优良品种。他们果敢地尝试全新的农业生产模式，引入现代化的农业器械和管理理念，不断提升农业生产的效率与质量。借由持续不断的创新之举，他们不单为自身的农业事业开辟出崭新的发展契机，也为整个农业领域树立起创新的典范，有力地推动了农业产业的转型升级。"满眼生机转化钧，天工人巧日争新"，青年要善于开拓创新。新时代是自信自强、守正创新的时代，从传统的农耕方法到现在农耕机器的全面普及，无不昭示开拓创新是时代前进的驱动力。青春既是朝气蓬勃和热血沸腾的时期，又是最具创新热情和创新动力的年华。广大青年要顺应时代趋势，成为时代的开拓者，勇立潮头；要勇于自我革新，始终做到自我净化、自我完善、自我提高，不断增强创新意识、创新自觉和创新本领；要勇于破除教条、敢闯善试，展示锐意创新的勇气、敢为人先的锐气、蓬勃向上的朝气，创造出更多令人刮目相看的青春奇迹。开展农业劳动教育，不只是到农田干农活，还要体验其他生产劳动、服务劳动，通过这些劳动，掌握独立生活的劳动技能，不断开拓创新农业科技应用环境，让农业和科技融合发展产生 $1+1>2$ 的良好效果，未来可以为乡村振兴建设出一份力量。

3. 百折不挠

全国敬业奉献模范事迹展播——袁隆平[①]

1960 年，当袁隆平立志用农业科技击败饥饿威胁时，"自花授粉作物没有杂种优势"成为横亘在他面前的理论禁区。

当年，一株"鹤立鸡群"的高产异型稻株，吸引了袁隆平的眼光；第二年在它的后代身上，优势完全退化分离，难道这是一株天然的杂交稻？能不能育成人工杂交稻？袁隆平的智慧火花在那一刻点燃。

在实验的最初 6 年里，袁隆平与两个学生尹华奇、李必湖先后用 1000 多个品种的常规水稻，与最初找到的雄性不育株及其后代进行了 3000 多个测交和回交实验，始终没有成功。上千次的失败没有摧垮袁隆平创造成功的信念。

为了寻找野生稻，袁隆平师徒千里迢迢，远赴云南和海南，他们经历了"三只老鼠一麻袋，三只蚊子一盘菜"的艰苦，也在滇南大地震中与死神擦肩而过。

为了加快杂交育种更代繁殖，袁隆平师徒开始了候鸟一样追赶季节南来北往的岁月。39 个春节，袁隆平在"天涯海角"度过。

功夫不负有心人。1970 年，"野败"的发现，为籼型杂交稻三系配套打开一扇成功的窗户。但是试验田里只长稻草不长谷，让那依稀的亮光似乎黯淡了。面对怀疑，袁隆平依然冷静，改进品种组合，3 年创造了亩产 505 公斤的优良战绩。

制种，曾经是制约杂交水稻推广的一大阻碍。从 1973 年到 1975 年，两年多的努力，袁隆平让最初一亩仅能生产 55 公斤杂交种子，飞跃到最高亩产 150 公斤。

1976 年，杂交水稻率先在湖南大面积推广，进而推向全国。据不完全统计，当年就推广了 208 万亩，全部增产 20% 以上。

从三系到两系跨越的关键时刻，南方遇到超常低温，两系不育系出现育性波动。袁隆平没有退却，从失败中另辟蹊径，终将杂交水稻培育成了可以在长江中下游地区安全种植的水稻。

"山重水复疑无路，柳暗花明又一村。"在漫长的科研道路上，失败、成功、再失败、再成功，袁隆平愈挫愈勇。中国杂交水稻的成长史，就是以袁隆平为代表的一代又一代科技工作者的奋斗史。

―――――――――――――

① 资料来源：http://news.cctv.com/special/C21323/20080509/105177.shtml，选入本书时有改动。

百折不挠意味着在面对困难和挫折时，他们毫不退缩、坚定不移。在农业生产中，可能会遭遇各种各样的困难和挑战，农业劳动模范不会被这些挫折打倒，他们会总结经验教训，重新振作，采取新的措施和方法来应对挑战。农业劳动模范展现出了应对技术难题的坚持、劳作辛苦下的不屈、创新尝试中的执着和传承与发展中的担当，这些百折不挠的品质在他们的工作和生活中具有重要意义。在引进新技术、新品种的过程中，可能会面临技术不成熟、品种不适应本地环境等问题。他们百折不挠地追求农业技术的创新和改进。农业劳动模范会不断查阅资料、请教专家、反复试验，直至找到适合的解决方案。他们坚持不懈地探索和试验，努力提高农业生产效率和质量。农业劳动往往需要长时间的体力付出，无论是风吹日晒的田间劳作，还是起早贪黑的养殖工作，都极其辛苦。然而，农业劳动模范始终保持勤劳的作风，从不抱怨，日复一日地坚守在农业生产一线。为了提高农业生产效率和质量，农业劳动模范会大胆尝试新的种植模式、养殖方法和管理理念。即使在初期可能遭遇失败，但他们会总结经验教训，继续执着地探索创新，直至取得成功。在面对传统农业技艺面临失传、现代农业理念推广受阻的情况下，农业劳动模范自觉承担起传承和发展的双重责任。他们一方面努力传承老一辈的优秀农业经验，另一方面积极学习和推广现代农业知识，为农业的可持续发展贡献力量。他们还在艰苦的劳动条件下持之以恒，不怕辛苦，不惧劳累，始终坚守在农业生产的第一线。

这种百折不挠的品质，使农业劳动模范成为广大农民的榜样，激励着更多的人投身农业事业，为农业的发展和乡村振兴贡献力量。袁隆平在种植杂交水稻的过程中遇到了很多困难，但是他没有退缩，百折不挠，实现了自己的梦想。作为青少年，要有百折不挠的意志。人生的道路从来不是坦途，青少年从学校的课堂走入社会的课堂，一路的磕绊与磨难，不应成为退缩与"躺平"的理由，相反更应成为成长路上的磨刀石。青少年更应发挥百折不挠的精神，带头迎难而上，攻坚克难，在困难面前不低头，在问题面前不退缩，在矛盾面前不畏惧，以"千磨万击还坚劲，任尔东西南北风"的涵养与定力，勇立时代潮头。

4. 无私奉献

▶▶ 案例分享

全国农业农村劳动模范李永梅[①]

2023 年李永梅荣获"全国农业农村劳动模范"称号。李永梅从 27 岁起从事农业生

---

① 资料来源：https://www.chinanews.com.cn/sh/2023/07-25/10049429.shtml，选入本书时有改动。

产，到此时已有 26 年，她把青春与汗水、执着与追求都倾注在内蒙古自治区兴安盟科右中旗的沃土中，农民们都亲切地称她为"田保姆"。

李永梅是土生土长的当地人，从小她的梦想就是帮助广大农户成为"农耕不下地，两脚不沾泥"的新时代农民。

"积累了多年的务农经验后，我开始成立合作社，通过农业社会化服务的方式带领农户科学种植。"李永梅不仅带动当地农民脱贫致富，还努力探索解决当前农业、农村、农民面对的"谁来种地"、"怎么种地"和"耕地适度规模化"根本性问题。

科右中旗位于科尔沁草原腹地，受半农半牧生产生活方式的影响，农民在土地经营方式上比较粗犷，农业种植和田间管理不够科学，很多农牧民缺乏种植技术，农民的收入极少或亏损导致农民种地积极性越来越差。

针对农户种植规模小且生产效率低，个体抗风险能力弱等诸多问题，在保持现有农村土地承包关系不变的前提下，李永梅大胆创新，带领合作社里的社员建立了"耕、种、防、收"全程托管及环节托管等多种社会化服务模式。

为了帮助托管农户实现既增产也增收，努力解决农户种地缺乏资金问题，李永梅多渠道与银行等金融机构对接，通过承诺产量收入、垫付托管费用的方式，让小农户认识托管、接受托管，并实现了托管土地成方连片。

"土地规模化经营、集约化生产，充分发挥大型农机设备优势，可实现降低机械作业成本的 25%。"李永梅将机械设备统筹利用，形成了资源共享，破解了小农户种地难、收益低的局面。

"对港口、储存、饲料加工类企业，供应烘干后的标准干粮；对味精、酒精、化工类的企业，籽粒直收后从田间地头直接销售。"李永梅说，与农户收割、晾晒、脱粒销售这种传统的方式对比，无缝对接的销售模式减少了环节上的损失，有效地降低霉变率，提升了粮食品质和质量等级，"平均每吨提高售价 20 元以上"。

通过实施全程"保姆式托管服务"，农户在保持土地承包权不变，不增加任何投入，不从事田间劳动的情况下，实现了自己种地到监管种地的转变。

"跟着李永梅种地肯定没错，不仅土地托管有收益，收粮后还免费为我们提供 45 天粮食代储，这种模式真的太好了。"巴彦呼舒镇马架子嘎查农户崔明会说。

2022 年，李永梅带领农户承接 66000 亩大豆玉米带状复合种植任务，摸索出适合本地区的大豆玉米带状复合种植"6＋4"最佳种植带宽模式，实现玉米增产增收、大豆稳产整体增收。

如今，李永梅的合作社已快速发展为具备先进种植技术推广、土壤改良、农机服务、农资供应、粮食收储和农产品销售等在内的农业生产多元化服务主体，为农牧户提供玉米、大豆、甜菜、葵花等作物种植托管服务。

2017 至 2022 年，合作社累计托管耕地 38.9 万亩，服务范围覆盖科右中旗 13 个苏木镇 31 个嘎查 2780 户农户，其中带动脱贫户 416 户。

2023年5月，李永梅积极探索代耕代种社会化服务模式，首次在高力板镇金祥嘎查实施整村推进。李永梅说："通过土地托管、半托管模式，发展到现在'整村推进''代耕代种''保底＋分红'模式。截至目前，每年托管耕地92000亩，每亩年均增产粮食600斤左右，每亩增收700元左右。"接下来，李永梅打算将新模式推广到兴安盟各地，带动更多的农户增产增收。

无私奉献，在农业劳动模范的身上体现得淋漓尽致。他们将自身积累的丰富经验与精湛技术毫无保留地传授给其他农民，助力其提升农业生产水平，携手共赴致富之路。他们不计较个人的得失，将大量的时间与精力投入农业发展的宏伟事业之中，为了农村的昌盛繁荣和农民的幸福安康，默默贡献着自身的力量。他们将个人的利益置于农业事业之后，把全部的心血倾注于土地和庄稼。为了确保农作物的苗壮成长，他们不惜牺牲自己的休息时间，日夜守护在田间地头，观察作物的生长状况，及时采取有效的措施应对可能出现的病虫害等问题。他们毫不吝啬地分享自己积累多年的宝贵经验和先进技术。无论是面对前来请教的邻里乡亲，还是陌生的农业从业者，农业劳动模范都会耐心细致地讲解，手把手地示范，确保每一个人都能掌握关键的农业知识和技能。他们不图回报，只希望看到更多的人在农业领域取得成功，共同为国家的粮食安全和农业繁荣贡献力量。农业劳动模范还积极参与农业科技的推广和普及工作。他们奔走于各个村庄和农场，组织培训活动，宣传新的种植方法和养殖技巧，帮助农民更新观念，提高生产效率。即使面对质疑和误解，他们也从不气馁，始终坚信自己的努力能够为农业带来改变。

农业劳动模范的无私奉献，是农业发展的坚实基石，是社会进步的光辉典范，值得我们永远铭记和敬仰。他们的奉献精神如同一股强大的力量，感染着身边的每一个人，激励着更多的人投身于农业事业，为实现农业现代化、乡村振兴的伟大目标而不懈努力。

劳动实践打卡记录

劳动时间		劳动地点	
劳动主题			
劳动内容及步骤			
感想和收获			

第二节　九棵槐农耕园介绍

为贯彻"三全育人"教育方针，学校在"大思政"育人理念引领下，历经一年的艰苦奋斗，从无到有、从有到精，完成了"三全育人"建设项目 135 个，建设覆盖面积 350 多亩，包括九棵槐农耕园项目建设。学校九棵槐农耕园实践基地建设了一号组培实验室大棚、二号蔬菜智慧大棚、三号半自动化樱桃大棚、九棵槐学生农耕园、凤凰生态园、智慧创客生态园、水源地学生植物园、凤凰书院匠园，简称"三棚五园"。学校以九棵槐农耕园实践基地为劳动教育平台，以"行知教育""躬耕乐道、励志农耕"的教学实践形式为主体，进行创新性改革，引导学生崇尚劳动、尊重劳动，增强了学生的劳动观念，丰富了学生的劳动品质，发挥了劳动育人功能，开创了高校立德树人工作新局面。

学习目标

知识目标： 了解校内劳动教育基地，掌握基本农业知识，深入了解作物生产实际情况并熟悉作物生产实践环节，掌握农业生产的基本规律和农事活动的基本内容与过程。

素质目标： 通过参与农事活动，接受锻炼、磨炼意志，感受劳动带来的收获乐趣，形成尊重劳动、热爱劳动、珍惜劳动成果的真挚情感以及勤俭节约的高尚品格。

实践目标： 通过田间地头的劳作，用实践更好地推动理论的学习，在实践中掌握一定劳动技能，提高动手能力。

学习重点、难点

重点： 九棵槐农耕园的基本组成。
难点： 农耕园的一号组织培养实验室。

一、学校总体介绍

大连艺术学院是民办普通本科高校，始建于 2000 年，时名大连艺术专修学院，2009 年更为现名。学校位于大连市，有同汇路、东北大街 2 个校区和 1 个文化科技创意园，占地面积约 72 万平方米，建筑面积 47.4 万平方米，现有专任教师 636 人，在校生近 1.3 万人，本科专业 35 个、专科专业 18 个。获批国家一流专业建设点 2 个、省级一流本科建设试点 7 个、省级一流本科课程 64 门。近 5 年毕业生 1.3 万余人，其中 51％在辽宁就业创业。

学校构建了以原创剧目为载体的"学、练、创、演、赛"一体化艺术实践教学体系，探索了"舞台上、灯光下、一生多师"应用型艺术人才培养模式，与中央广播电视总台及辽宁电视台共建实习实训平台。十年十部大剧，"和平三部曲"（《汤若望》《樱之魂》《和平颂》）、"青春五部曲"（《丝路·青春》《追梦·青春》《梦想·青春》《信念·青春》《拥抱·青春》）和原创大型舞台思政剧《辽宁之歌》和《光荣·梦想》，先后登上国家大剧院和人民大会堂的舞台，入选教育部校园原创文化精品推广项目 2 个、团中央优秀展演作品 1 个，获省第 16 届精神文明建设"五个一工程"优秀作品 1 个。

学校承办了文化和旅游部主办的第七届全国青少年民族器乐教育教学成果展示、省教育厅主办的"我心向党喜迎二十大"辽宁省大中小学生艺术展演（舞蹈和合唱）等大型活动；与 2 个国家 2 所高校开展国际合作办学，分别设立"丝路·青春国际艺术学院"。学校建有省级智库 3 个，现有省级本科教学名师 5 人、职业教育专业带头人 1 人、职业教育骨干教师 1 人。近五年，获批国家艺术基金项目 7 项、教育部人文社科研究专项任务项目 1 项、高校思想政治工作精品项目 1 项、全国艺术科学规划项目 1 项。

学校突出思政育人和实践育人办学特色，是教育部"全国创新创业典型经验高校"，文化和旅游部"文化产业双创扶持单位"，人社部"全国创业孵化示范基地"，科技部"国家级众创空间"。学校被中共辽宁省委授予"辽宁省先进基层党组织"称号，被省委教育工委授予"辽宁省高校先进基层党组织"称号。学校是辽宁省应用型转型示范学校、首批劳动教育示范学校，获批省级实验教学示范中心 2 个、省级大学生校外实践教育基地 9 个、教育部产学合作协同育人项目 18 项、校际合作项目 48 项。

二、九棵槐农耕园核心基地介绍

东北是我国重要的农业基地，耕地面积 3 亿亩，占全国耕地面积的 16％，人均耕地面积是全国平均水平的 3 倍，东北农业在全国占有重要地位。其中大连拥有的国家级农业龙头企业、省级农业龙头企业已达到上百家，其都市现代农业建设也在稳步前进。近年来，大连市以特色优质农产品开发为主攻方向，不断推动渔业、水果、蔬菜、畜牧、花卉五大优势产业向高端化发展。截至目前，大连市已建成市级以上水产品健康养殖场 109 个、标准化果蔬精品园 214 个、标准化畜牧养殖场 1403 个、特色花卉生产园 50 个，建成全国最大的海参、扇贝、鲍鱼和大樱桃、蓝莓、蛋鸡生产基地。全市农产品"三品"有效认证总数达到 1052 个，"三品"生产面积占全市耕地及果树面积的 68％，登记（注册）地理标志农产品 87 个。全市优势农产品集聚化率达到 92％以上，每公顷土地产出效益达到 14 万元以上，五大优势产业产值占到农业总产值的 90％。在市场高速发展的同时，规模经营是都市型现代农业发展的方向，打造大连都市现代农业首先要解决的是土地规模化的问题。在规模化经营的引领下，大连市在全省首批创建了大连国家现代农业示范区，示范引领都市型现代化农业。此外，大连还在逐步建设"都市农业""品质农业"，通过走出去，引进来，以市场为导向，逐步建成大连农业品牌。比如以大连樱桃、大连苹果两个农产品为重点，积极打造区域品牌形象，助力大连特色农产品走向全国、走向世界。大连逐步也会积极申报大连油桃、蓝莓、草莓等特色优质农产品。

立足国情农情，积极响应国家政策，大连艺术学院设置九棵槐学生农耕园劳动教育基地。农耕园作为大学生劳动教育实践基地，其建设尤为重要，主要组成可分为"三棚五园"，一号组培实验室大棚、二号蔬菜智慧大棚、三号半自动化樱桃大棚、九棵槐学生农耕园、智慧创客生态园、凤凰生态园、水源地学生植物园、凤凰书院匠园。"三棚五园"不仅可以作为农科专业的实训实践教学基地，还可以作为大学生劳动教育的实践基地，打造学以致用、学有所用、学用结合的教育教学实践基地。其总体概况如下。

1. 一号组培实验室大棚

一号温室占地 1000 多平方米，温室通体采用玻璃和钢架结构，是较为先进的现代化玻璃温室。整个温室内部共分为两个区域，一部分是热带水果栽植区，另一部分是园艺专业组织培养实验室。

热带水果栽植区主要栽种的是火龙果和香蕉。火龙果树为仙人掌科的三角柱属植物，原产于巴西、墨西哥等中美洲热带沙漠地区，在我国主要在海南等地种植较多，真正地做到"南果北移"，将火龙果从南方热带地区引进到大连。火龙果的抗病抗逆性较强，病虫害发生较少，几乎不使用任何农药都可以正常生长，并且抗旱能力非常强，是一种绿色、环保果品和具有一定疗效的保健食品。

香蕉是国内市场上经济效益显著的水果产品之一，主要种植地在我国广东、海南等地。香蕉作为一种经济作物，是草本果树，速生快长、投产年限短、产量高，可常年供应。

园艺专业的教学实验室，占地面积 504 平方米，实验室主要进行植物组织培养以及植物生理相关实验，整个实验室的规划建设是完全按照植物生产类专业学生的培养标准来规划的，整个区域预计投入 1000 万元左右。实验室共设置 8 个细分功能实验室，包括显微镜室、病毒检测室、洗涤室、天平室（配药室）、药品室、灭菌室、接种室、培养室。其中显微镜室共配备 32 台显微镜以及显微镜物镜显示器，将所观察到的视野内的植物组织等直接显示在电脑屏幕上，提高了显微镜操作效率，并且能够让学生直观地观测到所学内容。病毒检测室主要负责分子实验以及植物生理学、栽培学、育种学课程的实验，包括植物光合测定、植物病害检测、植物根系分析、叶绿素测定以及果实品质测定，包括果实酸度、甜度、硬度等生理指标的测定。洗涤室配备超声洗瓶机，能够实现半自动化清洗实验器皿。接种室和培养室可作为农科产业发展的基石，未来能够实现植物微景观，辅助于教师科研以及学生创新创业发展。

劳动实践基地的建立立足国情农情，充分发挥各校自身优势，跨学科交叉融合，将艺术注入传统农业，相得益彰，助力农业人才培养，以满足新时代对于农业应用型人才的需求，为建设供给保障强、科技装备强、经营体系强、产业韧性强、竞争能力强的农业强国添砖加瓦。

2. 二号蔬菜智慧大棚

二号蔬菜智慧大棚总占地面积约 3500 平方米，配备有活动天窗、活动遮阳系统、升温系统、保温保湿系统、散热排风系统等自动化设施，采用了地热与空热石墨烯新材料，保证在室外零下十几摄氏度的极寒天气下，棚内仍能保持 10℃的温度。该大棚实现集中央计算机和设备自动控制于一体的现代化数据采集和现代化种植环境，推进了农业现代化，实现了农业产业数据可视化，为大连地区作物种植技术提供量化指标作为参照，不仅实现了增产创收的目的，也为产业链的形成创造出有利条件；强化了农业科技和装备支撑，让农业生产从"汗水农业"一步步迈向"智慧农业"；解决了季节性的作物栽培问题，让更多的果蔬等特色产品实现了反季化、本地化，填补了市场空白。

棚内设置了育苗区和生产区。

育苗区可实现种苗自产自用，为蔬菜的早期生长营造一个适宜的环境条件。

(1)蔬菜育苗能够促进蔬菜早熟丰产，延长生长季节，调节市场供应。在外界条件不适合作物生长发育的情况下，利用保护地设施进行提早育苗，在外界地温、气温适合时，定植到露地，作物很快就开花、结果，这样就比露地直播的早熟高产，相对来讲延长了作物的生长期。采用育苗方法，也可将生长期长的蔬菜栽培到生长期短即无霜期短的地方，使得栽培品种增多，市场供应丰富。

(2)合理利用土地资源，提高土地利用率。由于育苗占用土地面积小，减少了生产田的使用，因而可以节省土地。当田间前茬没拉秧时提前育苗，拉秧后就可以及时定植第二茬，这样在同一块土地上就可以进行多茬次栽培，从而提高了土地利用率，增加复种指数。

(3)便于栽培管理。将育苗地块做集中管理，既节省劳力，又可使育苗管理规范化。另外，育苗集中管理有利于病虫害防治。

(4)节省种子用量，降低成本。当前，许多种子价格昂贵，育苗可比直播节省种子用量 30%~50%。

(5)减少和避免逆境条件下对蔬菜幼苗生长发育的影响，有利于丰产丰收。由于育苗是在保护地中进行，即使在恶劣的气候条件下，也可人为创造优越的环境条件，满足秧苗生长发育的需要，并且在分苗时可以选择优质壮苗，去掉弱苗、病苗，提高秧苗素质，秧苗定植到田间，生长发育整齐一致，为丰产丰收打下了坚实的基础。其育苗区的最终目的是能够提高经济效益。

生产区即为大棚内的主要种植区。

（1）温室可以实现反季节蔬菜的生产。温室大棚通过错开蔬菜产业生产季节来实现蔬菜供应。在北方的冬天也能够看到大棚内"瓜果飘香"的生机盎然景象，正常供应餐桌上的蔬菜瓜果。

（2）大棚生产的是无公害绿色蔬菜。通过创建小环境和气候内部温室以最大化地减少虫害，同时可以减少自然灾害性天气带来的损害，生产出优质的无公害蔬菜。

（3）温室农业大棚进行高效、节能改造。冬季有效利用自然光能，生产优质淡季蔬菜。温室采用透明覆盖材料快速升温，光照良好。阳光棚内温度比外界高 20℃ 以上，晚上高 2～3℃。由于大多数蔬菜的最适温度为 20～30℃，最低生长温度至少为 5℃，因此，冬季蔬菜生产可以通过温室设施完成。温室内，昼夜温差大，营养生产周期长，生产的瓜果蔬菜质量和产量都有明显提高。

（4）温室智能化。温室内自动化控制遮光、通风、冷却、加热，灌溉和施肥系统相结合。真正实时监控，控制温室，能够减少劳动力，减少能耗。

未来将进一步开展棚内立体栽培种植模式，逐步建设悬挂气雾培、立体水培等设施，推进农业转型升级和提质增效，为本地现代设施农业生产和乡村振兴注入动力。

3. 三号半自动化樱桃大棚

三号半自动化樱桃大棚由两个冷棚组成，建筑面积达 1000 平方米，大棚装有温控、湿控、滴灌、移动遮阳网等半自动化设施，实现手机远程控制和数据监测，利用物联网传感技术及控制系统，通过监测数据，联动控制大棚的设施化设备运行，实现对大棚的环境实时管理，令室内的环境处于有利于作物生长的条件之下，使作物不受外界自然气候的影响，实现高效率、高产值的生产方式。

樱桃设施栽培是一项新兴产业，相比于露地栽培，棚内樱桃结果成熟更早，产量更好，品质更高。利用设施栽培樱桃有以下优势。

（1）可克服自然条件对樱桃生产的不利影响。樱桃自然栽培时，易受多种自然灾害影响，生产风险较大，采用设施保护栽培时，可有效地提高樱桃产量，抵抗低温、霜冻、干旱、冰雹等自然灾害，促进果树稳产。近年来，霜冻在我国北方发生频繁，常导致果树减产或绝收，利用设施栽培樱桃，由于环境可人为调控，可有效地避免霜冻灾害，降低生产风险。

（2）可促进樱桃提早成熟。利用设施种植樱桃，通过适期扣棚，可进行促成栽培，促进樱桃比露地提前成熟 20～30 天，可大幅度地提高产品的售价，提升生产效益。

（3）有利减轻裂果、鸟害等灾害，提高果实品质。樱桃在露地栽培时，成熟期遇雨，裂果现象严重，会导致果实品质降低，严重地影响生产效益。采用设施栽培条件下，特别是配套滴灌设施后，水分的供给调控能力提高，可有效地减少裂果现象的发生，提高果实品质。近年来随着动物保护法的实施，生态环境的改善，鸟类数量增多，鸟类对樱桃生产的灾害日益加重，已严重地影响其生产效益的提升。利用设施栽培樱桃，可有效地防止鸟类灾害，减轻生产损失。

目前三号半自动化樱桃大棚种植了大连特色品种美早大樱桃共计98棵。美早大樱桃是在温带生长的一种蔷薇科樱属植物，是我国农业科学研究所从美国引入的一种早熟樱桃品种，在大连已经有悠久的种植历史。大连地处北纬39°，暖温带大陆性季风气候区，是我国最北可以种植樱桃的产地。年均降水500～700毫米，无霜期180天，光照2800～2900小时，而且昼夜温差大，特别适合大樱桃果实的糖分积淀。另外，优良的土壤条件也是成就大樱桃美味的重要条件。临海环山，加上大规模采取无害种植，所产大樱桃的品质和口味都优于其他地区大樱桃。每年3—5月，美早樱桃从南至北依次成熟，是众多樱桃品种中较早一批上市的果子，因此得名"美早"。美早樱桃一般5年以上开始开花结果，其果实呈宽心脏形，果实个头整齐，果重在12克左右，最大果重可以达到18克，属于大果型。果实表面呈鲜红色，充分成熟时为紫色，随着成熟的程度，逐渐变为黑紫色，色泽鲜明，有光泽，艳丽美观，肉质脆而不软，甜度非常高，肥厚多汁，酸甜可口，可食率高达92.3%，号称顶级车厘子。其营养也很丰富，富含多种微量元素、大量的铁元素，还含有维生素A、胡萝卜素、粗纤维以及钙、磷等物质，有着"北方春果第一枝"的美誉。

三号大棚的建设旨在依托本地果树产业发展优势，进一步挖掘产业发展潜力，培育适应市场需要的新品种，创新土肥水管理与病虫害防治管理体系，着手大连本地樱桃品牌建设，推动樱桃产业融合发展。

4. 九棵槐学生农耕园

九棵槐学生农耕园约占地4000平方米，主要建设了农耕咖啡厅和景观小园，建成了蓄水量在2000吨的荷花池、以欧式小别墅为风格的农耕房。"劳动教育是落实学校'三全五育'工作的重要一环"，坚持"以劳树德、以劳增智、以劳强体、以劳育美"，学生可以在九棵槐学生农耕园开展丰富多样的实践活动，并且对各学院开放种植活动，进行农业知识教学，为处在"小麦灌浆期"的学生补给更加全面的营养，推动各学科专业之间的交叉、渗透和相互支持，实现优势互补和资源共享。

九棵槐农耕园为各二级学院划分地块，种植各色作物以及蔬菜瓜果，包括南瓜、颗粒饱满的花生大豆、硕大红润的地瓜、沉甸甸的稻谷等。一到夏天，九棵槐农耕园一片生机勃勃的景象，玉米向上生长，焕发出昂扬的力量；红薯扎根地下，蕴含着无尽的珍藏。新雨过后，园里的绿更显浓郁，美得令人陶醉，徜徉其中，看万物生长，品瓜果飘香。从开垦山地到起垄做畦，从施肥播种到发出嫩芽，从间苗除草到硕果累累，从农耕技术讲解到劳动教育思政课，培养学生树立正确的劳动价值观和优良的劳动品质。

九棵槐学生农耕园将思政课与劳动教育课有机融合，让学生在九棵槐学生农耕园体验了"春种"和"秋收"；引导学生养成崇尚劳动、尊重劳动、热爱劳动的价值观，有效促进学生健康成长和全面发展；教导学生们一粥一饭，当思来之不易，培养学生们艰苦奋斗，靠自己双手劳动的精神。

九棵槐学生农耕园立足于蔬菜产业，厚植学生"三农"情怀，服务于全校师生。未来将在九棵槐农耕园开展室外蔬菜育种工作，指导学生准确把握农业生产的关键环节和现实需求，坚持知行合一，在实践中学真知、悟真谛，加强磨炼、增长本领。

5. 智慧创客生态园

智慧创客生态园致力于打造"作业变作品、作品变产品、产品变商品"的文创产品空间，成为广大师生实现"文化赋能、科技助力、艺术融创、振兴农艺"的创新平台，更是学生们勇担使命、服务社会、历练本领的实践舞台。智慧创客生态园由艺馨懿行区、兴农艺创区、慧创俊才展区、守艺睿思展区、兴辽慧科展区共同组成。

艺馨懿行区主要展示的是紧跟学校思政的文创产品，包括校园台历、囊括校园思政大剧的文件夹、衍纸手工以及独具特色的插花摆件，这些文创产品都体现了我们当代青年应该继承和发扬的中国精神，包括雷锋精神、抗美援朝精神、"两弹一星"精神等。

兴农艺创区展示了园艺农耕跟艺术创意的有趣结合，同时还是一个沉浸式直播间，在春耕秋收时，学生们可以在这里为学校特色农产品直播带货，为大连的智慧农业和乡村振兴代言，还可以在此区域展现许多水果或农作物造型的布艺抱枕、瓷器、水晶摆件、香薰蜡烛等，以及植物、花朵、水果造型别致的胸针，农作物造型的各种密封罐和茶具。

慧创俊才展区展现了艺术实践教育和创新创业教育的完美结合，有凤凰公仔二代元宇宙形象手办，还有黑水晶凤凰摆台，极具收藏价值。

守艺睿思展区展示了如何传承工匠精神，用巧思创意来传承非遗文化的创新成果。这里展示由学校紫砂研发团队设计的八款喀左紫砂茶具，获得2022年北京冬奥组委会认定的特许产品，其中一款是"情扣中华"，运用了中国传统服装上的"盘扣"元素，在器形设计上大胆创新。此外"香火相传"团队研发的年轻化非遗香包品牌"歌尧"，曾在全国互联网＋大赛上获得国赛银奖的历史性突破。真棒香包以及服装学院非遗工作室的传统手工，艺术设计学院工作室运用植物染料开发的创意手工"草木染"系列，已经成为网红商品。

兴辽慧科展区展示了广大师生在城校共生的理念下，积极开展服务辽宁、大连地方文化产业、文化旅游的创新成果。文创园的孵化器，孵化了一批为地方经济发展作出突出贡献的文化艺术公司。这个展区集中展示了"大连印象"等10多个系列，近百种旅游伴手礼。其中包括入选"大连礼物""辽宁礼物"的热销商品。比如这些来自"海壳创世"公司的产品，海胆冰箱贴、扇贝便签本、牡蛎壳做的圣诞老人钥匙扣、海蟹小摆件等，非常具有大连海洋特色。展台流体熊"大艺人"，由2018级创业校友专门为学校设计制作，鼓励大艺学子面对困难，仍要敢想敢干、勇毅前行。此外一些扎染服饰设计作品以及"满意满福"系列，是国家艺术基金项目，获得全国三等奖。

在"四新"学科建设的同时，产业发展也在引领学校卓越发展，引领学生不要局限于知识的学习，而要用知识指导更科学的实践，用行动真正解决现实问题，用守正创新实现高质量发展。

6. 凤凰生态园

"凤皇鸣矣，于彼高冈；梧桐生矣，于彼朝阳。"凤凰是人们心中祥瑞和谐的象征。很久以前，这片山岭土地肥饶、绿树成荫、村落聚居、世代繁盛。一天，万里峰峦，天空溢着彩霞，正值人们耕耘树艺之际，忽然从天际飞来一对"五彩金鸟"低空飞舞盘旋，相随而来浩如烟海般的喜鹊栖息于此。因"五彩金鸟"神似传说中的凤凰，后来人们遂将此岭称为"凤凰岭"，这就是凤凰岭名字的由来，也是凤凰岭生态园由来的典故。党委书记王贤俊带领师生在此开山造田时，将此处命名为"凤凰生态园"。时至今日，艺园碧蓝天空、红色沃土处处都有喜鹊的身影，它们时而飞进课堂，时而栖落枝头，时而漫步草地，时而盘旋天空，时而为田间精耕细作的师生们鸣唱，这是为追梦路上永不停歇的师生们送来吉祥祝福。毛羽焕五彩，步履生辉光，风予力量，凰赋神采，希冀莘莘学子不忘初心、踔厉奋发、勇毅前行，终成贤才俊杰。

凤凰生态园占地约 200 亩，由凤凰岭浆果园、凤凰喷泉、凤凰大道、凤凰生态园果树种植区、蔬菜种植区、薰衣草花海等组成，种植露地樱桃和苹果 400 多棵。学校着力打造融教学、研发、实践、观赏、交流、销售于一体的智慧新农科产业实训基地和劳动教育示范基地。师生们积极投入凤凰生态园的建设中，鼓励大家树立正确的劳动观，教育引导学子立志做有理想、敢担当、能吃苦、肯奋斗的新时代好青年，让青春在全面建设社会主义现代化国家的火热实践中绽放绚丽之花。

凤凰生态园是学校占地面积最大的室外实践教学基地，占地约两万平方米，采用生态园模式进行观光园内农业的布局和生产，将农业活动、自然风光、科技示范、休闲娱乐、环境保护等融为一体，实现生态效益、经济效益与社会效益的统一。凤凰生态园内分为大田作物区、花卉区、果树区。大田作物区主要种植甜糯玉米、银峰大豆、花生、小麦、谷子、地瓜等，花卉区主要种植大叶海棠、向日葵、薰衣草等，果树区栽植了以"五红""七珠""三蜜"为代表的一系列大樱桃品种和国光、嘎啦等嫁接苹果共计 400 棵左右。

凤凰岭浆果园是凤凰生态园的核心景观，它位于整个生态园的中心。凤凰岭浆果园由 10 余种浆果以及时令花卉设计而成。浆果品种包括鹅莓、黑树莓、红树莓、黄树莓、草莓等，围绕在凤凰岭浆果园的外侧，时令花卉的图案来源于学校的凤凰标识。凤凰花卉根据季节的变化而变化自身的色彩，凤凰标识经年存在，也代表着广大学子经久不衰的艰苦奋斗精神。

凤凰大道沿路种植了向日葵，向日葵花向阳开放，在暖融融的夏季风里向着太阳熠熠生辉。向日葵的花语有忠诚、光辉之意，向日葵的种子一旦扎根土壤中，无论身处何等逆境，总会傲然直立、向阳而生，象征着广大学子也都能坚韧地成为一道蓬勃向上的亮丽风景。薰衣草是一种观赏及芳香油植物，原产于地中海沿岸，呈现为馥郁的紫蓝色的小花，它就像它的所在地一样具有浪漫的情怀。薰衣草的开花时间是每年的 6 月份，每年薰衣草盛开的季节，这块地就会成为一片紫色的花海，美丽得不可方物，也为学校的景色增添了一抹色彩。

未来，凤凰生态园一方面将开展大田和果树育种的室外实验以及艺术与农业融合的实践教学，培育实践经验丰富的乡土技术人才，打造产学研衔接紧密的人才队伍体系；另一方面则面向社会开放，举办采摘节和观光游览活动，让乡村产业与艺术形式结合，为本省本市乡村农产品推介和乡村治理提供有益探索，挖掘乡村价值，讲好品牌故事，助力乡村振兴重点工作，为推进宜居宜业和美丽乡村建设等重点工作起到示范带头作用。

7. 水源地学生植物园

水源地学生植物园覆盖面积达 100 平方米，主要建设了专家工作室 1 号楼和 2 号楼、水源地区域绿化和环绕道路以及水源地示范田建设，打造集劳动实践、农耕开发、绿植观赏、文化交流于一体的现代化校园农业基地。

水源地示范田占地约 2000 平方米，示范田可以直接客观反映产品效果，通过建设示范田，种植各种农作物和植物来展示现代农业技术和可持续发展理念，以及规范化种植的方式。其中种植高品质蔬菜瓜果多达 20 种，由专业教师团队广泛实验适合大连地区种植的各种作物，最终选育出示范品种种植在水源地示范田。组织学生积极耕作，由智慧新农科老师作为技术指导，为劳动教育持续开展提供保障。学生在示范田定期进行播种、除草、浇水、病虫害防治、收获等田间工作，其田间瓜果蔬菜络绎不绝，一茬接一茬。"落其实者思其树，饮其流者怀其源。"党委书记王贤俊带领师生开山造田时感叹道："上有青冥之长天，下有渌水之波澜。"水源地示范田用知识的甘泉滋养出一代代厚植爱农情怀的大艺人。

水源地植物示范田作为实践和学习的平台，让大学生能够亲身参与农业生产，了解农业技术、农作物的生长过程以及环境保护等知识。通过实际操作和观察，大学生可以加深对农业领域的认识，并培养实践能力和创新思维。水源地植物示范田还能够提供科研价值，可以成为科研工作者开展实地调查和研究的基地。对不同品种、不同种植方式等进行比较观察，收集数据并分析结果，可以为相关领域的科研提供重要参考。同时水源地植物示范田可以向社会传递可持续发展理念和现代农业技术。通过开放日、培训班等形式，向公众普及农业知识，提高社会对农业的认知和理解，并促进农业产业的可持续发展。此外，水源地植物示范田可以成为一个创收的项目，通过销售种植的植物，可以为大学生提供一定的经济收入，同时也为相关农产品的推广和销售提供了一个渠道。

8. 凤凰书院匠园

"匠园"是凤凰书院的室外劳动教育实践场所，位于学校综合楼的中庭，总占地面积 1550 平方米，与男子学堂、公民学堂遥相呼应。在学校构建的以"大思政＋劳动教育＋美育教育＋实践教育"融合育人模式的指引下，"匠园"在设计中贯彻落实"三全育人"教育方针，让教育从室内走向室外，从"要我学"变成"我要学"，让学生真正用身体力行的自我实践去感悟劳动的价值和意义，充分发挥劳动育人功能，增强学生劳动观念，丰富学生劳动体验，培养学生劳动品质。

"匠园"中设置了服务区、操作区、堆料区、休息区及体能拓展区等五大功能区域，满足日常劳动教育相关课程户外教学工作的同时，通过景观营造的方式对学生进行劳动教育。景观设计中运用创意"匠园"主题红色铁艺标识，向学生传递"干一行、爱一行、专一行、精一行"，务实肯干、坚持不懈、精雕细琢的匠人精神；入口处设立标志性"劳"字景墙，通过对不同字体"劳"字的艺术化设计及"劳"字的甲骨文释义，让学生从"劳"字的故事体会劳动的价值和内涵；为了提升"匠园"整体的互动性和活力，设置了"互动照片墙"，让劳动变得不再那么枯燥和乏累，让学生在践行劳动学习的同时，可以用年轻人喜闻乐见的形式感受劳动带来的愉悦，从而能够更好地提升参与劳动的幸福感。

在"匠园"的总体设计中能够以"劳动教育"为切入点，打造创新与人文并存的育人文化氛围，实现校园建设使用、审美、教育功能的和谐统一。项目充分调动发挥学生的主观能动性，在设计中教师时刻不忘思政教育的灵活运用：在"劳"字景墙的设计中与学生畅谈"劳"字的历史，交流劳动价值和意义；在"匠园"标志的设计中与学生讲述"大国工匠"的事迹。开展思政教育，不但更好地对设计方案进行了剖析和研究，同时也让学生在"做中学、学中做"，潜移默化地将思政教育植入专业实践之中。项目建设过程中，环境艺术设计专业的师生共同参与，将自己的新思考、新理念、新调查大胆融入，共同讨论电路、集体进行宿根花卉种植，积累了物理学和植物学等知识。

目前"匠园"已开园并投入使用，通过开设富有趣味性、专业性、技术性的劳动体验类课程和持续开展"青鸾六艺实践挑战赛"品牌活动，引导同学们正确认识劳动、参与劳动、热爱劳动，树立正确的劳动价值观，在劳动中收获快乐、掌握技能。

劳动实践打卡记录

劳动时间		劳动地点	
劳动主题			
劳动内容及步骤			
感想和收获			

第三节　积极参与农耕实践

高校农耕实践对大学生的成长和发展具有重要意义。通过参与农耕实践，大学生可以增强实践能力，培养责任感和团队合作精神，同时也能更好地了解和关心农业和农村发展，培养农业意识、责任感和实践能力，促进农业现代化和乡村振兴。同时农耕实践可以通过实际行动引导大学生践行社会主义核心价值观，为社会主义事业和乡村振兴贡献自己的力量。

学习目标

知识目标：明确农耕实践的重要意义，理解农耕实践的宝贵价值，了解农耕文化，学习农耕知识和技能。

素质目标：体认并自觉践行农耕精神；传承农耕文化，弘扬劳动精神，培养"大国'三农'"情怀。

实践目标：通过一系列农耕实践，亲历实际的劳动现场和劳动过程，在不断参与、不断体验中提升知识水平和现场分析问题、解决问题的能力。

学习重点、难点

重点：理解劳动和农耕实践的重要内涵。

难点：体认劳动价值，培养劳动精神。

一、体认农耕劳动价值

所谓"耕"，即从事农耕劳动；"读"，即接受文化教育。耕读教育将农业生产与文化教育相结合，其在我国农耕历史文化中源远流长，无论对于农人还是文人，"以耕养家""以读兴家""耕读传家"都已成为几千年来中国社会盛行的优良文化传统。农耕劳动，作为人类文明的基石，自古以来就承载着丰富的教育意义和社会价值。在现代社会，随着科技的发展和生活方式的转变，农耕劳动似乎离我们的生活越来越远。然而，对于大学生而言，参与农耕劳动仍然具有不可替代的价值。

首先，农耕劳动是大学生接触自然、了解自然的重要途径。在农耕劳动中，大学生可以直观地感受到大自然的魅力，了解农作物的生长规律和农业生产的艰辛。这种体验能够让他们更加珍惜自然资源，更加关注环境保护。同时，农耕劳动也让大学生更加深入地理解食物的来之不易，从而培养节约粮食、珍惜食物的良好习惯。

其次，农耕劳动能够培养大学生的责任感和团队合作精神。在农耕劳动中，每个成员都需要承担自己的任务和责任，共同协作完成农作物的种植和收获。这种经历能够让大学生更加明白团队合作的重要性，学会在集体中发挥自己的作用。同时，农耕劳动也需要大学生具备高度的责任感和使命感，确保农作物的健康生长和产量的稳定。这种责任感和使命感的培养，对于大学生未来的职业生涯和社会生活都具有重要意义。

再次，农耕劳动还能够提升大学生的动手能力和解决问题的能力。在农耕劳动中，大学生需要亲手操作各种农具，完成播种、施肥、灌溉、除草、收割等一系列任务。这种实践经历能够锻炼他们的动手能力，提高他们的实践技能。同时，农耕劳动中也会遇到各种问题和挑战，如病虫害的防治、干旱的处理等。面对这些问题，大学生需要学会独立思考、寻找解决方案，并付诸实践。这种过程能够培养他们的创新思维和解决问题的能力，为未来的学习和工作打下坚实的基础。

最后，农耕劳动还具有文化传承和社会教育的意义。农耕文化作为中华民族的传统文化之一，具有丰富的历史和文化内涵。大学生参与农耕劳动，不仅可以了解和学习到传统农耕文化的精髓，还可以将这种文化传承下去，为保护和传承传统文化作出贡献。同时，农耕劳动也是一种社会教育的方式。通过参与农耕劳动，大学生可以更加深入地了解农村和农民的生活状况，增强他们的社会责任感和使命感。这种社会教育有助于培养大学生的公民意识和社会责任感，促进社会的和谐与发展。

综上所述，大学生农耕劳动的价值是多方面的。它不仅可以让大学生接触自然、了解自然，培养责任感和团队合作精神，提升动手能力和解决问题的能力，还具有文化传承和社会教育的意义。因此，高校和社会应该鼓励和支持大学生参与农耕劳动等形式的实践活动。同时，我们也应该认识到农耕劳动在现代社会中的重要性和价值，积极推动农业教育和农业科技的进步，为社会的可持续发展作出贡献。

在当今社会，随着科技的发展和人们生活水平的提高，农耕劳动似乎逐渐远离了我们的日常生活。然而，这并不意味着我们可以忽视农耕劳动的价值和意义。相反，我们应该更加关注农耕劳动在现代社会中的重要作用，积极推广和普及农耕教育。只有这样，我们才能更好地推动农业和农村的发展进步，为实现中华民族伟大复兴贡献自己的力量。

二、认识传统农耕劳动

▶▶ 案例分享

春种一粒粟，秋收万颗子。培养爱农情怀，务必身体力行。身体力行的劳动实践活动，能够让学生进一步树立良好的劳动观念，掌握农耕知识与技能，感受劳动之美。大连艺术学院组织开展特色劳动实践课，让学生亲身参与九棵槐大学生农耕园农耕基地的日常管理。学生拿起锄头、水桶、水瓢等劳动工具，前往校内"耕读田园"劳动实践基地，投入热火朝天的蔬菜种植劳动中。在授课教师和助教团队的指导下，学生学习起垄、平整育苗床、制作育苗肥球、播撒种子、栽种秧苗、施肥覆膜等农耕育技术，将理论知识转化为种植实践，使学生从日常的翻土、播种、锄草、收割等过程中勤四体、分五谷、晓知识，树立劳动最光荣、劳动最崇高、劳动最伟大、劳动最美丽的观念，培养勤俭、奋斗、创新、奉献的劳动精神，促进德智体美劳全面发展。

（一）传统农耕劳动的价值

传统农耕劳动，作为人类历史上一种古老而重要的生产方式，不仅为人类提供了赖以生存的食物和其他生活资源，还孕育了丰富的文化和智慧。在现代化农业快速发展的今天，我们仍然可以从传统农耕劳动中看到许多值得借鉴和学习的优点。

1. 环境适应性。传统农耕劳动强调与自然环境的和谐共生，不追求短期的高产，而是注重长期的可持续发展。这种农耕方式能够灵活适应不同的土壤、气候和地形条件，根据自然环境的变化来调整种植方式和农事活动。农民通过长期的观察和实践，积累了丰富的农耕经验，能够精准地判断何时播种、施肥和收割，最大程度地利用自然资源。这种环境适应性的农耕方式，不仅有助于保护生态环境，还有助于维护农田生态系统的稳定性和可持续性。

2. 生物多样性。传统农耕劳动注重作物轮作和间作，这有助于维持农田生态系统的生物多样性。多样化的种植方式不仅可以提高土壤肥力，还能有效防止病虫害的暴发，减少农药的使用。此外，传统农耕还强调种植本地品种和保护生物多样性，这有助于维护本地生态系统的平衡和稳定。这种生物多样性保护的农耕方式，不仅有助于保护生态环境，还有助于维护人类的食物安全。

3. 土壤保护。传统农耕劳动强调有机肥料的使用，如动物粪便、作物残渣等，这些肥料富含有机物和微量元素，有助于改善土壤结构，提高土壤肥力和生物活性。有机肥料的使用还可以促进土壤微生物的繁殖和活动，有助于维持土壤生态系统的健康和稳定。相比之下，现代农业中大量使用的化肥和农药会对土壤造成污染和破坏，导致土壤退化和生态失衡。因此，传统农耕劳动对土壤的保护和改善具有重要的现实意义和长远价值。

4. 社区合作。传统农耕劳动往往需要家庭成员和社区成员的共同参与，这促进了社区之间的紧密合作和互助。在农耕过程中，社区成员之间可以共享农具、种子、肥料等资源，共同应对农耕过程中的挑战。这种社区合作的农耕方式，不仅提高了农耕效率，还有助于增强社区凝聚力和稳定性。此外，传统农耕劳动还强调家族传承和师徒制度，通过世代相传的方式将农耕文化和智慧传承下去。这种文化传承的农耕方式，有助于保护和传承宝贵的文化遗产，促进社会的和谐发展。

5. 文化传承。传统农耕劳动承载着丰富的农耕文化和智慧，通过世代相传，这些文化和智慧得以保存和传承。农耕文化不仅塑造了人们的价值观和世界观，还为现代社会提供了可持续发展的启示。例如，传统农耕强调人与自然的和谐共生、尊重自然规律、注重生态平衡等理念，这些理念对于现代社会的环境保护和可持续发展具有重要的指导意义。此外，传统农耕劳动还蕴含着丰富的民间故事、传说和习俗等文化遗产，这些文化遗产丰富了人们的精神生活，促进了社会的文化多样性和包容性。

6. 健康食品。传统农耕方式种植的作物通常不含有化学农药和化肥残留，因此更加健康和安全。有机耕作方式有助于保持作物的天然风味和营养价值，为消费者提供更高品质的农产品。相比之下，现代农业中大量使用的化肥和农药会对食品造成污染和残留，对人体健康造成潜在威胁。因此，传统农耕劳动生产的农产品更加符合现代人对健康食品的需求和追求。

7. 可持续发展。传统农耕劳动强调可持续发展的理念，注重资源的循环利用和环境的保护。农民通过合理的种植方式和农事活动，尽可能地减少对自然环境的破坏和污染。这种可持续发展的农耕方式，不仅有助于维护生态平衡和环境质量，还有助于实现人类社会的长期发展和繁荣。相比之下，现代农业中过度追求高产和效益的行为往往会导致资源枯竭和生态危机，不利于人类社会的可持续发展。

综上所述，在现代化农业快速发展的今天，我们应该充分认识和借鉴传统农耕劳动的优点和价值，推动农业的可持续发展和文化传承。同时，我们也需要结合现代科技和创新手段，不断提高农业生产效率和质量水平，为人类社会的繁荣和发展作出更大的贡献。

（二）传统农耕劳动知识与技能

传统农耕劳动是人类社会发展的重要基石，它蕴含了丰富的知识与技能。这些知识和技能不仅是农民们代代相传的宝贵财富，也是农业生产的基础。

1. 土地整理与耕作

土地整理是农耕的第一步，它涉及土地的翻耕、平整、施肥和深松等。翻耕可以疏松土壤，提高土壤的通气性和保水性，为作物生长创造良好的环境。平整土地则可以消除地面的高低不平，使田面平坦，便于灌溉和作物的均匀生长。施肥是补充土壤养分的重要手段，通过合理施肥可以提高土壤的肥力，为作物提供充足的营养。深松则是通过深松机械疏松深层土壤，打破土壤硬层，提高土壤透水性，有利于作物根系生长。

耕作是土地整理的重要环节，它涉及耕作制度、耕作方法和耕作工具等。耕作制度是指根据作物种类、气候条件、土壤条件等因素，确定耕作时间、耕作次数、耕作深度等。耕作方法包括深耕、浅耕、旋耕、条耕等，不同的耕作方法可以达到不同的效果。耕作工具则是实现耕作方法的重要手段，如锄头、犁、耙等。

2. 种子选择与播种技术

种子是作物生长的起点，选择好的种子对于提高作物产量和质量具有重要意义。传统农耕中，农民会根据当地的气候条件、土壤条件、市场需求等因素，选择适合种植的作物品种。他们还会对种子进行精选，挑选出饱满、无病虫害、无杂质的种子进行播种。

播种技术是影响作物生长和产量的关键因素之一。传统农耕中，农民会根据作物的生长习性、土壤条件、气候条件等因素，选择适宜的播种方法和播种时间。如水稻可以采用直播、插秧等方式进行播种，而小麦则多采用条播或撒播。此外，播种密度也是影响作物产量的重要因素，农民们会根据作物的生长特点和土壤肥力等因素，合理确定播种密度。

3. 田间管理与病虫害防治

田间管理是保证作物正常生长和产量的重要环节。传统农耕中，农民会根据作物的生长阶段和生长需求，进行浇水、施肥、除草、培土等田间管理。浇水要根据作物的需水量和土壤湿度进行合理调节，施肥则要根据作物的营养需求和土壤肥力进行合理搭配。除草可以减少杂草对作物的竞争，培土则可以保护作物根系，提高作物的抗旱能力。

病虫害防治是田间管理的重要组成部分。传统农耕中，农民会采用农业防治、生物防治和化学防治等多种手段来防治病虫害。农业防治主要是通过调整耕作制度、选用抗病虫品种等措施来预防病虫害的发生。生物防治则是利用天敌、微生物等生物资源来控制病虫害的发生和传播。化学防治则是采用化学农药来杀灭病虫害，但需要注意合理使用，避免对环境和作物造成污染和残留。

4. 收获与储藏技术

收获是农业生产的最后一道工序，也是农民们辛勤劳动的成果。传统农耕中，农民会根据作物的成熟程度和天气情况，选择适宜的收获时间和收获方法。如水稻可以采用人工收割或机械收割，而小麦则多采用联合收割机进行收获。收获后的作物需要进行及时的处理和储藏，以避免受潮、发霉或虫害。

储藏技术是影响作物品质和储藏期的重要因素之一。传统农耕中，农民会采用晾晒、风干、熏制等多种方法来处理收获后的作物。晾晒和风干可以降低作物的水分含量，提高作物的耐储性；熏制则可以杀死作物中的害虫和病菌，延长作物的储藏期。同时，农民还会选择适宜的储藏场所和储藏容器，保持储藏环境的干燥、通风和卫生，避免作物受潮、发霉或变质。

三、认识现代智慧农耕劳动

现代智慧农耕，也被称为智慧农业，是一种新型的农业形态，它利用现代信息技术和智能化装备，实现农业生产全过程的高效、精准、智能化管理。智慧农业融合了物联网、大数据、云计算、区块链等众多现代科技，以农业为主要研究对象，借助智能化、自动化的生产设备和系统，提高农业生产效率，降低农业生产成本，提升农产品质量，并实现农业的可持续发展。

（一）智慧农业的前景

智慧农业，作为现代科技与农业生产的深度融合，正逐步成为推动农业现代化的重要力量。在信息化、智能化的时代背景下，智慧农业展现出了前所未有的生机与活力。它不仅提高了农业生产的效率和质量，还促进了农业与生态环境的和谐发展，为农业产业的转型升级提供了有力支撑。

1. 智慧农业推动农业产业升级

智慧农业通过引入先进的信息技术和智能装备，使得农业生产过程更加精细化、高效化。在播种、施肥、灌溉、收割等各个环节，智慧农业都能提供精准的数据支持，帮助农民作出更科学、更合理的决策。这不仅提高了农业生产的效率，还降低了生产成本，增强了农产品的市场竞争力。

同时，智慧农业还促进了农业与第二、第三产业的深度融合。通过物联网、大数据等技术，智慧农业能够将农业生产、加工、销售等各个环节紧密连接起来，形成全产业链的协同发展。这不仅有助于提升农业的整体竞争力，还能为农民带来更多的经济收益。

2. 智慧农业促进农业可持续发展

传统的农业生产方式往往存在着资源浪费、环境污染等问题。而智慧农业通过精准控制灌溉水量、施肥量等措施，有效减少了资源的浪费和环境的污染。同时，智慧农业还能帮助农民更好地保护土地、水源等生态环境，推动农业的绿色、可持续发展。

此外，智慧农业还能够为农民提供更加精准的灾害预警和防治手段。通过实时监测土壤、气象等数据，智慧农业能够提前预警洪涝、干旱等自然灾害，帮助农民及时采取措施进行防治。这不仅能够减少灾害对农业生产的影响，还能保障农民的生命财产安全。

3. 智慧农业助力乡村振兴

智慧农业的发展不仅促进了农业产业的升级和转型，还为乡村振兴提供了有力支撑。通过引入先进的科技手段和智能装备，智慧农业能够吸引更多的年轻人回到乡村、投身农业。这不仅有助于解决农业人才短缺的问题，还能为乡村注入新的活力和动力。同时，智慧农业还能带动乡村旅游、文化创意等产业的发展。通过打造智慧农业示范区、建设农业观光园等措施，智慧农业能够吸引更多的游客前来参观、体验。这不仅能够增加农民的收入来源，还能推动乡村经济的多元化发展。

虽然智慧农业展现出了广阔的前景和巨大的潜力，但在其发展过程中也面临着一些挑战。如技术成本较高、农民技能水平不足、数据安全和隐私保护等问题都需要得到关注和解决。同时，随着科技的不断进步和政策的大力支持，智慧农业也迎来了难得的发展机遇。

未来，智慧农业将继续发挥其在提高农业生产效率、保障农产品质量安全、促进农业可持续发展等方面的优势，为推动我国农业现代化和乡村振兴作出更大的贡献。同时，我们也需要不断加强技术研发和推广应用，完善政策支持和服务体系，为智慧农业的发展创造更加有利的环境和条件。

综上所述，智慧农业的前景充满希望与机遇。它不仅是农业现代化发展的重要方向，也是乡村振兴的有力支撑。让我们携手共进，推动智慧农业的发展，为我国的农业繁荣和乡村美丽贡献智慧和力量。

（二）智慧农业的知识与技能

1. 物联网技术及其在智慧农业中的应用

物联网技术是智慧农业的核心技术之一，它通过部署在农业生产现场的各类传感器节点，实现对农业生产环境的实时监控和数据采集。这些传感节点可以监测土壤温湿度、土壤养分、空气温湿度、二氧化碳浓度、光照强度等关键参数，为农业生产提供精准的数据支持。

在智慧农业中，物联网技术的应用主要体现在以下几个方面。

环境监测：通过部署各类传感器，实时监测农业生产环境的各项参数，为农业生产提供实时的环境数据。

数据传输：利用无线通信技术，将监测到的数据传输到云端或本地服务器，实现数据的集中存储和分析。

智能控制：根据环境数据和作物生长需求，通过智能控制系统自动调节温室内的环境参数，如温度、湿度、光照等，为作物生长创造最佳条件。

2. 农业种植知识与智慧农业的结合

智慧农业不仅要求掌握先进的物联网技术，还需要深入了解农业种植知识。只有充分了解农作物的生长习性、需求以及种植技术，才能根据环境数据和作物生长状况进行精准的调整，实现智能化管理。

在智慧农业中，农业种植知识与技术的结合主要体现在以下几个方面。

精准种植：根据土壤养分、气候条件和作物需求等因素，制订科学的种植计划，实现精准播种、施肥和灌溉。

生长监测：通过实时监测作物的生长状况，如株高、叶面积、产量等，及时调整管理措施，确保作物健康生长。

病虫害防治：利用智能监测系统，及时发现病虫害的发生和扩散，采取科学有效的防治措施，减少农药使用量，提高农产品质量。

3. 智慧农业中的智能化管理系统

智能化管理系统是智慧农业的核心组成部分，它通过对农业生产环境的智能感知和数据分析，为农业生产提供精准化种植、可视化管理、智能化决策等支持。

在智慧农业中，智能化管理系统的功能主要包括以下几个方面。

数据采集与处理：通过物联网技术采集农业生产环境的各项数据，并进行处理和分析，提取出对农业生产有价值的信息。

可视化展示：将处理后的数据以图表、曲线等形式进行可视化展示，方便用户直观地了解农业生产环境的状况。

智能化决策：根据采集到的数据和农作物生长模型，智能化决策系统可以自动调整温室内的环境参数、灌溉和施肥计划等，为农业生产提供最佳的管理方案。

4. 数据分析与决策支持

智慧农业中的数据分析与决策支持是通过对农业生产过程中产生的海量数据进行深入挖掘和分析，为农业生产提供科学、合理的决策依据。

在智慧农业中，数据分析与决策支持的应用主要体现在以下几个方面。

数据分析：利用统计学、机器学习等方法对农业生产数据进行分析，提取出影响作物生长的关键因素和规律。

预测模型：建立基于历史数据和作物生长模型的预测模型，预测作物未来的生长状况和环境需求，为农业生产提供前瞻性的管理建议。

决策支持：根据数据分析结果和预测模型，为农业生产提供精准化种植、水肥管理、病虫害防治等决策支持，帮助农业生产者作出科学的管理决策。

5. 智慧农业中的生产设备与应用

智慧农业中使用的生产设备是实现智能化管理的重要手段。这些设备包括智能化温室、植保无人机、水肥一体化沙土栽培系统等，它们的应用大大提高了农业生产的效率和品质。

智能化温室：通过集成物联网、云计算等技术，实现温室内环境的智能感知和调控，为作物生长提供最佳的生长环境。

植保无人机：利用无人机技术进行农作物的病虫害监测和防治，提高了防治效率和质量，减少了农药的使用量。

水肥一体化沙土栽培系统：通过水肥一体化技术，实现精准灌溉和施肥，提高了水肥利用效率，减少了资源浪费。

总之，智慧农业是农业生产的高级阶段，它集成了物联网、云计算、大数据等新一代信息技术，实现了农业生产环境的智能感知、智能预警、智能决策等功能。通过掌握智慧农业的知识和技能，我们可以更好地利用这些技术，提高农业生产的效率和质量，为农业的可持续发展作出更大的贡献。

农耕工具

农耕工具种类繁多，它们在不同的农业活动中起着关键作用。以下是一些常见的农耕工具及其用途。

1. 犁：犁是农田开垦和耕作的关键工具，由木头和铁制成。其组成包括犁铧、犁臼和犁杆，能将土壤翻松、平整，为作物生长创造良好土壤环境。

2. 耙子：用于平整土地和松土的农具，主要由木头和铁制成。其尖锐的齿状结构能去除土壤中的杂草和杂质，从而确保土壤的平整度和肥沃性。此外，它还被用作播种和整地的工具。

3. 锄头：农民常用的农具，形似小铲，装有锋利的刀刃，主要用于除草和松土。除草后，有助于土壤保持透气性和湿度，为作物创造更好的生长环境。

4. 镰刀：收割农作物的必备工具，尤其擅长割断小麦和大麦等谷物的茎秆。其弯曲的刀片既快速又准确，使农民能够轻松割取并处理庄稼。

5. 挖掘机：用于挖掘土壤和修建农田排水系统的关键设备。它能迅速、准确地完成这一任务，为农田排水和改良提供极大的便利。

6. 手推车：农民用于运输农产品的工具，具有结实耐用的特点，能够承载较重物品。

7. 水车：灌溉农田的农具，通过水力原理将水从水源引入田地，为作物提供水分。此外，也可从河流或水井提取水，浇灌作物。

8. 秸秆粉碎机：用于将废弃的秸秆粉碎成细小的颗粒的设备。该设备不仅能促进土壤的有机物和养分生成，还能为农业提供更多的机械化解决方案。

9. 粮食烘干机：用于将收割后的湿粮食烘干的设备，能将湿粮中的水分蒸发，确保粮食不发霉和变质。

10. 喷雾器：喷洒农药和肥料的工具，能将液体均匀喷洒在农田上，从而保护作物免受病虫害，并提高其产量和质量。

11. 撒种器：播种作物的农具，能将种子均匀撒在土地上，从而提高种植效率。

此外，还有一些辅助性的农耕工具，如扁担和箢筐。扁担是一种让人们能够同时搬运两件物品的工具，广泛用于农村的运输工作。箢筐则是一种用箢条编制而成的容器，主要用于存放农产品或者搬运物品。

随着科技的发展，农耕工具也在不断进步和革新。现代化的农耕工具如无人机、智能灌溉系统等也开始被广泛应用于农业生产中，为农业生产带来了更高的效率和更好的收益。

劳动实践打卡记录

劳动时间		劳动地点	
劳动主题			
劳动内容及步骤			
感想和收获			

第八章　投身社会实践

用脚步丈量祖国大地，用眼睛发现中国精神，用耳朵倾听人民呼声，用内心感应时代脉搏，把对祖国血浓于水、与人民同呼吸共命运的情感贯穿学业全过程、融汇在事业追求中。

——2022 年 4 月 25 日，习近平总书记在中国人民大学考察调研，并为广大青年奋进新征程指明方向

第一节　社会实践劳动

社会实践劳动是指学生在学习过程中，通过参与社会实践活动来获取实际工作经验和社会生活经验的一种形式。这种劳动通常是在学校或社会组织的指导和组织下进行的，旨在培养学生的社会责任感、团队合作能力、实践能力和创新能力，包括各种形式的实践活动，比如参与社区服务、志愿者活动、科研项目、企业实习等。通过这些活动，学生能够接触到真实的社会环境，了解社会问题和挑战，并尝试解决问题的方法。

学习目标

知识目标： 明确社会实践的基本内涵，认识社会实践劳动，把握其核心要义；理解社会实践劳动的时代价值。

素质目标： 了解社会，增长才干，奉献社会，增强社会责任感。

实践目标： 在实际工作中培养实践能力，了解不同的社会现象和问题，利用所学知识解决实际问题。

重点：社会实践劳动的含义及知识和技能。
难点：将理论知识与实际情况相结合，不断迭代和优化自己的实践方法。

一、社会实践劳动的内涵

▸▸ 案例分享

张华是一名大学生，他在暑假期间选择参加了三下乡社会实践劳动项目，这是一项支持农村地区的发展和改善农民生活的志愿者活动。在他的实践中，他选择了到一个偏远的农村村庄进行帮助和支持。

首先，他参与了农田劳动，帮助农民进行田间作业，如种植、施肥、除草等。他学习了农业生产的基本知识和技能，并与农民一起努力工作。除了农田劳动，张华还参与了一些农村社区发展的项目。他参与了农民合作社的组建和发展，帮助农民了解经济合作的优势，并协助他们建立农产品销售渠道和品牌推广。此外，他还利用自己的专业知识，组织了一些教育活动，帮助农村孩子们提高学业成绩，并提供一些职业规划和技能培训，帮助他们拓宽就业渠道和探索未来发展机会。

通过这次三下乡的社会实践劳动，张华深刻体验到了农民的辛劳和生活困难，也认识到农村地区的发展挑战。他通过与农民的交流和互动，了解了乡村的价值和魅力。同时，他也意识到农村社区发展的重要性，决心将来继续关注和支持农村地区的发展，为缩小城乡差距贡献自己的力量。这次实践经历也让张华在实践中学到了很多实用的知识和技能，丰富了他的社会经验，培养了他的团队合作意识和领导能力。

大学生社会实践劳动，指的是大学生在校期间，通过参与各种社会实践活动，将所学理论知识与实际操作相结合，以达到提高自身综合素质、增强社会适应能力的目的。大学生社会实践劳动的内涵可以从多个角度来理解。

首先，从一般劳动的角度来看，社会实践劳动是大学生运用一定的知识和技能，通过实际操作和参与社会活动，创造物质财富或精神财富的过程。这包括体力劳动和脑力劳动，如参与社区服务、实习、调研、志愿活动等，都是大学生社会实践劳动的具体形式。

其次，从教育的角度来看，大学生社会实践劳动是一种重要的教育方式，旨在培养大学生的实践能力、创新能力和团队协作能力。通过参与社会实践活动，大学生可以将所学理论知识应用于实际，提高解决问题的能力，同时也可以增强对社会的认知和理解，形成正确的价值观和社会责任感。

最后，从社会责任的角度来看，大学生社会实践劳动是大学生履行社会责任、奉献社会的重要方式。大学生通过参与社会实践活动，可以为社会作出贡献，如帮助弱势群体、推动社会进步等，这体现了大学生的社会责任意识和公民意识。

综上所述，大学生社会实践劳动的内涵包括运用知识和技能创造物质或精神财富的过程、一种重要的教育方式以及履行社会责任、奉献社会的重要方式等。这些内涵相互关联、相互促进，共同构成了大学生社会实践劳动的整体意义和价值。

大学生社会实践劳动是一种独特的教育形式，它融合了教育性、实践性、社会性、灵活性、团队合作性和创新性，这些特点共同构成了大学生社会实践劳动的独特性，成了现代高等教育中不可或缺的一部分。

1. 教育性

大学生社会实践劳动的首要特点是其教育性。这种教育并非仅仅局限于传统的课堂教学，而是通过实践的方式，让学生在真实的社会环境中体验、学习和成长。这种教育方式不仅有助于学生对理论知识的理解和应用，更能够培养学生的实际操作能力、问题解决能力，以及批判性思维和创新能力。同时，社会实践劳动还能够帮助学生形成正确的价值观、人生观和社会责任感，为他们未来的职业生涯和社会生活奠定坚实的基础。

2. 实践性

实践性是大学生社会实践劳动的又一重要特点。相比于传统的课堂教学，社会实践劳动更注重学生的亲身体验和实际操作。通过参与各种社会实践活动，学生能够亲身感受到知识的实际应用，从而更好地理解和掌握所学知识。同时，实践性劳动还能够帮助学生提高动手能力、沟通能力和组织协调能力，为他们未来的职业发展打下坚实的基础。

3. 社会性

大学生社会实践劳动还具有明显的社会性。社会实践活动的开展往往涉及与社会的接触和互动，使学生能够有机会了解社会现实、体验社会生活。通过参与社会实践活动，学生能够更好地认识社会、了解社会，从而增强自己的社会责任感和使命感。同时，社会性还能够帮助学生建立广泛的社会联系和人际关系，为他们未来的职业发展和社会生活提供有力的支持。

4. 灵活性

灵活性是大学生社会实践劳动的又一显著特点。相比于传统的课堂教学，社会实践劳动在形式和内容上具有更大的灵活性。学校和社会可以根据学生的专业特点、兴趣爱好以及社会需求等因素，灵活安排社会实践活动的内容和形式。这种灵活性不仅能够满足不同学生的个性化需求，还能够使社会实践活动更加贴近实际、更加具有针对性。

5. 团队合作性

团队合作性也是大学生社会实践劳动的重要特点之一。许多社会实践活动需要学生们组成团队，共同完成。在团队中，学生们需要相互协作、相互支持，共同完成实践活动。这种团队合作的经历不仅能够培养学生的团队精神和协作能力，还能够帮助学生建立广泛的人际关系网络，为他们未来的职业发展和社会生活提供有力的支持。

6. 创新性

随着时代的进步和科技的发展，大学生社会实践劳动也呈现出越来越强的创新性。在社会实践活动中，学生们需要不断发现问题、提出解决方案，并勇于创新、勇于尝试。这种创新性的实践经历不仅能够培养学生的创新意识和创新能力，还能够推动社会实践活动的深入发展，为社会带来更多的实际价值。

二、社会实践劳动的教育定位

（一）树立社会实践劳动价值观

1. 劳动的尊重和重要性。认识到劳动是人类社会发展的基础和推动力量，尊重一切形式的劳动，无论是体力劳动还是脑力劳动；将劳动视为一种值得尊重的活动，理解劳动对个体和社会的重要性。

2. 社会互助与合作。理解社会实践劳动的价值在于为社会提供帮助和服务，通过协作与合作的方式共同解决社会问题；强调个人与集体、个体与社会之间的相互依赖关系，鼓励合作、团结和共享劳动成果。

3. 个人成长与发展。社会实践劳动不仅为社会作出贡献，也是个人成长与发展的机会。通过实践，个体可以获得实际经验和技能，提高自身的能力与素养，获取自信和自尊。

4. 公平与正义。树立社会实践劳动的价值观也需要关注社会公平与正义。劳动应当以平等、公正和公平的方式分配和回报，不应有任何形式的剥削和不公。实践劳动促进社会的发展与进步，实现全体成员的共同繁荣。

5. 环境保护与可持续发展。社会实践劳动的价值观还应关注环境保护与可持续发展。劳动应当遵循环保原则，减少对环境的负面影响，倡导绿色发展和可持续利用资源的方式。实践劳动推动社会朝向可持续发展的目标迈进。

（二）培养社会实践劳动知识素养

要培养学生社会实践劳动的知识素养，可以通过以下方法和策略的综合运用，提高学生社会实践劳动的知识素养，使他们具备深入理解和应用社会实践劳动知识的能力，并能够在实践中充分发挥所学的知识和技能。

1. 提供理论知识基础。为学生提供关于社会实践劳动的相关理论知识，如社会学、人类学、环境科学等。通过教学课程、读物、讲座等方式，学生了解社会实践劳动的概念、意义、目标和价值，以及相关的社会问题和挑战。

2. 实践经验和案例分析。引导学生参与实际的社会实践劳动，并结合实践经验进行案例分析。通过实践的方式，学生亲身体验社会实践劳动的过程和效果，从而理解实践中的知识和技能，并能够将理论知识与实践经验相结合。

3. 多学科整合。社会实践劳动涉及多个学科领域，如社会科学、自然科学、人文科学等，可以培养学生跨学科的思维能力和综合素养，促进不同学科之间的交叉与融合。通过跨学科的学习和思考，学生可以更好地理解社会实践劳动的复杂性和综合性。

4. 自主学习和研究。鼓励学生主动进行学习和研究，培养他们自主获取知识的能力；提供资源和指导，引导学生阅读相关文献、参与学术研究项目、进行调查和分析等，从而深入掌握社会实践劳动的知识和发展趋势。

5. 培养批判思维。引导学生运用批判思维，对社会实践劳动中的问题和挑战进行分析和评价；培养学生思考社会实践劳动背后的影响因素、利益关系和议题，提高他们对社会实践劳动的理解力和判断力。

6. 学习资源和平台。提供丰富的学习资源和平台，如图书馆、实验室、社区组织、在线学习平台等；鼓励学生积极利用这些资源和平台进行学习和研究，拓宽学生的知识视野和学习途径。

（三）培养社会实践劳动精神品德

涵养学生的社会实践劳动精神品德，使他们具备积极参与劳动、乐于奉献、尊重他人的品德素养。这些品德将对学生未来的个人发展和社会关系产生积极影响，促使他们成为有责任感和社会意识的公民。培养社会实践劳动精神品德包括以下方面。

1. 价值观引导。教育引导和榜样示范，培养学生珍视劳动、尊重他人劳动的意识，认识到社会实践劳动对个人发展和社会进步的重要性；引导学生形成公益、奉献、合作和责任的价值观，培养他们的社会责任感和集体意识。

2. 实践体验。引导学生参与多样化的社会实践劳动，亲身体验实践的过程和结果；实践使学生感受到劳动的辛苦与收获，培养他们主动参与和努力奋斗的意识，激发对社会实践劳动的兴趣和热情。

3. 思辨与反思。鼓励学生思考社会实践劳动的意义与价值，并进行反思和总结；培养学生的批判思维能力，让他们能够明辨是非，分析问题，提出改进的措施，推动个人和社会的进步。

4. 团队合作。强调学生在社会实践劳动中的团队合作和协作能力的重要性；带领学生参与团队活动，培养他们的团队沟通、协调和合作能力，锻炼他们解决问题和应对挑战的能力。

5. 道德教育。通过道德教育的方式，注重培养学生的诚实、守信、尊重他人、关爱他人等道德品质；教育学生在社会实践劳动中坚守道德底线，培养他们对他人的尊重和关怀，树立良好的品德操守。

6. 社会实践劳动评价。建立科学、公正的社会实践劳动评价机制，既强调个人努力和贡献的认可，也注重团队合作和共同成长的价值；通过评价激励，激发学生的社会实践劳动积极性和主动性。

三、积极参加社会实践劳动

▶▶ **案例分享**

　　小华参加暑期社会实践劳动，其中一个项目是在农区进行墙绘活动。

　　在准备阶段，他和其他志愿者与当地农区居民进行了沟通，了解到该地区的历史、文化和环境特点。他们得知这个农区以农业为主要经济活动，居民生活简单而淳朴。小华与团队成员一起展开了设计阶段。他们经过集体讨论，决定以农田、自然风光和农民劳动为主题，以期体现出农区的美丽和人文魅力。小华提出了一些创意设计，如将农田的金黄色调和夕阳的温暖色彩融入墙绘，以营造温馨和宁静的氛围。在墙绘活动的实施阶段，小华和团队成员购买了所需的绘画材料和工具，包括颜料、刷子、脚手架等。他们按照设计方案，用心绘制墙面。小华负责绘制细节和人物形象，他运用自己的艺术技巧，将其展现得栩栩如生。在活动进行期间，小华和团队成员与农区居民保持良好的互动和沟通。他们耐心倾听农民的故事和经验，并通过绘画表达对他们辛勤劳动的敬意和感激之情。居民们对这些年轻人的参与和付出感到非常高兴，纷纷为他们提供帮助和支持。最终，小华和团队完成了一幅精美的墙绘作品。这幅作品不仅美化了农区的环境，还展示了当地的文化和社区的凝聚力。完成后，他和团队还进行了一次小范围的展览和分享活动，邀请当地居民和其他志愿者前来欣赏，以增进交流和互动。

　　这个案例展示了小华在暑假期间参加社会实践劳动，在农区进行墙绘活动的经历。通过他的参与和努力，他不仅体验到艺术创作的乐趣，还为农区的发展和社区的团结作出了积极的贡献。这样的实践经历不仅拓宽了他的视野，也培养了他的艺术技能和社会责任感。

（一）参加社会实践劳动的内容和形式

1. 社会调查与研究

　　社会调查与研究是大学生社会实践劳动的重要组成部分。在这一环节中，大学生需要针对某一社会现象或问题，设计调查问卷、收集数据、进行访谈，并运用所学知识进行分析和研究。例如，针对当前大学生就业难的问题，大学生可以设计问卷调查，了解大学生求职过程中的困境和需求，进而提出针对性的解决方案和建议。通过社会调查与研究，大学生可以培养自己的观察力、分析力和批判性思维，同时增强对社会的认识和了解。这对于他们未来的职业发展和参与社会事务具有重要意义。

2. 社区服务与志愿者活动

社区服务与志愿者活动是大学生社会实践劳动的另一重要内容。在这一环节中，大学生需要积极参与社区的各项服务活动，如为老年人提供生活帮助、为青少年提供教育辅导、参与环保活动等。通过这些活动，大学生可以深入了解社区的需求和问题，同时也可以培养自己的奉献精神和社会责任感。此外，参与社区服务与志愿者活动还可以帮助大学生建立人际关系网络，拓展自己的社交圈子。这对于他们未来的职业发展和人生规划都具有重要的影响。

3. 实习实训

实习实训是大学生社会实践劳动中较为直接和有效的一种方式。在这一环节中，大学生可以深入企业或事业单位中，了解职业环境和工作流程，参与实际工作，提高自己的职业技能和实践能力。例如，学习计算机专业的大学生可以参与软件开发项目，学习编程语言和开发技能；学习市场营销的大学生可以参与企业的市场推广活动，了解市场策略和营销技巧。通过实习实训，大学生可以更加深入地了解职业需求和行业发展趋势，同时也可以为自己的未来职业规划提供有力的支持。此外，实习实训还可以帮助大学生建立职业网络，为未来的职业发展打下良好的基础。

4. 创新创业实践

在创新创业日益成为社会发展趋势的背景下，大学生创新创业实践也成了社会实践劳动的重要内容之一。在这一环节中，大学生可以发挥自己的创意和想象力，通过市场调研、产品设计、团队建设等方式，实现创新创业的目标。例如，大学生可以针对某一社会问题或需求，设计出一款具有创新性和实用性的产品或服务，并通过创业实践将其推向市场。通过创新创业实践，大学生可以培养自己的创新思维和创业能力，同时也可以为自己的未来职业发展开辟新的道路。此外，创新创业实践还可以帮助大学生了解市场需求和商业运作模式，为未来的职业发展提供有力的支持。

5. 劳动体验

除了以上几种方式外，大学生还可以通过参与一些体力劳动来体验劳动的价值和意义。例如，大学生可以参与农田劳动、工厂劳动等，了解劳动的过程和艰辛，培养自己的劳动习惯和劳动精神。通过劳动体验，大学生可以更加深入地了解劳动的价值和意义，同时也可以培养自己的耐心和毅力。这对于他们未来的职业发展和人生规划都具有重要的影响。

大学生参与社会实践劳动的方式多种多样，在选择实践方式时，大学生应根据自己的兴趣、专业、时间安排等因素进行综合考虑。

(1)利用学校资源。许多大学都有专门的实践教育中心或类似机构，提供各类社会实践机会。学生可以通过这些平台了解并选择合适的项目进行参与。参加校内社团组织也是大学生参与社会实践劳动的常见方式。

（2）参与假期实践。许多企业、机构或社会组织会在假期提供实习或志愿者机会。大学生可以利用这段时间，选择与自己专业或兴趣相关的项目参与。

（3）自主发起活动。如果学生对某个领域有浓厚的兴趣或独特的见解，可以自主发起一些社会实践活动，如社会调查、公益活动等。这不仅可以锻炼学生的组织和策划能力，还能培养他们的创新精神和社会责任感。

（二）社会实践劳动的知识和技能

大学生在社会实践中应掌握的劳动知识和技能，包括劳动技能、劳动技术、劳动保护、劳动管理和劳动法律等方面。

1.劳动技能

劳动技能是大学生进行社会实践的基础。在实践活动中，大学生需要掌握一定的动手能力、思维能力和组织能力。例如，在参与社会服务项目时，大学生需要学会如何与团队成员有效沟通、协作，共同完成任务。同时，还需要掌握一定的专业技能，如计算机操作、数据处理等，以应对不同领域的实践需求。

2.劳动技术

劳动技术是指在实际工作中所掌握的技术和方法。在社会实践中，大学生需要学习如何运用所学知识解决实际问题，如进行市场调研、制定营销策略等。此外，还需要掌握一定的管理技术，如项目管理、团队管理等，以提高实践活动的效率和效果。

3.劳动保护

劳动保护是保障劳动者身体健康和生命安全的重要工作。在社会实践中，大学生需要了解劳动环境的卫生与安全知识，掌握工伤和职业病防治技能。同时，还需要学会正确选择和使用劳动防护用品，如安全帽、手套等，以确保自身安全。

4.劳动管理

劳动管理是组织和协调劳动力资源，以实现生产目标和经济效益的管理活动。在社会实践中，大学生需要了解人力资源管理、生产计划与调度等方面的知识。通过参与实践活动，大学生可以学习如何进行劳动力资源的合理配置和使用，以及如何进行生产过程的优化和控制。这些管理知识将有助于大学生更好地适应未来的工作环境，提高工作效率和质量。

5.劳动法律

劳动法律是规范劳动关系和保障劳动者权益的法律制度。在社会实践中，大学生需要了解劳动合同、工资支付、劳动争议解决等方面的法律知识。通过学习和实践，大学生可以学会如何维护自己的合法权益，如何与用人单位进行合法合规的劳动关系管理。这将有助于大学生在未来的职业生涯中避免劳动纠纷的发生，保障自己的劳动权益。

（三）社会实践劳动的注意事项

大学生参与社会实践劳动是提升自身能力、拓宽视野的重要途径。为了确保实践活动的顺利进行，以下是一些需要特别注意的方面。

1. 基本信息确认

姓名：在实践开始之前，请确保自己的姓名正确无误地填写在与实践相关的所有文件中。

时间：了解实践活动的具体时间安排，包括开始日期、结束日期以及每天的具体工作时间。

地点：明确实践活动的具体地点，包括公司名称、具体地址和联系方式。

2. 前期准备

知识储备：根据实践活动的主题和要求，提前进行相关的知识学习和储备，以便更好地适应实践工作。

物品准备：根据实践活动的需要，提前准备好所需的物品，如工具、服装、文具等。

3. 安全与健康

安全意识：在实践过程中，要时刻保持安全意识，遵守安全操作规程，确保自己和他人的安全。

健康管理：注意饮食卫生和休息，保持良好的身体状况。如有身体不适或突发情况，及时寻求医疗帮助并告知实践组织者。

4. 遵守规章制度

公司规定：在实践期间，要遵守公司的各项规章制度，尊重公司的文化和价值观。

团队纪律：在团队中，要遵守团队纪律，尊重团队成员，积极参与团队活动。

5. 沟通与协作

有效沟通：在实践过程中，要与团队成员、导师和实践单位保持良好的沟通，及时反馈工作进展和遇到的问题。

团队协作：积极参与团队协作，发挥自己的优势，同时学习他人的优点，共同完成任务。

6. 学习与实践

学习机会：在实践过程中，要抓住学习机会，积极向导师和团队成员请教，提升自己的专业能力和实践技能。

实践成果：在实践结束后，要对自己的实践成果进行总结和反思，分析自己的收获和不足，为今后的实践提供经验和教训。

7. 尊重知识产权

在实践过程中，可能会涉及知识产权的问题。要尊重他人的知识产权，不随意复制、传播或使用他人的研究成果或资料。如需使用他人的知识产权，应事先获得授权并遵循相关规定。

8. 个人形象与礼仪

在实践期间，要注意个人形象和礼仪，保持良好的仪表和态度。尊重实践单位的员工和领导，展示大学生的良好形象。

9. 保持积极心态

实践过程中可能会遇到各种挑战和困难，要保持积极的心态和解决问题的态度。勇于尝试新事物，从中学习和成长。同时，要学会调整自己的情绪和压力，保持良好的心态。

10. 注意保密要求

在实践过程中，可能会接触到一些敏感信息或商业机密。要严格遵守保密要求，不泄露任何敏感信息或商业机密。如需分享相关信息，应事先获得授权并遵循相关规定。

▸▸ 劳动贴士

社会实践合同模板

甲方（单位名称）：＿＿＿＿＿＿＿＿＿＿＿＿

乙方（实践学生姓名）：＿＿＿＿＿＿＿＿

根据《中华人民共和国合同法》及相关法律法规的规定，甲乙双方本着平等、自愿、公平、诚实信用的原则，就乙方参加甲方组织的社会实践活动达成如下协议：

一、实践内容

1. 乙方将在甲方指定的岗位进行社会实践活动，具体工作内容为：＿＿＿＿＿＿＿＿

＿＿＿＿＿＿＿＿＿＿＿＿＿＿＿＿＿＿。

2. 实践期间，乙方应遵守甲方的各项规章制度，服从甲方的工作安排和管理。

二、实践期限

本次社会实践活动的期限为：自＿＿＿年＿＿＿月＿＿＿日起至＿＿＿年＿＿＿月＿＿＿日止。

三、实践报酬

甲方将根据乙方的实际工作表现和实践成果，给予乙方相应的实践报酬，具体金额为：＿＿＿＿＿＿＿＿＿＿＿＿＿＿。

四、保密条款

乙方应对在实践活动过程中接触到的甲方商业秘密和敏感信息予以保密，不得泄露给任何第三方。

五、违约责任

1. 若乙方在实践期间违反甲方的规章制度或工作安排，甲方有权提前终止本合同。

2. 若乙方泄露甲方商业秘密或敏感信息，应承担相应的法律责任。

六、争议解决

本合同在履行过程中如发生争议，双方应友好协商解决；协商不成的，任何一方均有权向甲方所在地人民法院提起诉讼。

七、其他事项

1. 本合同一式两份，甲乙双方各执一份，具有同等法律效力。

2. 本合同自双方签字或盖章之日起生效。

甲方（单位名称）：＿＿＿＿＿＿＿＿＿＿＿＿

（签字/盖章）

签订日期：＿＿＿年＿＿＿月＿＿＿日

乙方（实践学生姓名）：＿＿＿＿＿＿＿＿

（签字/盖章）

签订日期：＿＿＿年＿＿＿月＿＿＿日

劳动实践打卡记录

劳动时间		劳动地点	
劳动主题			
劳动内容及步骤			
感想和收获			

第二节　勤工助学劳动

习近平总书记曾多次在重要场合提到过勤工助学和劳动实践的重要性，他认为这是帮助学生解决经济问题、增加社会经验、培养意志品质和劳动观念的重要途径。勤工助学政策的实施和对困难学生的扶助都得到了党和国家的关切和指导。

学习目标

知识目标：明确勤工助学劳动实践的基本内涵，明确育人实践内涵、树立劳动价值观念、培养劳动知识素养、涵养劳动精神品德等育人目标和育人功能。在高校的育人实践当中，劳动实践参与和教育引导是重要的帮助形式和抓手，劳动教育和资助育人在实践中高度统一。从劳动教育的视角出发，资助育人通过教育引导，塑造大学生劳动价值观，通过锻炼，培养大学生劳动知识素养，以及涵养大学生劳动精神品德。

素质目标：认真体会勤工助学劳动实践内涵，并且自觉践行勤工助学劳动实践；向身边的人传递劳动精神品德，塑造正确劳动价值观。

实践目标：在实际工作中弘扬劳模精神，树立正确劳动价值观，掌握劳动本领，培养劳动知识素养，传递劳动精神品德。

学习重点、难点

重点：体会勤工助学劳动实践的本质。利用能力与优势创造价值，感受劳动的艰辛与快乐，牢固树立正确的劳动价值观，培养勤俭、奋斗、创新、奉献的劳动精神。

难点：勤工助学劳动实践的内涵与价值。

一、高校勤工助学的内涵与特点

▸▸ 案例分享

小明的勤工助学经历

小明是一位大学生，来自一个经济条件一般的家庭。由于家庭的经济压力，他需要通过勤工助学来支持自己的学业和生活费用。在大一的时候，小明得知学校提供了勤工助学的机会，他提出申请并成功地被分配到学校图书馆工作。作为图书馆助理，他负责借还图书、帮助学生寻找资料以及维护图书馆的秩序。

通过勤工助学，小明获得了以下的收益。

经济支持：勤工助学为小明提供了一份稳定的工作，并为他支付一定的薪水。这帮助他支付了一部分学费和生活费用，减轻了家庭的经济负担。

学习支持：作为图书馆助理，小明有机会接触到各种学术资源和书籍。这不仅加深了他对专业知识的理解，而且提高了他的信息检索和学术写作能力。他可以在工作之余阅读相关的书籍和论文，拓宽自己的学术视野。

职业发展：通过勤工助学，小明与图书馆的工作人员建立了良好的合作关系，并向他们学习了许多职业技能和工作经验。这为他未来的职业发展奠定了坚实的基础，增加了他的就业竞争力。

社会融入：通过勤工助学，小明有机会与其他同学和工作人员建立联系，拓展了自己的社交圈子。他参与了各种图书馆组织的活动，如读书俱乐部和讲座，与其他志同道合的人一起分享学习和思考的心得。

总体而言，小明通过参与勤工助学获得了经济支持、学习支持、职业发展和融入社会的机会。通过勤工助学，他不仅解决了自身经济问题，还积累了丰富的实践经验，为他未来的学习和职业发展打下了坚实的基础。这个案例展示了高校勤工助学在帮助学生全面发展方面的作用和价值。

高校勤工助学是指学生在学校的组织下，利用课余时间通过劳动取得合法报酬，用于改善学习和生活条件的社会实践活动。高校勤工助学作为一种重要的实践活动，旨在提高学生的综合素质和帮助家庭经济困难学生。它不仅帮助学生获得经济收益，更重要的是培养学生自立自强、创新创业的精神，增强学生的社会实践能力。这一活动不仅体现了教育的实践性，也展现了社会对人才培养的综合要求。高校勤工助学具有如下特点。

1. 勤工助学的多样性与包容性

高校勤工助学的首要特点是其多样性与包容性。无论学生的专业背景、技能水平如何，总能在勤工助学的岗位上找到适合自己的工作。这种多样性不仅体现在工作内容上，还体现在工作岗位的多样性上，如图书馆助理、实验室助手、校园导游等。同时，勤工助学的包容性也体现在它欢迎所有愿意参与的学生，不论其经济状况如何，都有机会通过勤工助学来锻炼自己。

2. 勤工助学的实践性与教育性

高校勤工助学的另一重要特点是其实践性与教育性。勤工助学不仅为学生提供了赚取生活费的机会，更重要的是，它为学生提供了一个实践的平台。在这个平台上，学生可以将所学的理论知识运用到实际工作中，通过实践来加深对知识的理解与掌握。同时，勤工助学还能帮助学生提升社会适应能力，学会与人沟通、合作，以及解决各种实际问题。

3. 勤工助学的灵活性与自主性

高校勤工助学的灵活性与自主性也是其显著的特点之一。学生可以根据自己的时间安排、兴趣爱好以及技能水平来选择合适的岗位。这种灵活性使得勤工助学能够满足不同学生的个性化需求。同时，勤工助学的自主性也体现在学生可以自主选择是否参与、选择什么样的工作等方面。这种自主性有助于培养学生的独立思考能力与自我管理能力。

4. 勤工助学的互助性与共赢性

高校勤工助学的互助性与共赢性也是其不可忽视的特点。勤工助学不仅帮助学生解决了经济问题，还为学生提供了一个互相帮助、共同进步的平台。在这个平台上，学生可以通过与同事的交流与合作来提升自己的技能水平与人际交往能力。同时，勤工助学的共赢性也体现在它为社会提供了实实在在的服务与贡献。通过勤工助学，学生不仅锻炼了自己，也为学校和社会作出了贡献。

5. 勤工助学的激励性与挑战性

高校勤工助学的激励性与挑战性也是其不可或缺的特点之一。勤工助学为学生提供了一个展示自己的舞台，通过努力工作，学生可以获得一定的报酬和认可，这种激励能够激发学生的学习热情和积极性。同时，勤工助学的工作内容往往具有一定的挑战性，需要学生在实践中不断摸索、学习和进步。这种挑战性有助于培养学生的创新思维和解决问题的能力。

综上所述，高校勤工助学具有多样性与包容性、实践性与教育性、灵活性与自主性、互助性与共赢性、激励性与挑战性等特点。这些特点使得勤工助学成了一种独特而有效的资助方式，不仅帮助学生解决了经济问题，更在提升学生综合素质、培养社会适应能力等方面发挥了重要作用。因此，高校应该进一步加强对勤工助学的支持与引导，为更多学生提供参与勤工助学的机会与平台。

二、高校勤工助学劳动的教育定位

(一)树立劳动价值观

高校勤工助学可以帮助学生树立起积极的劳动价值观。通过亲身经历劳动过程，学生可以深刻体会到劳动的重要性和价值。他们将认识到劳动是自我实现和社会发展的重要途径，从而形成对劳动的尊重和珍视之情。

1. 尊重劳动。勤工助学鼓励学生尊重劳动，将其视为一种宝贵的资源和社会价值的体现。学生应该认识到劳动是创造财富、推动社会进步的基本途径，要尊重从事各种劳动的人们，无论是体力劳动者还是知识型劳动者。

2. 劳动创造价值。勤工助学教育学生劳动的目的不仅是获取经济收入，更重要的是让他们形成劳动能够创造价值的观念。通过实际参与劳动过程，学生能够体验到自己的努力和付出对工作成果的影响，从而认识到劳动的重要性和意义。

3. 培养责任感。勤工助学可以帮助学生培养责任感，让他们意识到自己在参与劳动过程中承担的责任和义务。学生应该明白，劳动不仅仅是完成任务和取得报酬，更重要的是履行自己的责任，做到尽职尽责。

4. 倡导合作精神。勤工助学强调团队合作的重要性。学生在劳动过程中需要与他人合作，共同完成任务。这培养了学生的团队合作精神，使他们认识到只有通过共同努力和协作，才能够取得更好的成果。

5. 培养自律能力。勤工助学对学生的要求较高，劳动需要他们保持自律和高效率。通过参与勤工助学，学生可以培养自己的自律能力，养成规律的作息习惯和高质量的工作态度。

勤工助学劳动价值观的培养不仅对学生个人的成长和职业发展有积极影响，也有助于建立和谐社会。劳动价值观在培养学生的责任感、团队合作精神、自律能力和创造力等方面发挥着重要作用，为学生未来的职业生涯奠定坚实的基础。

（二）培养劳动知识素养

高校勤工助学可以为学生提供学习和了解各种劳动知识的机会。学生通过参与具体的工作任务，将学到的理论知识与实践相结合，培养实际操作技能，提升自身的劳动知识素养。这将使他们在未来的职业生涯中更具竞争力，并具备解决实际问题的能力。

勤工助学项目不仅给学生提供了通过劳动获得经济支持的机会，还能够培养他们的知识劳动涵养。知识劳动涵养是指学生通过参与知识型劳动，培养并发展其专业知识、技能和职业素养的过程。以下是勤工助学如何培养知识劳动涵养的一些方面。

1. 实践机会。勤工助学项目为学生提供了实践机会，让他们能够将学到的知识应用于实际工作中。通过参与工作实践，学生能够巩固并深化专业知识，理解学科与实际工作之间的联系。

2. 专业技能培养。勤工助学项目通常与学生的专业或相关领域相关联。学生在参与劳动过程中，可以学习和提升自己的专业技能。例如，一个学生可能会在学校图书馆工作，从中学习图书管理和服务技巧，培养自己的信息检索能力等。

3. 职业素养培养。通过勤工助学项目，学生还能够培养职业素养，如职业道德、沟通能力、解决问题的能力等。他们将在实际工作中与他人合作，与客户进行互动，学习如何处理职业环境中的各种挑战和问题。

4. 发展自我意识。勤工助学项目可以帮助学生了解自己的兴趣、能力和优势。通过实践，他们可以发现自己在特定领域的潜力和优势，并进一步发展和完善自己的专业方向。

5. 推动职业发展。通过勤工助学项目，学生可以建立职业网络，结识相关领域的专业人士，并了解行业的最新发展动态。这有助于学生在毕业后更好地就业或继续深造。

综上所述，勤工助学项目通过提供实践机会、培养专业技能、发展职业素养等方面的支持，能够培养学生的知识劳动涵养。这不仅有助于学生在学业上取得更好的成绩，也为他们未来的职业生涯提供了坚实的基础。

(三)涵养劳动精神品德

高校勤工助学可以涵养学生的劳动精神品德。劳动过程中的努力、坚持和责任感能帮助学生培养出刻苦钻研、团队合作、自我约束和勇于解决问题的品格特质。这将对他们未来的职业发展和个人成长产生积极影响。

勤工助学项目在培养学生的劳动精神品德方面起着重要的作用。劳动精神品德指的是积极主动、勤奋努力、诚实守信、坚韧不拔等与劳动相关的品德和态度。以下是勤工助学如何涵养劳动精神品德的一些方面。

1. 务实的工作态度。勤工助学项目要求学生参与实际劳动工作，通过实际的努力和付出来获得经济支持。这要求学生具备务实的工作态度，不怕吃苦，勇于面对挑战，以积极的心态投入工作中。

2. 勤奋努力的习惯。通过勤工助学项目，学生需要将时间用于工作和学习之间的平衡，努力克服时间管理方面的困难。这培养了学生的自律性和勤奋努力的习惯，让他们学会合理分配时间，并努力提高工作绩效。

3. 团队协作的精神。在勤工助学项目中，学生通常需要与他人合作，共同完成任务。这要求学生具备团队协作精神，懂得与他人合作，互相支持，共同达成目标。通过与他人的合作，学生也能学到沟通、协调、分享与承担责任等团队合作的重要价值观。

4. 诚实守信的品格。勤工助学项目鼓励学生诚实守信地履行自己的职责和义务。学生需要按时履行工作任务，遵守工作规则和制度，并保持诚信的行为。这培养了学生的诚实守信品质，使他们认识到诚信对于个人成长和团队合作的重要性。

5. 坚韧不拔的品质。勤工助学项目可能会面临各种困难和挑战，例如工作内容繁重、工作环境不适、与他人的冲突等。在这些困难面前，学生需要具备坚韧不拔的品质，持之以恒地面对困难，找到解决问题的方法和策略。

综上所述，勤工助学项目通过要求学生具备务实工作态度、勤奋努力的习惯、团队协作精神、诚实守信的品质以及坚韧不拔的品质等方面，涵养学生的劳动精神品德。这些品德和态度不仅对学生的个人发展有益，也为他们未来的职业生涯和社会参与打下了坚实的基础。

三、勤工助学劳动实践路径

案例分享

小红是一名来自农村家庭的大学生。由于家庭经济困难，她决定参与学校的勤工助学项目来获得经济支持。她选择了在学校的食堂工作。

小红每天早晨都早早起床，忙碌地收拾好自己，然后赶到学校食堂。她的工作包括接待顾客、清洁餐桌和收拾餐具等。刚开始时，她遇到了很多挑战，因为她没有任何餐饮服务经验。但是，她并没有灰心丧气，而是积极向他人请教，努力学习和适应新的工作环境。

随着时间的推移，小红逐渐掌握了食堂工作的各种技巧和流程。她学会了高效地与顾客沟通，了解他们的需求，并提供优质的服务。她还学会了团队合作，与其他食堂员工密切协作，确保食堂的运营顺利进行。

通过勤工助学项目，小红不仅获得了经济支持，还收获了很多宝贵的经验和成长。通过与各种顾客互动，她发展了沟通和人际交往能力。她学会了管理时间，平衡工作与学习之间的关系。在团队合作中，她培养了团队协作和领导能力。最重要的是，小红培养了勤奋努力和坚韧不拔的品质。她意识到努力工作和不放弃的重要性，这不仅对她的个人成长有益，也为她今后的职业生涯打下了坚实的基础。

小红的勤工助学故事是一个充满挑战和机遇的例子。通过参与勤工助学项目，她不仅获得了经济上的帮助，还培养了关键的工作技能和品质。这个故事展示了勤工助学劳动实践路径对学生的积极影响，为他们的个人成长和职业发展提供了宝贵的机会。

(一)勤工助学的内容

1. 校内勤工助学岗位。这是大学生勤工助学的主要渠道之一。校内勤工助学的项目领域十分广泛，涵盖了教学助理、科研助理、行政管理助理、后勤服务等。例如，学生可以参与图书馆助理工作，协助图书馆进行图书整理、借阅服务等；也可以参与实验室助理工作，协助老师进行实验器材的准备、实验室管理等；还可以参与课程助教工作，协助老师进行课堂教学、作业批改等。此外，随着社会的不断发展，高校勤工助学的项目领域也在不断拓宽，新增了学术研究助理、创新创业实践等岗位，以提供更多的选择机会给学生。

2. 校外勤工助学岗位。与校内岗位相比，校外岗位更加多样化，可以帮助学生更好地了解社会和职场。常见的校外勤工助学岗位包括家教、促销员、服务员、快递员等，还包括学校外部的企业或机构提供的职位，如实习生、兼职员工等。这些岗位需要学生具备一定的沟通能力和应变能力，适合有一定社会经验的高年级学生参与。

3. 网络兼职。随着互联网的发展，越来越多的网络兼职机会涌现出来。大学生可以通过网络平台参与问卷调查、数据录入、内容创作等兼职工作。这些工作通常比较灵活，不受时间和地点的限制，适合有电脑和网络的学生参与。

4. 创新创业实践。除了传统的勤工助学岗位，大学生还可以通过创新创业实践来提升自己的实践能力和综合素质。例如，可以参与学校的创业计划大赛、科技创新项目等，或者自主创办小型创业项目。这些实践经历不仅可以帮助学生积累宝贵的经验，还可以为其未来的职业发展打下坚实的基础。

5. 实习实训。学生可以通过勤工助学项目参与相关的实习实训。实习实训涉及各个专业领域，例如实验室助理、学校图书馆工作人员、计算机编程实习等。通过实习实训，学生可以将学到的理论知识应用于实际工作中，提升实践能力和专业素养。

（二）校内勤工助学的申请流程

1. 满足资格要求。学校通常会制定一些资格要求，以确定哪些学生有资格申请勤工助学。这些要求可能包括学术表现、经济需求以及注册状态等。

2. 寻找合适的职位。学生了解学校的勤工助学政策和资格要求后，寻找适合自己的工作岗位。这些岗位可能包括图书馆工作、研究助理、食堂工作等。

3. 准备申请材料。申请勤工助学可能需要提交一些材料，如个人简历、求职信、推荐信等。学生需要提前准备好这些材料，并按照学校要求进行整理和归类。

4. 提交申请。学生需要按照学校规定的时间和方式，将申请材料递交至学校指定的部门。在递交材料时，要确保材料的完整性和准确性。

5. 面试或笔试。有些学校在申请勤工助学项目时会进行面试或笔试的环节，用以考查学生的相关能力和潜力。学生需要根据自己所申请的岗位类型做好相应的准备，展示自己的能力和优势。

6. 等待结果并签约。学校会在一定的时间内对申请进行审核，并将结果通知给学生。如果被录取，学生需要按照学校要求与相关部门签约，确定具体的勤工助学项目内容、工作时间和待遇等，并遵守相关规定和要求。

（三）勤工助学的注意事项

勤工助学并非一件轻松的事情，大学生在参与过程中需要注意以下多个方面。

1. 安全第一

在选择勤工助学的岗位时，大学生应首先考虑安全性，避免选择涉及高风险的工作，如高空作业、危险物品处理等。在参与任何工作之前，学生应详细了解工作内容和环境，确保自己具备足够的安全知识和技能。此外，大学生在工作中应严格遵守安全规定，佩戴必要的防护设备，确保自己的人身安全。

2. 合理规划时间

勤工助学不应影响大学生的学业。大学生应合理规划自己的时间，确保学习和工作之间取得平衡；制订详细的时间计划表，合理安排每天的学习和工作任务，避免因为工作而耽误学习。同时，大学生还应学会调整自己的学习节奏，以适应工作的需要，确保两者都能得到充分的重视。

3. 了解工作内容和待遇

在选择勤工助学的岗位时，大学生应充分了解工作内容和待遇。这包括工作时间、工作内容、工作环境、工资待遇等方面。大学生可以通过与用人单位沟通、阅读招聘广告、咨询学长等途径获取这些信息。在了解清楚之后，大学生还应根据自己的兴趣和能力选择适合的岗位，确保能够胜任工作并取得良好的成果。

4. 签订协议

在开始勤工助学之前，大学生应与用人单位签订协议。协议中应明确双方的权利和义务，包括工作内容、工作时间、工资待遇、保密协议等。签订协议可以保护大学生的合法权益，避免出现不必要的纠纷。在签订协议之前，大学生应认真阅读协议条款，确保自己充分了解并同意其中的内容。如有不明确或不合理的地方，应及时与用人单位沟通并寻求解决方案。

5. 保护好个人信息

在勤工助学的过程中，大学生需要保护好自己的个人信息，不要随意透露自己的姓名、身份证号码、家庭地址等敏感信息；在与用人单位沟通时，要保持警惕，避免泄露个人隐私。如果遇到用人单位要求提供这些信息，大学生应谨慎对待，确保自己的信息安全。同时，大学生还应学会保护自己的知识产权和创意成果，避免被他人盗用或滥用。

6. 建立良好的人际关系

勤工助学不仅是一项工作，更是一个学习和成长的过程。大学生在工作中应与同事和上级建立良好的人际关系，学会沟通和合作。通过与同事和上级的交流和学习，大学生可以不断提升自己的沟通能力和团队协作能力，为未来的职业发展打下坚实的基础。

7. 注重自我提升

勤工助学不仅是为了赚取一定的经济报酬，更重要的是通过实践提升自己的能力和素质。因此，大学生在工作中应注重自我提升，不断学习和进步，可以通过参加培训、阅读相关书籍、向他人请教等方式来提升自己的专业知识和技能水平；同时，还应保持积极的心态和乐观的态度，面对工作中的挑战和困难。

总之，大学生在勤工助学的过程中需要注意多个方面，包括安全、时间规划、工作内容和待遇、签订协议、保护个人信息、建立良好的人际关系以及注重自我提升等。只有在全面考虑和充分准备的基础上，才能够更好地实现勤工助学的目的，为未来的职业发展打下坚实的基础。

劳动实践打卡记录

劳动时间		劳动地点	
劳动主题			
劳动内容及步骤			
感想和收获			

第三节　志愿者服务劳动

　　社会主义核心价值观贯彻到各个方面、各个环节、各个层面，要从小事做起，从日常生活中做起，积极组织参与志愿服务，大力弘扬社会主义志愿者精神。这些道德指引鼓励广大人民群众参与志愿者活动，推动社会形成关注和支持志愿者工作的良好氛围。志愿者精神是中华民族的宝贵财富，提倡培育和发扬志愿者精神，是我们每一代人都需不断建设的社会文化。

学习目标

知识目标：明确志愿者服务劳动的基本内涵，理解志愿者服务劳动对社会和个人的意义，以及它如何推动社会的进步和发展。掌握专业知识与技能，学习相关的专业知识，如如何与人交流、解决问题、管理资源等技能，以便有效地履行志愿者服务的责任。

素质目标：培养反思和学习意识，定期反思自己的志愿者服务经验，总结经验教训，不断提升自身的能力和服务水平，并与其他志愿者进行交流和学习。培养文化敏感和包容心态，了解不同文化和背景下的需求和差异，培养尊重和包容的态度，为不同群体提供适应性强的志愿者服务。

实践目标：培养人际交往和合作能力，学习与各类人群相处的技巧，培养有效的沟通和倾听能力，建立积极的合作关系，以更好地服务社区和个人。

学习重点、难点

重点：学习如何与团队成员协作、有效地分工合作以及如何扮演好领导者的角色，需要学习如何合理规划和管理自己的时间、资源和能力，以确保能够有效地履行自己的志愿者责任，同时平衡好自己的学习、工作和生活等方面。

难点：志愿者服务可能会面临一些复杂的问题，例如资源有限、需求不断变化等。学习如何分析和解决这些问题，在有限的资源条件下做出最佳决策。学习跨文化交流，在志愿者服务中，可能会遇到不同文化背景和价值观的人群。理解他们的需求和沟通方式，同时尊重和包容他们的差异。

一、志愿者服务劳动的内涵

▶▶ 案例分享

　　6月25日至27日，以"未来增长的新前沿"为主题的2024年夏季达沃斯论坛（世界经济论坛第十五届新领军者年会）在大连举行。作为一场举世瞩目的国际性盛会，无数青年志愿者报名出征，以青春之名赴达沃斯之约，向世界展现大连青年的良好形象。

　　大连艺术学院2023级服装与服饰设计专业李佳雯同学经层层选拔，从2000余名报名者中脱颖而出，成为了一名"小海星"，以周到细致的志愿服务，讲好大连故事，传播好大连声音，展现青春作为、彰显青春风采，以实际行动书写志愿服务的青春篇章，充分展现大艺青年积极向上，青春洋溢的美好形象。

　　在论坛期间，李佳雯以安保组志愿者的身份，肩负起审查人员信息及制作工作证件的重任。这项任务虽看似平凡，实则要求很高，每一份信息的核对都需严谨细致，确保准确无误，并按既定组别精准归类。论坛嘉宾的多元化背景，给李佳雯的工作增添了不小的挑战。然而，正是这份挑战，激发了她作为服装与服饰设计专业学生所独有的细腻与坚韧。平日专业学习中的实操锻炼，早已铸就了她一丝不苟的严谨态度和超乎常人的耐心，使得她在志愿服务岗位上如鱼得水，游刃有余地完成了信息的精细比对与证件的高效制作，展现了卓越的工作能力和良好的职业素养。

　　参加志愿服务前，志愿者参加了大量的培训，内容涉及志愿服务基础知识、工作规范、城市介绍、心理调适、应急事件处置等。线上、线下形式多样的课程培训，使李佳雯极大地提升了服务意识、风险意识，掌握了专业知识、专项技能。培训间隙，李佳雯和其他青年志愿者还参观了大连规划展示中心、高新园区科技馆、北方国家版权交易中心、金石滩文化博览广场等地。在浏览的过程中，李佳雯对大连这座城市有了更深入地了解，全方位领略到大连在经济、社会、文化旅游等方面的独特魅力与优势，也认识到能够服务2024大连夏季达沃斯论坛是一次难能可贵的经历，一定以饱满的工作热情、细致的志愿服务接待国内外宾客，彰显大连艺术学院青年青春洋溢的精神风貌。

　　大连艺术学院始终秉持着"大思政"育人理念，鼓励青年学生积极投身社会实践，参加志愿服务劳动，引导青年学生在实践中受教育、做贡献、长才干，努力成为堪当民族复兴重任的时代新人。李佳雯表示，作为一名大连艺术学院青年，非常幸运能够参加2024年夏季达沃斯论坛的志愿服务活动。在志愿服务期间，她始终谨记学校的培养，始终保持着积极向上的状态，展示出大连艺术学院学子青春昂扬的精神风貌。这次志愿服务经历，让她深刻体会到作为一名志愿者所带来的荣誉感和自豪感。作为一名新时代的青年，要勇于承担时代赋予的重任，为国家的繁荣富强贡献自己的一份力量。[①]

志愿者服务劳动是指个人或团体自愿为社会提供无偿服务的行为。它体现了公民的社会责任感，是现代社会文明程度的重要标志。志愿者服务劳动的范围广泛，包括教育、环保、医疗、助老、助残等多个领域。志愿者们通过劳动，为社会作出了积极贡献，同时也实现了自身的价值。

志愿者服务劳动的内涵深刻而丰富，它超越了简单的劳动或服务定义，蕴含着自愿性、无偿性、社会性以及更广泛的人文价值。以下是对志愿者服务劳动内涵的进一步探讨。

1. 自愿性与个人责任感

志愿者服务劳动的核心在于自愿性。这种自愿性不仅仅是对活动的参与，更是对个人责任感的体现。志愿者选择参与服务，是因为他们深信自己可以为社会作出积极的贡献，他们愿意承担起这份责任，以行动践行自己的信念。

这种自愿性还体现在对服务对象的尊重上。志愿者选择为需要帮助的人提供服务，这本身就是对他们的一种尊重和关怀。他们愿意放下自己的利益，去关注他人的需求，用自己的行动去改善他人的生活。

2. 无偿性与奉献精神

志愿者服务劳动的另一个重要特点是无偿性。志愿者们在服务过程中，不会获得任何物质上的回报。他们之所以愿意付出，是因为他们深信自己的付出可以为社会带来积极的改变，他们愿意用自己的时间和精力去帮助他人。

这种无偿性体现了志愿者们的奉献精神。他们愿意为了社会的福祉，为了他人的幸福，放弃自己的利益。这种奉献精神是志愿者服务劳动的重要支撑，也是社会进步和发展的重要动力。

3. 社会性与公益意识

志愿者服务劳动是面向社会公益事业的活动，它的目标是改善社会状况，提高社会福祉。志愿者们通过自己的努力，为社会提供了实实在在的帮助，推动了社会的进步和发展。

这种社会性体现了志愿者们的公益意识。他们深知自己的服务不仅是对个体的帮助，更是对整个社会的贡献。他们愿意通过自己的行动，去推动社会的公平、正义与和谐，去实现社会的共同繁荣和发展。

4. 人文价值

除了以上三个特点外，志愿者服务劳动还蕴含着丰富的人文价值。它体现了人类

---

① 资料来源：https://mp.weixin.qq.com/s/pxTIeDwL-WHt25RxOrj6Jw，选入本书时有改动。

对自我价值的追求，对社会责任的担当，对他人幸福的关心。通过志愿者服务劳动，人们可以实现自我价值的提升，可以感受到帮助他人的快乐，可以体验到社会的温暖和关怀。

同时，志愿者服务劳动也是社会文明进步的重要标志。它不仅可以改善社会状况，提高社会福祉，还可以促进社会和谐，增强社会凝聚力。通过志愿者服务劳动，人们可以共同建设一个更加美好、更加和谐的社会。

综上所述，志愿者服务劳动的内涵是一种深刻而丰富的概念。它体现了人们的自愿性、无偿性、社会性以及更广泛的人文价值。因此，我们应该积极参与志愿者服务劳动，用自己的行动去践行这份责任和使命。

二、志愿者服务劳动的教育定位

(一)树立志愿者服务劳动价值观

志愿者服务劳动对个人、社区和社会都有重要的意义。

1. 纳入核心价值教育。将志愿者劳动纳入核心价值教育。在教育过程中强调公益、奉献和社会责任的重要性，帮助学生理解志愿者劳动对个人成长和社会发展的积极影响。

2. 培养社会参与感和责任感。通过积极参与志愿者服务，个体能够更好地理解社会问题和需求，加深对社会责任的认识，从而激发积极的社会参与意识和行动。

3. 强调社会责任。教育学生作为社会成员的责任和义务，以帮助学生认识到自己对社会和他人的影响。

4. 培养同理心。强调同理心的重要性，鼓励学生设身处地地思考他人的需要和困境。通过故事、角色扮演和练习等方式，帮助学生理解并感受到帮助他人的重要性。

5. 提供正面的榜样。介绍和展示志愿者的正面榜样和成功故事，以激发学生对志愿者劳动的兴趣和认同感，让他们看到志愿者服务对个人和社会的积极影响。

(二)积极参与志愿者服务劳动

志愿者服务劳动不仅可以帮助他人和社区，也可以提高个人技能、拓宽视野，并带来满足感和成就感。

1. 寻找机会。寻找志愿者活动的机会。可以通过以下途径找到志愿者机会——咨询当地社区组织、非营利组织或志愿者服务中心；查阅在线志愿者平台和网站；参加志愿者招募活动和社区活动，寻找参与志愿者服务的机会。

2. 了解要求和期望。在选择志愿者项目后，了解志愿者活动的具体要求和期望，包括时间承诺、技能需求、培训要求等，确保自己能够满足这些要求，并愿意履行志愿者的责任和义务。

3. 提交申请。根据志愿者活动的要求，填写志愿者申请表格，提交申请。这一步骤可能需要提供个人信息、经历、动机陈述和推荐信等。

4. 接受培训。一些志愿者项目可能需要接受培训，以提供必要的技能和背景知识。参加培训课程，并确保了解项目的目标、工作要求和安全事项。

5. 参与活动。一旦被接受为志愿者，要积极参与志愿者活动。遵守项目的规定和指导，按时参加活动，履行志愿者的职责。与其他志愿者和相关人员合作，共同完成项目任务。

6. 反思和学习。在志愿者活动结束后，反思和总结自己的经验。思考自己取得的成就、面临的挑战和学到的教训。这有助于个人成长和提高。

7. 持续参与。志愿者活动不限于一次性的参与，可以选择长期参与并持续为目标或组织作贡献。继续寻找新的志愿者服务机会，参与不同的项目，拓展自己的志愿者服务经验。

（三）培养志愿者服务劳动精神品德

志愿者劳动可以给个体带来幸福感和满足感。研究表明，参与志愿者服务可以增强个人的幸福感和满足感，提升正向情绪和自我价值感。通过为他人和社区作出贡献，志愿者体验到了一种有意义的履行社会角色的满足感。

1. 明确目标和动机。志愿者应该明确自己的目标和动机，明白为什么要参与志愿者活动。这有助于建立正确的态度和期望，并保持长期的投入和奉献。

2. 培养责任感。志愿者应该培养责任感，认识到自己在志愿者活动中所扮演的角色以及对项目或组织的重要性。理解自己的义务和责任，并以积极主动的态度履行。

3. 培养奉献精神。志愿者应该有奉献精神，愿意为他人和社会作出贡献。这包括愿意付出时间、精力和资源，无私地帮助他人，关注社会问题并积极参与解决。

4. 学会团队合作。志愿者往往需要和其他志愿者、项目负责人以及相关人员合作。培养良好的团队合作能力，包括倾听他人意见、尊重他人观点、协调合作和解决冲突等。

5. 建立良好的沟通技巧。沟通是志愿者活动中至关重要的一环，有效的沟通能提高工作效率，促进合作，并避免误解和冲突。学习倾听和表达自己的想法，善于与他人交流和协调。

6. 持之以恒。劳动品德需要坚持和持之以恒的态度。志愿者应该保持长久的参与，并在面对困难或挑战时坚持下去。这体现了对工作和任务的责任心和承诺。

7. 反思和成长。志愿者应该不断反思自己的志愿者经验，并从中学习和成长。思考自己在志愿者活动中遇到的问题，寻找改善的方法，并不断提高自己的能力和技能。

8. 接受培训和提升。参与培训课程和学习活动，提升自己的专业知识和技能。通过学习，志愿者可以更好地了解自己所从事的领域，并为志愿者服务提供更专业的支持。

三、积极参与志愿者服务劳动

(一)志愿者服务劳动的内容和形式

1. 社区服务

在社区服务方面，志愿者们扮演着多重角色。他们不仅负责清理公共场所的垃圾，维护社区环境的整洁与美观，还组织各类社区活动，如文艺演出、健康讲座等，丰富居民的文化生活。此外，志愿者们还积极参与社区建设，为居民提供便利设施和服务，如建设休闲广场、安装健身器材等。他们的付出让社区变得更加宜居，为居民创造了一个和谐美好的生活环境。

2. 教育辅导

在教育辅导领域，志愿者们发挥着重要作用。他们深入学校、图书馆等场所，为学生提供课后辅导和阅读指导，帮助学生解决学习中的困难和问题。志愿者们用自己的知识和经验，耐心地解答学生的疑问，激发他们的学习兴趣和动力。同时，他们还关注学生的心理健康，为他们提供心理辅导和关怀，助力学生健康成长。

3. 环保活动

环保活动是志愿者们关注的重点之一。他们积极参与垃圾分类、植树造林、野生动物保护等环保项目，为地球的可持续发展贡献自己的力量。志愿者们不仅自己身体力行，还倡导身边的人加入环保行动，共同守护我们的家园。

4. 健康关怀

在健康关怀方面，志愿者们为病人和老人提供了温暖和关爱。志愿者们走进医院、养老院等机构，提供陪伴、照顾和关怀服务。志愿者们倾听他们的心声，陪伴他们渡过难关，让他们感受到社会的温暖和关爱。同时，志愿者们还关注健康知识的普及，为居民提供健康咨询和健康教育，增强他们的健康意识和自我保健能力。

5. 文化传播

文化传播是志愿者们传承和弘扬文化的重要途径之一。他们参与博物馆讲解、图书馆导读、文化遗产保护等活动，将中华优秀传统文化传递给更多的人。志愿者们用生动的语言和富有感染力的讲解，让游客和读者感受到中华文化的博大精深。同时，他们还关注非物质文化遗产的保护和传承，为传统文化的传承和发展贡献自己的力量。

6. 应急救援

在应急救援方面，志愿者们在关键时刻挺身而出。他们参与自然灾害、事故等紧急情况的救援行动，为受灾群众提供救援和安置服务。志愿者们不畏艰险，冲锋在前，用自己的行动诠释了无私奉献和救死扶伤的精神。他们的付出为受灾群众带来了希望和温暖，让他们感受到了社会的关爱和支持。

大学生参加志愿者服务劳动有多种方式，以下是一些常见的途径。

1. 校内志愿者组织和社团。大多数高校都有自己的志愿者组织和社团，如青年志愿者协会、红十字会等。这些组织通常会定期组织各种志愿服务活动，如社区服务、环保活动、关爱弱势群体等。大学生可以加入这些组织，通过参加组织的活动来参与志愿者服务劳动。

2. 社区服务。社区是大学生参与志愿服务的重要场所。大学生可以在所在社区寻找志愿服务机会，如参与社区环境整治、为老年人提供志愿服务、辅导中小学生等。可以通过社区居委会、社区服务中心等渠道了解相关信息。

3. 公益网站和平台。现代科技的发展为大学生参与志愿服务提供了更多的便利。一些公益网站和平台，如"志愿中国""中国志愿服务网"等，会发布各种志愿服务项目。大学生可以通过公益网站和平台了解各种志愿服务项目，在这些平台上注册成为志愿者，选择自己感兴趣的项目参与。这些平台通常会提供详细的项目介绍和报名方式，方便大学生了解和参与。通过参与这些项目，大学生可以跨越地域的限制，为更多需要帮助的人提供帮助。同时，这些平台还能够为大学生提供志愿服务记录和认证服务，方便大学生积累志愿服务经验。

4. 官方渠道。政府、企事业单位等也会定期组织大型志愿服务活动，如大型赛事志愿服务、应急救援等。大学生可以关注官方渠道，如政府部门网站、企事业单位官网等，了解相关信息并报名参加。

(二)志愿者服务劳动的知识与技能

志愿者服务劳动不仅仅是一种无私奉献的行为，更是一种需要专业知识和技能的实践活动。为了确保志愿者能够在服务中发挥出最大的作用，他们必须掌握一系列的知识和技能。

1. 专业知识与技能培训

志愿者服务涉及多个领域，如教育、医疗、环保等。因此，志愿者需要具备相关的专业知识与技能，以便在特定的服务领域中发挥最大的作用。针对这一点，许多志愿服务组织会为志愿者提供相关的培训。例如，医疗志愿者需要接受基本的医疗知识和技能培训，以便在紧急情况下提供及时的援助。教育志愿者则需要了解教学方法和技巧，以帮助学生提高学习成绩。通过这些培训，志愿者能够更好地适应服务环境，提供有效的帮助。

2. 沟通与合作技巧

在志愿服务中，志愿者需要与不同背景、不同需求的人进行交流与合作。因此，他们需要具备良好的沟通技巧，包括善于倾听、明确表达，并尊重和理解他人。志愿者需要能够清晰地传达自己的意图，同时也要能够耐心倾听受助者的需求和意见。通过有效的沟通，志愿者能够建立起与受助者之间的信任关系，更好地理解他们的需求，从而提供更加贴心的服务。此外，志愿者还需要学会与团队成员合作，共同完成任务。通过团队协作，志愿者能够相互支持、互相学习，共同提高服务质量。

3. 应变能力

志愿者服务经常面临突发状况，如自然灾害、事故等。在这些情况下，志愿者需要快速作出决策，并采取适当的行动。因此，他们需要具备应变能力，能够在短时间内应对各种突发状况。志愿者需要保持冷静、沉着应对，同时灵活运用所学的知识和技能，确保受助者的安全与健康。通过不断学习和实践，志愿者可以提高自己的应变能力，更好地应对各种挑战。

4. 文化敏感性和包容性

在多元文化的社会背景下，志愿者可能会遇到来自不同文化背景的人。为了确保服务能够真正满足受助者的需求，志愿者需要具备文化敏感性和包容性。他们需要尊重并理解不同文化背景下的需求和习惯，避免因为文化差异而产生误解或冲突。通过增强文化敏感性，志愿者可以更好地适应不同的服务环境，提供更加贴心、有效的服务。同时，志愿者也要学会包容不同文化背景下的观念和行为方式，以促进不同文化之间的交流和理解。

5. 持续学习与自我提升

志愿服务是一个持续学习和自我提升的过程。志愿者需要保持对新知识、新技能的好奇心，不断提升自己的能力和服务水平。随着社会的不断发展和进步，新的知识和技能不断涌现。志愿者需要时刻关注行业动态和社会需求的变化，及时学习和掌握新的知识和技能。通过不断学习和实践，志愿者可以不断提高自己的综合素质和服务能力，为社区和社会作出更大的贡献。

6. 情绪管理与自我调适

在志愿服务过程中，志愿者可能会遇到各种挑战和困难，如面对受助者的痛苦、处理复杂的问题等。这些情况可能会对志愿者的情绪产生影响。因此，志愿者需要学会管理自己的情绪，保持积极乐观的态度。他们需要学会自我调节，避免将负面情绪带入服务中。通过情绪管理和自我调适，志愿者可以保持良好的心态，更好地应对服务中的各种挑战。

7. 尊重与关爱受助者

志愿者服务的核心是为受助者提供帮助和支持。因此，志愿者需要尊重并关爱受助者，关注他们的需求和感受。志愿者需要真诚地倾听受助者的声音，理解他们的困境和需求。在服务过程中，志愿者要给予受助者足够的关爱和支持，让他们感受到社会的温暖和关怀。通过尊重与关爱受助者，志愿者可以建立起与受助者之间的深厚情感联系，提高服务质量和效果。

综上所述，志愿者服务劳动的知识与技能涵盖了专业知识与技能培训、沟通与合作技巧、应变能力、文化敏感性和包容性、持续学习与自我提升、情绪管理与自我调适以及尊重与关爱受助者等方面。这些知识和技能对于志愿者在志愿服务中发挥作用、提高服务质量至关重要。

(三)志愿者服务劳动的注意事项

在进行志愿者服务劳动时，需要注意一些事项，以确保服务过程的顺利进行和受助者的满意。

1. 遵守规章制度和工作要求

作为志愿者，首先要遵守志愿者服务机构的规章制度和工作要求。这包括参加必要的培训，了解并遵守服务机构的规章制度，服从指挥，遵守工作纪律，保守机构机密等。遵守这些规定，可以确保服务的质量和效果，同时也能保护自己的权益。

2. 尊重受助者和受益者的权益

在志愿者服务劳动中，要尊重受助者和受益者的权益。这包括尊重他们的隐私和个人空间，不得侵犯他们的合法权益；尊重他们的意愿和选择，不强迫他们接受帮助或超出他们能力范围的服务。要与他们平等相处，以友善、耐心的态度为他们提供帮助。同时，还要关注受助者的需求和期望，积极与他们沟通交流，了解他们的真实想法和需求，以便提供更贴切和有价值的服务。

3. 确保服务过程的安全

在进行志愿者服务劳动时，要特别注意安全问题。这包括个人防护，如穿戴好防护用品，以防止感染或受伤；与服务对象保持适当的距离，避免过于亲密的接触，以维护双方的尊严和安全。同时，还要关注服务对象的安全，确保他们在接受服务过程中不发生意外。在提供服务时，要保持警觉，及时发现并处理潜在的安全隐患，确保服务过程的顺利进行。

4. 提高服务质量和效果

志愿者服务劳动的目的是帮助那些需要帮助的人，因此要关注服务的质量和效果。这要求在服务前做好准备工作，了解服务对象的需求和期望；在服务过程中关注服务的效果，及时调整服务方式和策略；在服务结束后及时总结和反思，接受他人的建议和批评，不断提高服务的质量和效果。此外，还要不断学习和提升自己的专业知识和技能，以便更好地为服务对象提供帮助。

5. 保持积极的心态和态度

志愿者服务劳动是一项充满挑战和困难的工作，需要保持积极的心态和态度。要相信自己的能力和价值，相信通过自己的努力可以帮助他人。同时，还要学会面对困难和挫折，以乐观、坚韧的心态去应对它们。在服务过程中，要保持耐心和热情，乐于助人，积极应对各种挑战和困难。

6. 尊重文化差异和多样性

在志愿者服务劳动中，会遇到来自不同文化背景的服务对象。要尊重他们的文化差异和多样性，以包容、开放的态度去理解和接纳他们。在与他们沟通交流时，要注意使用恰当的语言和方式，避免产生误解或冲突。通过尊重和理解他们的文化差异和多样性，可以更好地与他们建立信任关系，提供更贴切和有价值的服务。

7. 保持健康的生活方式

志愿者服务劳动需要投入大量的时间和精力，因此要保持健康的生活方式。这包括保持良好的作息习惯、均衡的饮食、适量的运动等。只有保持健康的身体才能更好地为他人提供帮助。同时，还要学会合理安排时间和精力，避免过度劳累或压力过大。在服务过程中，要注意适当休息和放松自己，以保持良好的工作状态和心态。

8. 加强团队合作和沟通

志愿者服务劳动通常需要团队合作来完成。因此，要加强团队合作和沟通，与团队成员保持良好的合作关系。在团队合作中，要明确各自的角色和责任，相互支持和配合；在沟通方面，要及时与团队成员交流信息和想法，共同解决问题和面对挑战。加强团队合作和沟通，可以提高服务效率和质量，实现更好的服务效果。

9. 关注个人成长和发展

志愿者服务劳动不仅是为了帮助他人，也是为了实现个人成长和发展。在服务过程中，要不断学习和提升自己的专业知识和技能，积累宝贵的实践经验。同时，还要关注自己的职业规划和发展方向，为自己的未来做好充分的准备。通过关注个人成长和发展，可以更好地实现个人价值和社会价值的双重提升。

▸▸ 劳动贴士

志愿者服务网站

1. 中国志愿者网。这是由共青团中央志愿者工作部、中国青年志愿者协会秘书处与智联招聘合作建设的志愿者公益网站，已成为中国最大的志愿者公益门户。网站提供志愿者注册、活动信息发布、志愿者互动、自我展示等功能。此外，网站还涉及扶贫开发、社区建设、环境保护、大型赛会、应急援救、海外服务等领域，为志愿者和关注志愿者的朋友提供全方位的服务。

2. 志愿汇。这是一款基于互联网和移动设备的志愿服务平台，旨在为志愿者提供更加便捷、高效、有意义的志愿服务体验。它提供简单易用的界面和操作流程，使志愿者可以轻松报名参加志愿服务活动，并随时查看自己的志愿服务记录。

3. 中国志愿服务网。这是由中国志愿服务联合会主办的全国性志愿服务平台，旨在为全国范围内的志愿者提供更加全面、便捷、可靠的志愿服务体验。志愿者可以通过此平台进行注册、加入志愿服务队伍、报名参加活动、查看服务记录等操作，而志愿服务组织则可以发布项目、招募志愿者等。

4. 志愿中国。这个平台致力于连接志愿者与各类公益组织，提供丰富多样的志愿服务机会，让每个人都能为社会贡献自己的力量。

5. 爱心救助网。这个网站专注于为需要帮助的人群提供志愿服务，涵盖了教育、环保、医疗等多个领域，为志愿者提供了广阔的参与空间。

6. 公益时报。作为国内知名的公益信息发布平台，它汇聚了众多志愿服务项目，方便志愿者根据自己的兴趣和专业背景选择合适的项目参与。

此外，还有腾讯公益、阿里巴巴公益等大型互联网企业所建立的公益平台，也为志愿者提供了丰富的服务选择。

劳动实践打卡记录

劳动时间		劳动地点	
劳动主题			
劳动内容及步骤			
感想和收获			

后　记

　　人才培养是高校内涵式发展的逻辑起点，立德树人是高等教育的根本使命。高校应主动应对经济社会的发展变化，依据自身的学科优势特色，探索立德树人新路径新模式。《新时代大学生劳动教育教程》是由大连艺术学院党委书记王贤俊教授组织学校劳动教育教研室的专兼职教师，在结合学校九棵槐农耕园劳动实践教育基地建设经验，总结多年劳动教育教学成果的基础上编写完成的。

　　为拓展资源开展劳动实践教育，党委书记王贤俊带领师生"开山种田"，在学校建成了350多亩的九棵槐农耕园校内劳动实践教育基地（包括现代农业大棚一二三号、九棵槐学生农耕园、水源地学生植物园、凤凰生态园、智慧创客生态园、凤凰书院匠园）；围绕"九棵槐农耕园"资源体系，以传统农耕和现代农耕交融并进为培养主线，打造了"基础—初级—高级"三级实践平台架构，形成了贯穿本科六个学期的"传统劳动—智慧劳动—创造性劳动"进阶式农耕劳动实践路径；通过开展以体力劳动为主的传统农耕劳动，传承农耕文化，并实现体力劳动与智慧劳动的融合共生，解决了劳动教育过程中简单劳动与复杂劳动的矛盾；通过"农耕文化＋"的形式，让以农耕文化为载体的劳动教育走向深入，形成"全面开花""交叉融合"的劳动教育格局，解决了点与面的矛盾。在知与行的过程中，劳动实践教育提升学生审美情操，提高艺术修养，生成艺术内驱力和艺术创作灵感，促进学生全面发展。

　　在《新时代大学生劳动教育教程》的编写过程中，我们坚持守正立德、多元融合、专业与学科交叉的原则，既努力解决"有教育无劳动"的问题，也努力克服"有劳动无教育"的问题。我们正确把握劳动知识、劳动技能和劳动价值观三者的相互关系，将劳动课理论教育很好地与实践教育贯通融合，构建了知识、技能和价值观相融合的系统教育体系，在劳动教育的具体实施上，通过知识传授、价值塑造、实践教学、校园活动、社会服务等多元途径，逐步实现劳动教育目标，体现劳动教育价值。

　　本书由王贤俊主编，陈锡德、程实、亢莹副主编，参加编写的有第一章亢莹，第二章任引沁、申婷，第三章多丹华，第四章赵雯雯，第五章陶明信，第六章戴文翠，第七章孙歌，第八章李庆娜。亢莹、李敏、李艳参与了文字校对工作，陈锡德、程实、亢莹负责统稿与协调。

　　本书的编写得到了国内有关方面专家的悉心指导，大连艺术学院教务处、科研处、学生处等部门的通力合作，以及北京师范大学出版社的大力支持，参考了国内外大量有关方面的书籍、论文以及网络资源，在此一并表示衷心感谢。由于编写匆忙、水平有限，难免有不足之处，敬请批评指正。

说　明

　　本教材配有相关教学课件及教学资源，请有需要的教师与以下邮箱取得联系，获取《新时代大学生劳动教育教程》及更多北京师范大学出版社创业类教材的教学资源，以供教学使用。

　　联系人：李编辑

　　联系邮箱：897032415@qq.com